# 汽车发动机构造与维修

陈永武　刘杰惠　杨晓军　主　编
任军强　张虎忠　副主编

天津大学出版社
TIANJIN UNIVERSITY PRESS

## 内容简介

本书坚持以提高学生综合职业能力为本，突出职业教育重视实践的教学特点，把理论与实践教学有机地结合起来，充分发掘学生的创造潜能，提高学生分析问题、解决实际问题的能力。全书共分为23个教学项目，通过引领学生完成各个教学项目的学习，达到提高学生的汽车发动机基本拆装和检修能力的目的。本书主要内容包括发动机的构造、拆装、检测、故障诊断与维修等，内容由浅及深，循序渐进，符合中职生的认知规律，在完成任务的过程中达到知识与能力的融会贯通。

本书适合作为中等职业学校汽车运用与维修专业教学用书，也适合作为汽修工人和技术人员的职业培训用书。

**图书在版编目(CIP)数据**

汽车发动机构造与维修 / 陈永武, 刘杰惠, 杨晓军主编. — 天津 : 天津大学出版社, 2020.10

ISBN 978-7-5618-6805-8

Ⅰ. ①汽… Ⅱ. ①陈… ②刘… ③杨… Ⅲ. ①汽车－发动机－构造－中等专业学校－教材②汽车－发动机－车辆修理－中等专业学校－教材 Ⅳ. ①U472.43

中国版本图书馆CIP数据核字(2020)第200535号

| | |
|---|---|
| 出版发行 | 天津大学出版社 |
| 地　　址 | 天津市卫津路92号天津大学内(邮编:300072) |
| 电　　话 | 发行部:022-27403647 |
| 网　　址 | www.tjupress.com.cn |
| 印　　刷 | 北京盛通印刷股份有限公司 |
| 经　　销 | 全国各地新华书店 |
| 开　　本 | 185mm×260mm |
| 印　　张 | 15.25 |
| 字　　数 | 381千 |
| 版　　次 | 2020年10月第1版 |
| 印　　次 | 2020年10月第1次 |
| 定　　价 | 40.00元 |

# 本书编委会

主　编　陈永武　刘杰惠　杨晓军

副主编　任军强　张虎忠

参　编　雒　婷　袁育红　胡志杰

　　　　孟云龙　王东锋

# 前　言

为提高中职学校学生汽车维修服务的实践能力,使学生的职业实践操作更加贴近市场需求,编者结合汽修专业中级工培养目标和中职学校的实际教学条件,以突出职业教育注重实践的教学特点为原则,编写了本教材。全书坚持以提高学生综合职业能力为本,优化教学组织形式,把理论与实践教学有机地结合起来,侧重于汽车发动机基本拆装和检修能力的培养,充分发掘学生的创造潜能,提高学生分析问题、解决实际问题的能力,旨在为后续的专业实训、实习打好基础。

本教材由秦安县职业中等专业学校陈永武、刘杰惠、杨晓军任主编;任军强、张虎忠任副主编;雒婷、袁育红、胡志杰等参与了编写工作。具体分工如下:陈永武编写项目一至项目十三;刘杰惠、任军强编写项目十四、十五、十六、二十、二十一;杨晓军、张虎忠编写项目十七、十八、十九、二十二、二十三;全书由陈永武负责统稿和定稿。另外,在本书编写过程中得到了有关教育部门、学校的大力支持,在此一并表示衷心的感谢!

尽管我们在编写过程中付出了许多努力,但由于编者水平有限,教材中仍难免存在一些疏漏和不妥之处,恳请读者多提宝贵意见。

编　者

# 目　录

# 项目一　发动机总体结构的认知

## 技能点

◇ 能识别发动机编号与类型。

◇ 了解发动机的总体结构及组成。

## 知识点

◇了解发动机的基本名词术语的意义。

◇熟悉发动机的工作原理。

◇掌握发动机技术参数的计算方法。

## 任务引入

随着现代工业发展速度的加快，汽车生产制造日益迅猛，社会对汽修专业人才的需求量成倍增加，对汽车制造、维修、保养人员素质的要求也在不断提高。发动机是汽车的核心部件，因此了解发动机的性能，掌握维护发动机的要领是非常重要的。

## 任务载体

以桑塔纳 2000 型轿车的 AJR 型发动机为例，认识发动机，熟悉发动机的编号、类型、结构和工作原理。

## 学习内容

### 一、汽车发动机型号的编制规则

为了便于发动机的生产管理和使用，国家标准（GB/T 725 —2008）中对发动机的名称和型号编制方法做了统一规定，该标准的主要内容如下。

汽车发动机型号依次包括下列四部分，如图 1-1 所示。

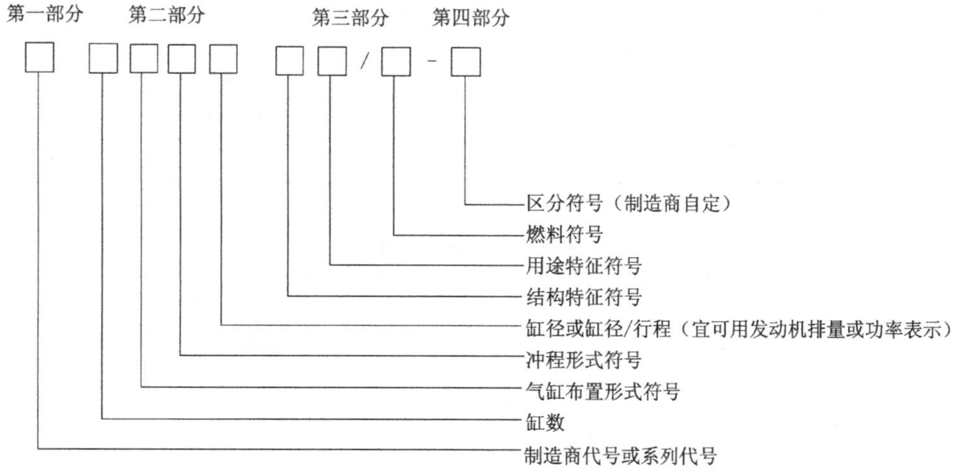


图 1-1　汽车发动机型号的编制规则

第一部分:由制造商代号或系列符号组成。本部分代号由制造商根据需要选择相应的1~3 位字母表示。

第二部分:由气缸数、气缸布置形式符号、冲程形式符号、缸径符号组成。

(1)气缸数用 1~2 位数字表示。

(2)气缸布置形式符号按表 1-1 规定。

(3)冲程形式为四冲程时,符号省略,二冲程用 E 表示。

(4)缸径符号一般用缸径或缸径 / 行程数字表示,也可用发动机排量或功率表示。

第三部分:由结构特征符号、用途特征符号、燃料符号组成。其符号分别按表 1-2、表 1-3 的规定。

第四部分:区分符号。同系列产品需要区分时,允许制造商选用适当符号表示。第三部分与第四部分可用"-"分隔。

**表 1　气缸布置形式符号**

| 符　号 | 含　义 |
|---|---|
| 无符号 | 多缸直列及单缸 |
| V | V 形 |
| P | 卧式 |
| H | H 形 |
| X | X 形 |

注:其他布置形式符号见 GB/T 1883.1—2005。

**表 2　结构特征符号**

| 符　号 | 结构特征 |
|---|---|
| 无符号 | 冷却液冷却 |
| F | 风冷 |
| N | 凝气冷却 |
| S | 十字头式 |
| Z | 增压 |
| ZL | 增压中冷 |
| DZ | 可倒转 |

**表 3　用途特征符号**

| 符　号 | 用　途 |
|---|---|
| 无符号 | 通用型及固定动力(或制造商自定) |
| T | 拖拉机 |
| M | 摩托车 |
| G | 工程机械 |

续表

| 符　号 | 用　途 |
|---|---|
| Q | 汽车 |
| J | 铁路机车 |
| D | 发电机组 |
| C | 船用主机、右机基本型 |
| CZ | 船用主机、左机基本型 |
| Y | 农用三轮车（或其他农用车） |
| L | 林业机械 |

注：内燃机左机和右机的定交按 GB/T 726—1994 的规定。

发动机型号编制示例。

（1）柴油机型号：

① G12V190ZLD 表示 12 缸、V 形、四冲程，缸径 190 mm、冷却液冷却、增压中冷、发电用（G 为系列代号）；

② R175A 表示单缸，四冲程，缸径 75 mm，冷却液冷却（R 为系列代号、A 为区分代号）；

③ YZ6102Q 表示 6 缸、直列、四冲程，缸径 102 mm，冷却液冷却，车用（YZ 为扬州柴油机厂代号）；

④ 8E150C-1 表示 8 缸、直列、二冲程、缸径 150 mm、冷却液冷却、船用主机、右机基本型（1 为区分符号）。

（2）汽油机型号：

① IE65F/P 表示单缸、二冲程、缸径 65 mm、风冷、通用型；

② 492Q/P-A 表示 4 缸、直列、四冲程、缸径 92 mm、冷却液冷却，汽车用（A 为区分符号）。

**二、汽车发动机的主要性能指标**

汽车发动机的主要性能指标有动力性指标（有效扭矩、有效功率、转速等）和经济性指标（燃油消耗率）。

（1）有效扭矩。汽车发动机通过飞轮对外输出的扭矩称为有效扭矩，用 $T_e$ 表示，单位为 N·m。

（2）有效功率。汽车发动机通过飞轮对外输出的功率称为汽车发动机的有效功率，用 $P_e$ 表示，单位为 kW。它等于有效扭矩与曲轴角速度的乘积。汽车发动机的有效功率可以通过台架试验方法测定。用测功器测定有效扭矩 $T_e$ 和曲轴转速 $N$，然后运用以下公式算出汽车发动机的有效功率。

$$P_e = \frac{T_e N}{9\,550}$$

发动机产品铭牌上标明的功率及相应转速称为额定功率和额定转速。

(3)燃油消耗率。汽车发动机每发出 1 kW 有效功率,在 1 h 内所消耗的燃油质量称为燃油消耗率,用 $g_e$ 表示。

## 三、汽车发动机的功用及技术参数(以桑塔纳 2000 型轿车 AJR 型发动机为例)

汽车发动机是汽车的动力源,为整个汽车提供动力。除个别型号的汽车外,一般轿车的发动机通常安装在车头箱中。桑塔纳 2000 型轿车的整车结构如图 1-2 所示。

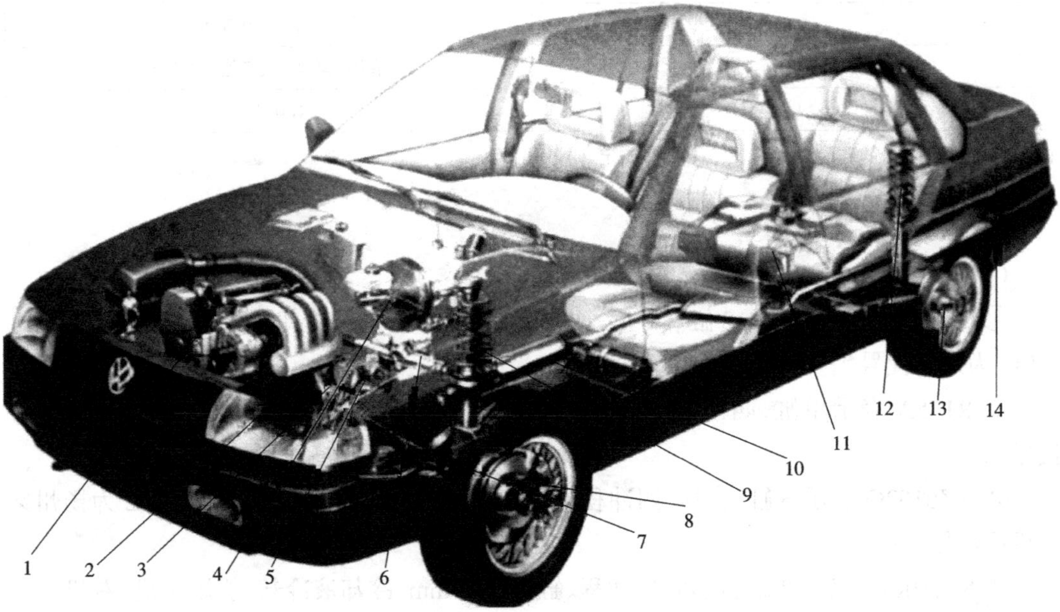


1—AJR 型发动机;2—离合器;3—变速器;4—真空助力器;5—防抱死制动系统(Antilock Brake System,ABS);6—动力转向器;7—传动轴;8—盘式制动器(前轮);9—前减震器;10—排气系统;11—燃油箱;12—后减震器;13—鼓式制动器(后轮);14—车身

**图 1-2 桑塔纳 2000 型轿车结构**

AJR 型发动机的技术参数见表 1-4。

**表 1-4 AJR 型发动机的技术参数**

| 项目 | 参数 | 项目 | 参数 |
|---|---|---|---|
| 发动机代码 | AJR | 最大扭矩 | 155 N·m |
| 排量 | 1.781 L | 最大扭矩时转速 | 3 800 r/min |
| 缸径 | 81 mm | 使用汽油标号 | 92 |
| 冲程 | 86.4 mm | 喷射控制系统 | M3.8.2 |
| 压缩比 | 9.5 | 点火系统 | M3.8.2 |
| 功率 | 74 kW | 爆燃控制 | 有 |
| 额定功率时转速 | 5 200 r/min | 自诊断 | 有 |

## 四、汽车发动机的组成

汽车发动机一般由以下机构和系统组成:曲柄连杆机构、配气机构、燃油供给系统、润滑系统、冷却系统、点火系统（汽油机）和起动系统。

桑塔纳 3000 型轿车的 AJR 型四缸四冲程汽油机的立体结构如图 1-3 所示。

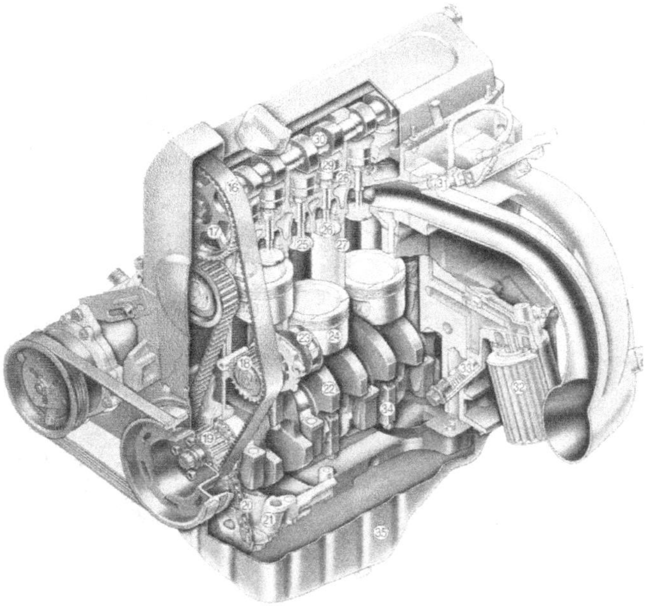

图 1-3 AJR 型汽油机的立体结构

（一）曲柄连杆机构

曲柄连杆机构由与曲轴箱组、活塞连杆组和曲轴飞轮组三部分组成，如图 1-4 所示。其作用是将燃料燃烧时产生的热能转变为活塞往复运动的机械能，再通过连杆将活塞的往复运动变为曲轴的旋转运动，从而对外输出动力。

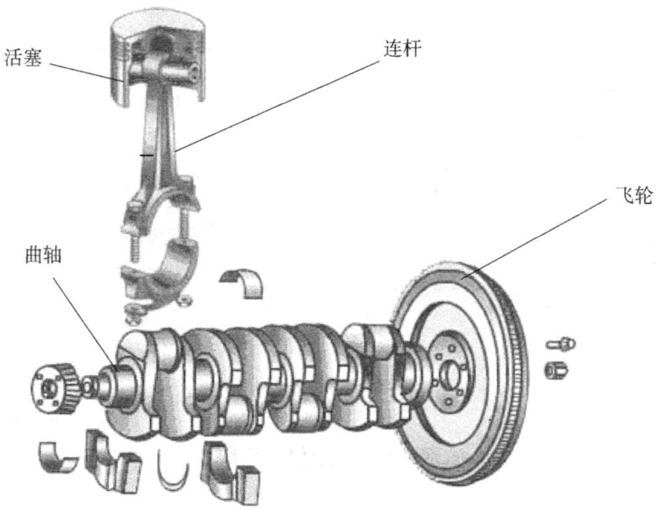


图 1-4 曲柄连杆机构

(二)配气机构

配气机构主要由气门组和气门传动组两部分组成,如图 1-5 所示。其主要作用是使可燃混合气及时充入气缸,并使废气及时从气缸内排出。

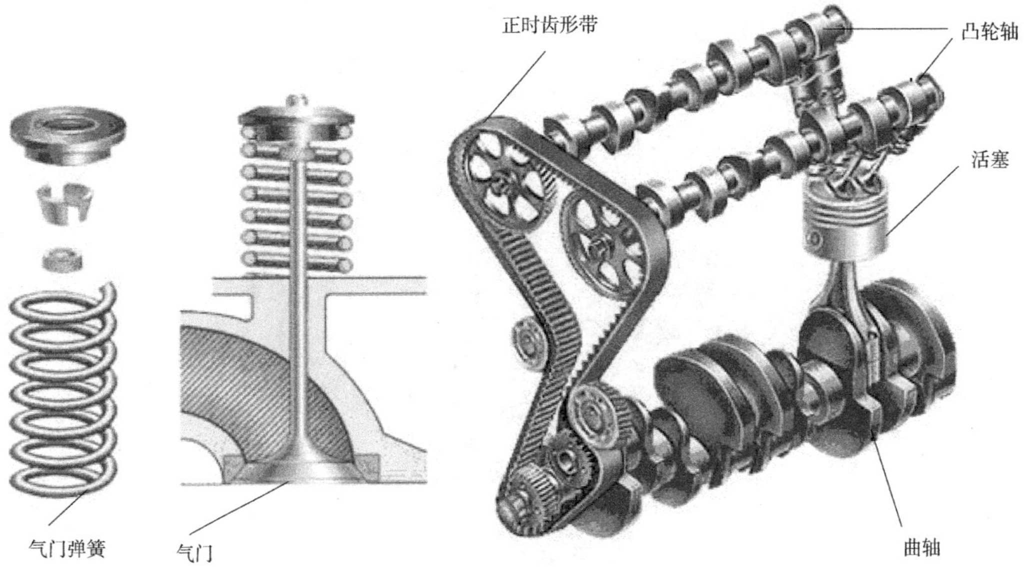


**图 1-5 配气机构**

(a)气门组 (b)气门传动组

(三)燃油供给系统

燃油供给系统由燃油箱、电动燃油泵、燃油滤清器、喷油器以及一系列传感器等组成,如图 1-6 所示。其作用是把汽油和空气混合成合适的可燃混合气供入气缸,以供燃烧。

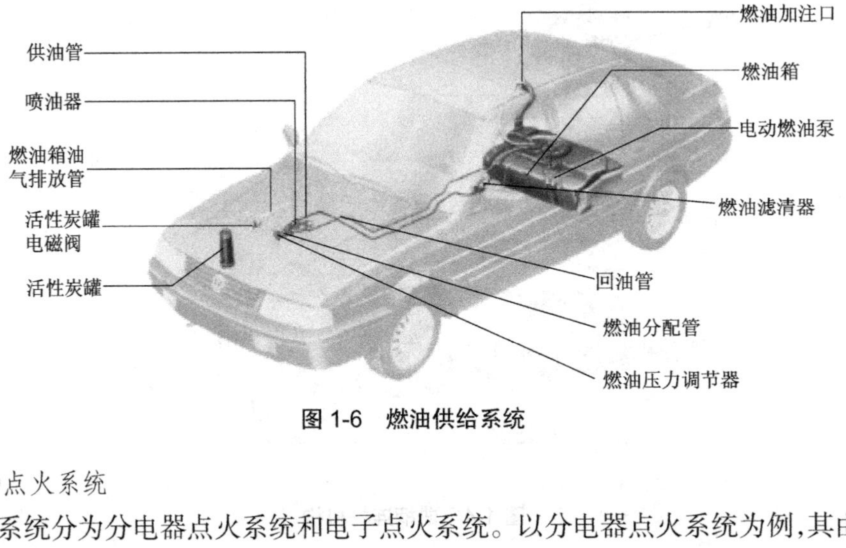


**图 1-6 燃油供给系统**

(四)点火系统

点火系统分为分电器点火系统和电子点火系统。以分电器点火系统为例,其由供给低压电流的电源、点火开关、带点火控制器的点火线圈、分电器及火花塞等组成，如图 1-7 所示。其作用是保证按规定时间及时点燃气缸中被压缩的可燃混合气。

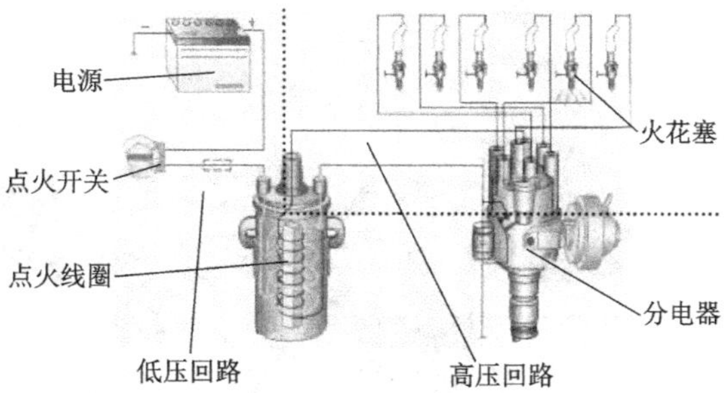


图 1-7　分电器点火系统

（五）冷却系统

冷却系统主要由水泵、散热器、风扇、节温器、气缸体放水阀等组成，如图 1-8 所示。其作用是把受热机件的热量散发到大气中去，以保证发动机正常工作。

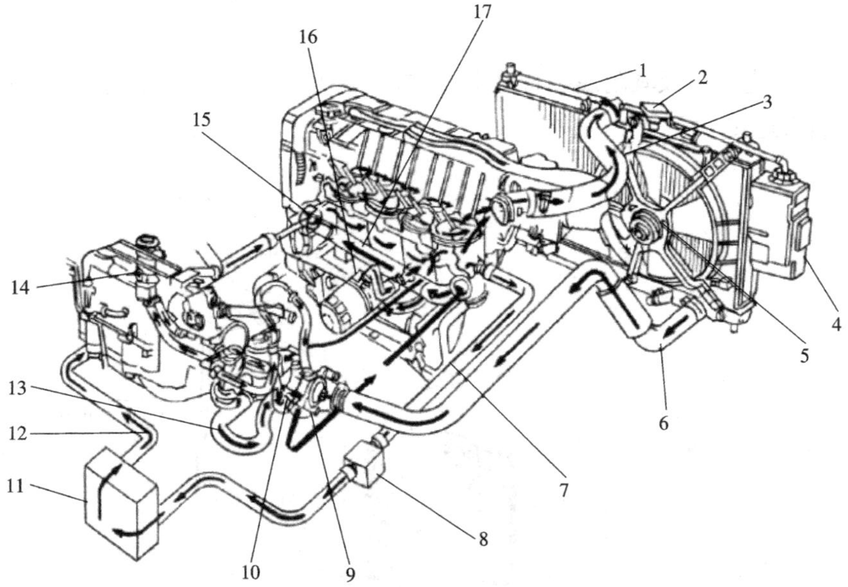


1—散热器；2—散热器盖；3—散热器进水软管；4—补偿水桶；5—电动风扇；6—散热器出水软管；7—暖风进水软管；8—放水阀；9—节温器；10—旁通阀；11—暖风机；12—暖风机出水软管；13—旁通管；14—热气排气口；15—冷却水泵；16—机油冷凝器；17—连接管

图 1-8　冷却系统

（六）润滑系统

润滑系统主要由机油泵、集滤器、主油道、滤清器等组成，如图 1-9 所示。其作用是将润滑油供给到做相对运动的零件表面，以减少它们之间的摩擦阻力，减轻机件的磨损，冷却、清洗零件表面。

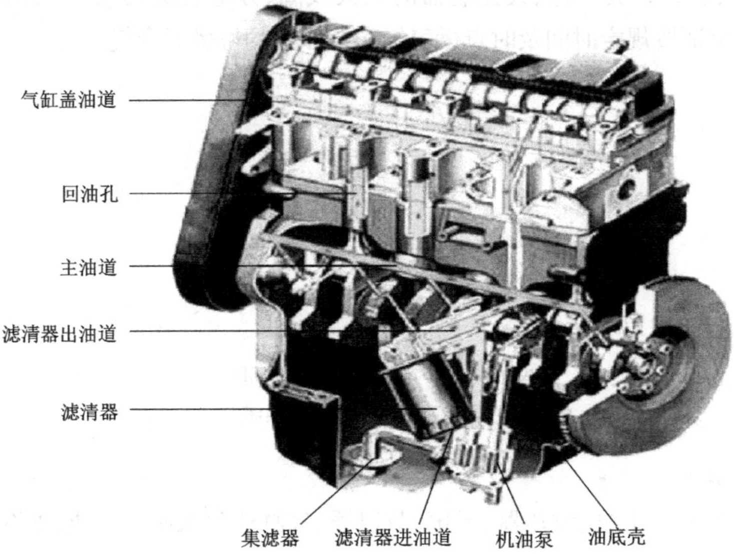


图 1-9　润滑系统

（七）起动系统

起动系统由起动机及其附属装置等组成，如图 1-10 所示。其作用是使静止的发动机启动，并转入自行运转。

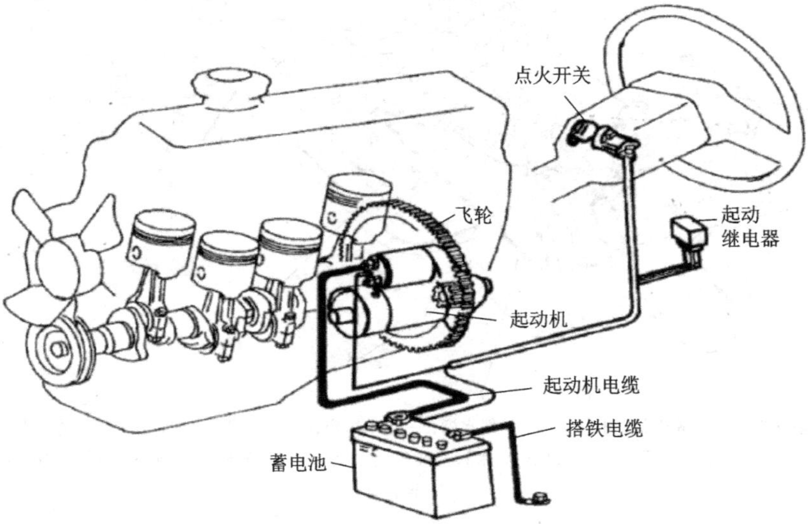


图 1-10　起动系统

## 五、发动机的分类

按照不同的分类方法可以把发动机分成不同的类型。

（一）按使用燃料分类

发动机按照所使用的燃料，可分为汽油机、柴油机、煤气机、气体燃料发动机、多种燃料发动机等。

（二）按冷却方式分类

发动机按照冷却方式，可分为水冷发动机、风冷发动机、油冷发动机。水冷发动机冷却均匀、工作可靠、冷却效果好，被广泛应用于现代车用发动机。

（三）按冲程分类

发动机按照完成一个工作循环所需的行程数，可分为四冲程发动机和二冲程发动机。曲轴旋转两圈（720°），活塞上下往复四次，经过四个行程，完成一个工作循环的发动机，称为四冲程发动机。曲轴旋转一圈（360°），活塞上下往复两次，经过两个行程，完成一个工作循环的发动机，称为二冲程发动机。汽车发动机广泛采用的是四冲程发动机。

## 知识与能力拓展

### 一、汽车发动机拆装常用的工具

（一）扳手

扳手用于紧固或拆卸带有棱边的螺母和螺栓，常用的扳手有开口扳手、梅花扳手、套筒扳手、活动扳手、管子扳手等。

1. 开口扳手

开口扳手是最常见的一种扳手，又称呆扳手，如图 1-11 所示。其规格是以两端开口的宽度 $S$（mm）来表示的，如 8—10、12—14 等；通常是成套装备，有八件一套、十件一套等；通常用 45 号、50 号钢锻造，并经热处理。

2. 梅花扳手

梅花扳手同开口扳手的用途相似，其两端是花环式的，如图 1-12 所示。其孔壁一般是 12 边形，可将螺栓和螺母头部套住，扭转力矩大，工作可靠，不易滑脱，携带方便。使用时，扳动 30° 后，即可换位再套，因而适用于狭窄场合。

图 1-11　开口扳手

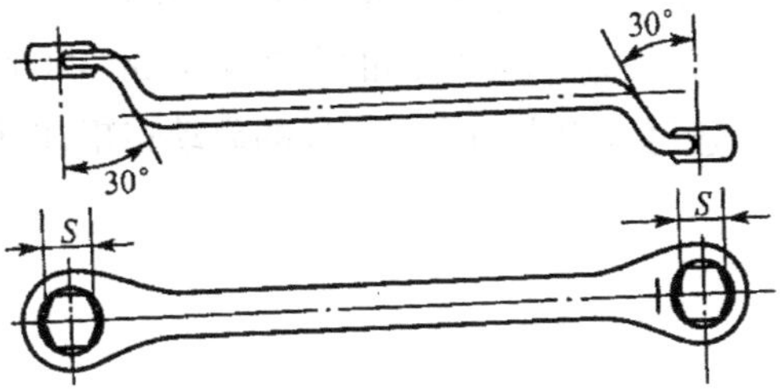


图 1-12　梅花扳手

3. 套筒扳手

套筒扳手的材料、环孔形状与梅花扳手相同，适用于拆装位置狭窄或需要一定扭矩的螺栓或螺母，如图 1-13 所示。套筒扳手主要由套筒头、滑头手柄、棘轮手柄、快速摇柄、接头和接杆等组成。在汽车维修中，还使用许多专用套筒头，如火花塞套筒、轮毂套筒、轮胎螺母套筒等。

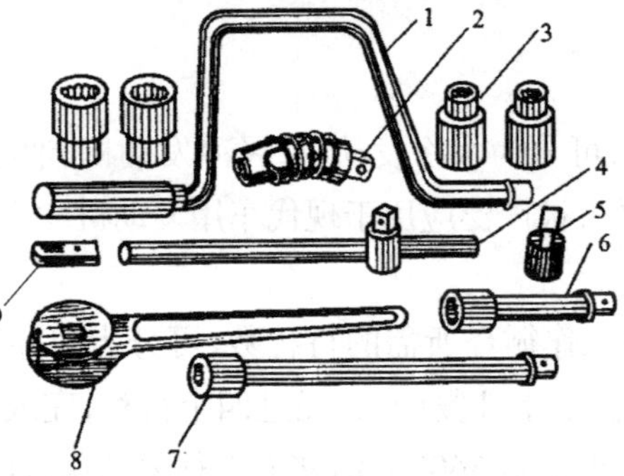


1—快速摇柄；2—万向接头；3—套筒头；4—滑头手柄；5—旋具接头；6—短接杆；7—长接杆；8—棘轮手柄；9—直接杆

**图 1-13　套筒扳手**

#### 4. 活动扳手

活动扳手的开口尺寸能在一定范围内任意调整，使用场合与开口扳手相同，但活动扳手操作起来不太灵活，如图 1-14 所示。其规格是以最大开口宽度（mm）来表示的，常用的有 150 mm、300 mm 等，通常是由碳素钢或铬钢制成的。

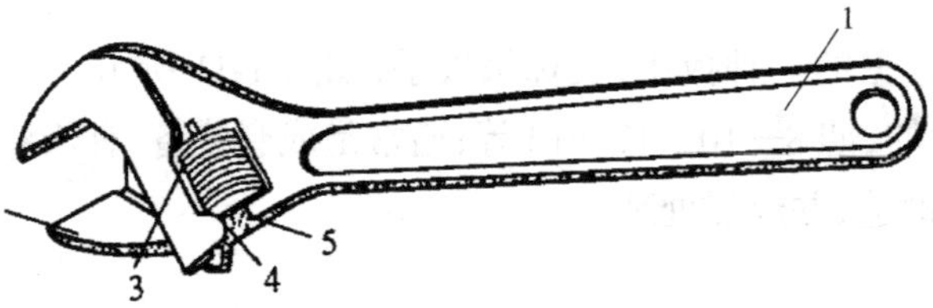


1—扳手体；2—活动扳口；3—蜗轮；4—蜗杆；5—蜗杆轴

**图 1-14　活动扳手**

#### 5. 扭力扳手

扭力扳手是一种可读出所施扭矩大小的专用工具，如图 1-15 所示。其规格是以最大可测扭矩来划分的，常用的有 294 N·m、490 N·m 两种。扭力扳手除用来控制螺纹件旋紧力矩外，还可以用来测量旋转件的启动转矩，以检查配合、装配情况。

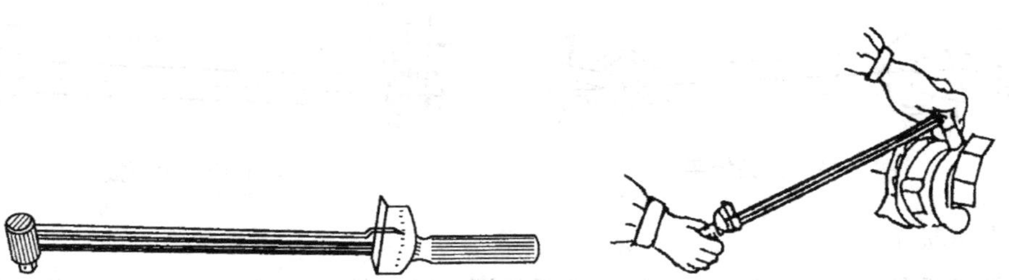

**图 1-15　扭力扳手及使用**

#### 6. 内六角扳手

内六角扳手用来拆装内六角螺栓（螺塞），如图 1-16 所示。其规格是以六角形对边尺寸表示的，尺寸在 3~27 mm，有 13 种，汽车维修作业中使用成套内六角扳手拆装 M4~M30 的内六角螺栓。

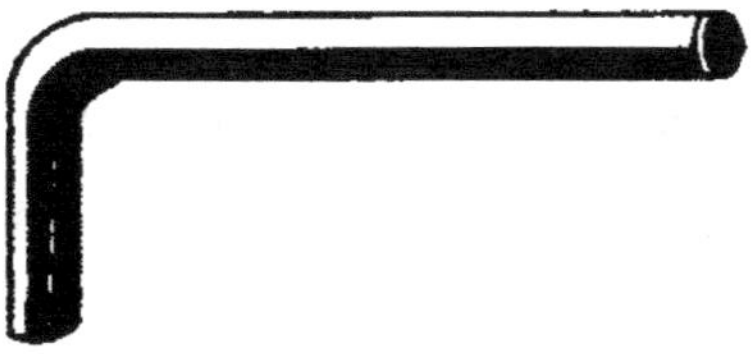

图 1-16 内六角扳手

（二）螺钉旋具

螺钉旋具俗称螺丝刀，主要用于旋松或旋紧有槽螺钉，如图 1-17 所示。螺钉旋具（以下简称旋具）有很多类型，其区别主要是尖部形状，每种类型的旋具都按长度分为若干规格。常用的旋具是一字螺钉旋具和十字槽螺钉旋具。

1. 一字螺钉旋具

一字螺钉旋具又称一字起子、平口改锥，用于旋紧或旋松头部开一字槽的螺钉。一般工作部分用碳素工具钢制成，并经淬火处理。其规格以刀体部分的长度表示，常用的规格有 100 mm、150 mm、200 mm、300 mm 等几种。使用时，应根据螺钉沟槽的宽度选用相应的规格。

2. 十字槽螺钉旋具

十字槽螺钉旋具又称十字形起子、十字改锥，用于旋紧或旋松头部带十字沟槽的螺钉，材料和规格与一字螺钉旋具相同。

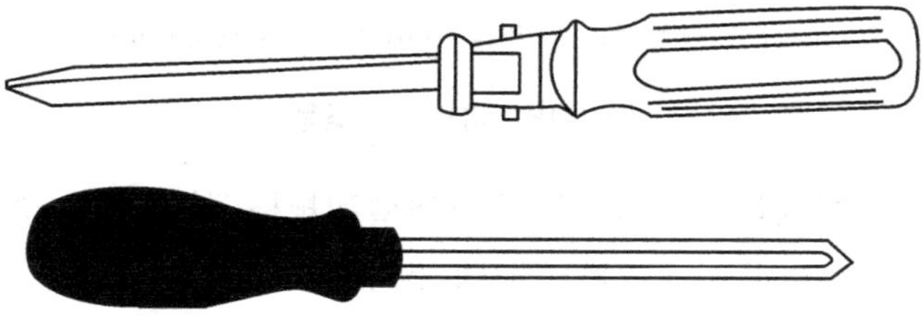

图 1-17 螺钉旋具

（三）钳子

常见的钳子如图 1-18 所示。

1. 鲤鱼钳

鲤鱼钳钳头的前部是平口细齿，适用于夹捏一般小零件；中部凹口粗长，用于夹持圆柱形零件，也可以代替扳手旋小螺栓、小螺母；钳口后部的刃口可剪切金属丝。由于一片钳体上有两个互相贯通的孔，又有一个特殊的销子，所以操作时钳口的张开度可很方便地变化，以适应夹持不同大小的零件，是汽车维修作业中使用最多的手钳类形。其规格以钳长来表示，一般有 165 mm、200 mm 两种，用 50 号钢制造。

2. 夹紧钳

夹紧钳用于维修中夹持和固定零件，便于工作。

3. 钩钳

在维修中，在一些位置较为特殊的狭小空间内使用钩钳。

4. 尖嘴钳

因尖嘴钳头部细长，所以能在较小的空间内工作，带刃口的尖嘴钳能剪切细小零件，使用时不能用力太大，否则钳口头部会变形或断裂。其规格以钳长来表示，常用的有 160 mm 一种。

5. 组合钢丝钳

组合钢丝钳的用途和鲤鱼钳相仿，但其支销相对于两片钳体是固定的，故使用时不如鲤鱼钳灵活，但剪断金属丝的效果比鲤鱼钳要好，规格有 150 mm、175 mm、200 mm 三种。

6. 剪钳

剪钳用于剪断较粗钢丝或钢筋。

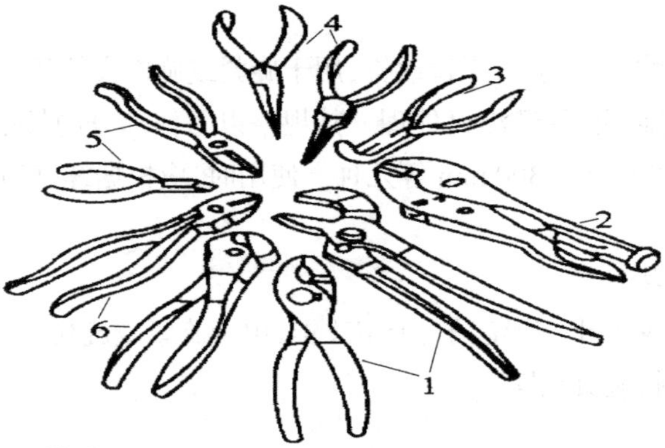


1—鲤鱼钳；2—夹紧钳；3—钩钳；4—尖嘴钳；5—组合钢丝钳；6—剪钳

**图 1-18 常用钳子类型**

在汽车维修中，应根据作业内容选用适当类型和规格(按长度分)的钳子，不能用钳子拧紧或旋松螺纹连接件，以防止螺纹件被倒圆，也不可用钳子当撬棒或锤子使用，以免损坏钳子。

(四)锤子

汽车维修中常用的锤子有手锤、木槌和橡胶锤。手锤通常由工具钢制成，规格按锤头质量划分，使用时应使锤头安装牢靠，手握锤柄末端，用锤头正面击打物体。木槌和橡胶锤主要用于击打零件加工表面，以保护零件不被损坏。

(五)活塞环拆装钳

活塞环拆装钳是一种专门用于拆装活塞环的工具，如图 1-19 所示。维修发动机时，必须使用活塞环拆装钳拆装活塞环。

使用活塞环拆装钳时，将拆装钳上的环卡卡住活塞环开口，握住手把稍稍均匀地用力，使活塞环拆装钳把手慢慢地收缩，环卡将活塞环徐徐地张开，使活塞环能从活塞环槽中取出或装入。

(六)气门弹簧拆装架

气门弹簧拆装架是一种专门用于拆装顶置气门弹簧的工具，如图 1-20 所示。使用时，将气门弹簧拆装架托架抵住气门，压环对正气门弹簧座，然后压下手柄，使气门弹簧被压缩。这时可取下气门弹簧锁销或锁片，慢慢地松抬手柄，即可取出气门弹簧座、气门弹簧和气门等。

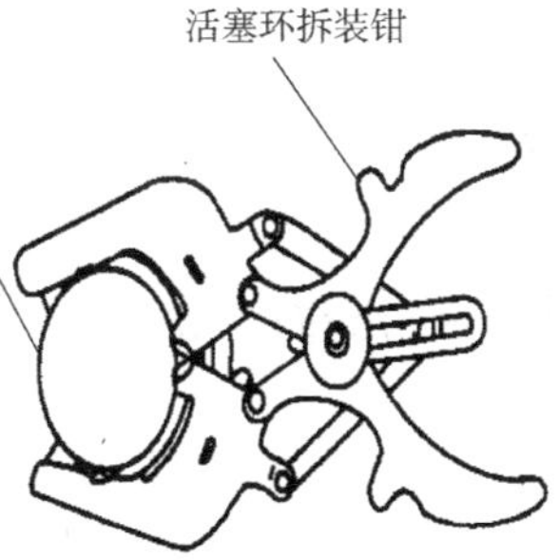


图 1-19　活塞环拆装钳

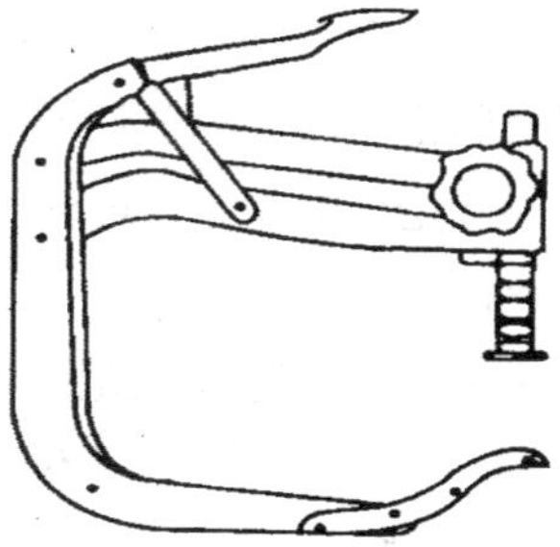

图 1-20　气门弹簧拆装架

（七）拉器

拉器是用于拆卸以过盈配合安装在轴上的齿轮或轴承等零件的专用工具。常用拉器为手动式，在一杆式弓形叉上装有压力螺杆和拉爪。使用时，在轴端与压力螺杆之间垫一垫板，用拉器的拉爪拉住齿轮或轴承，然后拧紧压力螺杆，即可从轴上拉下齿轮等以过盈配合安装的零件，如图 1-21 所示。

（八）滑脂枪

滑脂枪又称黄油枪，如图 1-22 所示，是一种专门用来加注润滑脂（黄油）的工具。

1. 填装黄油

（1）拉出拉杆使柱塞后移，拧下滑脂枪缸筒前盖。

（2）把干净黄油分成团状，徐徐装入缸筒内，且使黄油团之间尽量相互贴紧，便于缸筒内的空气排出。

（3）装回前盖，推回拉杆，柱塞在弹簧作用下前移，使黄油处于压缩状态。

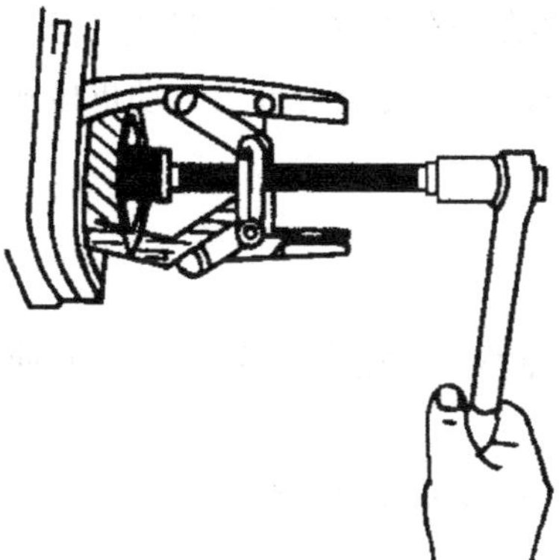

图 1-21　拉器

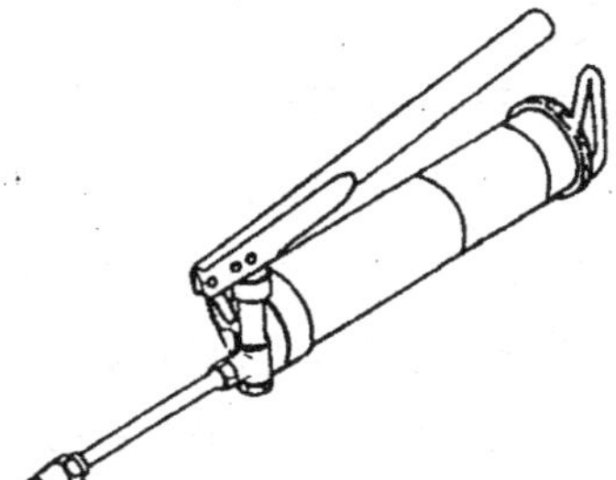

图 1-22　滑脂枪

2. 注油方法

(1)把滑脂枪接头对正被润滑的黄油嘴(滑脂嘴),直进直出,不能偏斜,以免影响黄油加注,减少润滑脂的浪费。

(2)注油时,如注不进油,应立即停止,并查明堵塞的原因,排除后再进行注油。

3. 加注润滑脂时,不进油的主要原因

(1)滑脂枪缸筒内无黄油或压力缸筒内的黄油间有空气。

(2)滑脂枪压油阀堵塞或注油接头堵塞。

(3)滑脂枪弹簧因疲劳而过软,造成弹力不足或弹簧因折断而失效。

(4)柱塞磨损过甚而导致漏油。

(5)油脂嘴被泥污堵塞而不能注入黄油。

(九)千斤顶

千斤顶是一种最常用、最简单的起重工具,按照其工作原理可分为机械丝杆式和液压式,如图 1-23 所示。按照所能顶起的质量,千斤顶可分为 3 000 kg、5 000 kg、9 000 kg 等不同规格。目前汽车维修领域广泛使用的是液压式千斤顶。

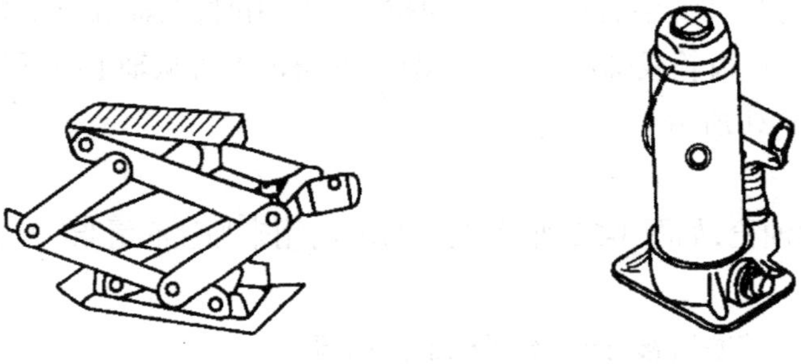

(a) (b)

图 1-23 千斤顶

(a) 机械丝杆式 (b) 液压式

(十)汽车举升器

为了改善劳动条件,增大作业空间范围,汽车举升器在汽车维修中使用日益广泛。汽车举升器按立柱数可分为单立柱式、双立柱式、四立柱式;按结构特点可分为电动机械式和电动液压式。

汽车举升后,应落槽于棘牙之上并立即进行锁紧。

(十一)起重吊车

常用的起重吊车有门式、悬臂式、单轨式和梁式四种类型。在汽车拆装实训中,使用最多的是悬臂式,它又分为机械式和液压式两大类。

(1)机械式悬臂起重吊车:通过手柄转动绞盘和棘轮,收缩或放长铁链使重物上升或下降,可做短距离移动。

(2)液压式悬臂起重吊车:起吊时,由于油泵的作用,使压力油进入工作油缸内,推动顶杆外移,使重物起吊。打开放油阀,工作油缸内的油流回油箱,压力降低,重物下降。

起重设备的使用注意事项如下：

①吊运重物不允许超过核定载荷；

②钢丝绳及绳扣应安装牢固；

③吊件应尽量靠近地面，以减小晃动，下放吊件时，要平稳，不可过急；

④严禁用吊车拖拉非起吊范围内的吊件。

## 二、安全生产注意事项

### (一)个人安全

#### 1. 眼睛的保护

在汽车维修行业中，眼睛可能会受到各种伤害，如飞来的物体、腐蚀性的化学飞溅物、有毒的气体或烟雾等，但这些伤害几乎都是可以防护的。

常见的眼睛保护装备是护目镜和面罩。护目镜可以防护各种对眼睛的伤害，如飞来物体或飞溅的液体。在下列情况下，应考虑佩戴护目镜：进行金属切削加工、用錾子或冲子铲剔、使用压缩空气、使用清洗剂等。面罩不仅能够保护眼睛，还能保护整个面部。如果进行电弧焊或气焊，要使用带有色镜片的护目镜或带有深色镜片的特殊面罩，以防止有害光线或过强的光线伤害眼睛。

注意：在摘下护目镜时，要闭上眼睛，防止粘在护目镜外的金属颗粒掉进眼睛。

#### 2. 听觉的保护

汽车修理厂是噪声很大的场所，各种设备如冲击扳手、空气压缩机、砂轮机、发动机等的噪声都很大。短时的高噪声会造成暂时性听力丧失，但持续的较低噪声更有害。

常见的听力保护装备有耳罩和耳塞，噪声极高时可同时佩戴。一般在钣金车间必须佩戴耳罩或耳塞。

#### 3. 手的保护

手是身体经常受伤的部位之一，保护手要从两方面着手：一是不要把手伸到危险区域，如发动机前部转动的传动带区域、发动机排气管道附近等；二是必要时应戴上防护手套。不同的场合需用不同的防护手套，金属加工用劳保安全手套，接触化学品用橡胶手套。

#### 4. 衣服、头发及饰物

宽松的衣服、长袖子、领带都容易卷进旋转的机器中，所以在修理厂中，首先一定要穿合体的工作服，最好是连体工作服，外套、工装裤也可以，这些工作服比平时衣着的安全性高很多。如果戴领带则要把它塞到衬衫里。

工作时不要戴手表或其他饰物，特别是金属饰物，其在进行电气维修时可能会导入电流而烧伤皮肤，或导致电路短路而损坏电子元件或设备。

在工厂内要穿劳保鞋，可以保护脚面不被落下的重物砸伤，且劳保鞋的鞋底应是防油、防滑的。

长发很容易被卷入运转的机器中，所以长发一定要扎起来，并戴上帽子。

（二）工具和设备的安全使用

1. 手动工具的安全使用

手动工具看起来是安全的，但使用不当也会导致事故，如用一字螺钉旋具代替撬棍，会导致旋具崩裂、损坏，飞溅物会打伤自己或他人；扳手从油腻的手中滑落，掉在旋转的元件上，再弹起来伤人，等等。

另外，使用带锐边的工具时，锐边不要对着自己和他人，传递工具时要将手柄朝向对方。

2. 动力工具的安全使用

所有的电气设备都要使用三相插座，地线要安全接地，电缆或装配松动的应及时维护。所有旋转的设备都应有安全罩，以免部件飞出伤人。

在进行电子系统维修时，应断开电路的电源，方法是断开蓄电池的负极搭铁线，这不仅可以保护人身安全，还能防止电器的损坏。

许多维修工序需要将车辆升离地面，在升起车辆前应确保汽车已被正确支撑，并应使用安全锁以免汽车意外落下。用千斤顶支起汽车时，应当确保千斤顶支撑在汽车底盘大梁部分或较结实的部分。

注意：升起汽车时要先看维修手册，找到正确的支撑点，错误的支撑点不仅危险，而且会破坏汽车的结构。

3. 压缩空气的安全使用

使用压缩空气时，应非常小心，不要将压缩空气对着自己或别人，不要对着地面、设备或车辆乱吹。压缩空气能撕裂耳鼓膜，造成失聪；能损伤肺部或伤及皮肤；被压缩空气吹起的尘土或金属颗粒可以造成皮肤、眼睛损伤。

（三）日常安全守则

（1）工具不使用时应保持干净并放到正确的位置。

（2）各种设备和工具要及时检查和保养。

（3）手上应避免油污，以免工具滑脱。

（4）启动发动机的车辆应保证驻车制动正常。

（5）不要在车间内乱转。

（6）在车间内启动发动机要保持通风良好。

（7）在车间内的穿戴、着装要合适，并佩戴必要的安全防护装备，如手套、护目镜、耳塞等。

（8）不要将压缩空气对着人或设备吹。

（9）尖锐的工具不要放在口袋里，以免扎伤自己或划伤车辆。

（10）常用通道上不要放置工具、设备、车辆等。

（11）用正确的方法使用正确的工具。

（12）手、衣服、工具应远离旋转设备或部件。

（13）开车进出车间时要格外小心。

（14）在极度疲劳或消沉时不要工作，这种情况下人的注意力会降低，有可能会导致自身或他人的伤害。

（15）如果不知道车间内的设备如何使用，应先向技术人员请教，以得到正确、安全的使用方法。

（16）用举升器或千斤顶升起车辆时一定要按正确的规程操作。

# 项目二　发动机附件的拆卸

## 技能点

◇ 能认知发动机附件名称、安装的位置及作用。

◇ 能正确拆装发动机附件，能规范使用工具。

## 知识点

◇ 掌握汽车发动机结构及工作原理。

◇ 熟悉发动机附件的拆装方法和注意事项。

◇ 熟悉工具的种类、使用方法。

## 任务引入

有一台桑塔纳 3000 型轿车的 AJR 型发动机，经过较长一段时间的使用，发现发动机动力有严重不足的现象，需要对发动机进行检修。

## 任务载体

发动机外围部件的正确拆装对于发动机检修具有重要的意义。

## 学习内容

具体学习内容见表 2-1。

表 2-1　具体学习内容

| 1. 操作前的准备工作 | |
|---|---|
|  | （1）学生将工位清理干净，准备好相关的工具、物品等。<br>（2）将发动机拆装翻转台架准备好，并安全固定。<br>（3）如果是第一次拆卸，需要对拆卸零部件及其顺序做详细记录，以保证装配时不出错。<br>提示：<br>培养良好的工作习惯，做好事前准备，有利于安全操作和提高工作效率 |

**续表**

| | |
|---|---|
| 2. 燃油供给系统泄压 | |
| 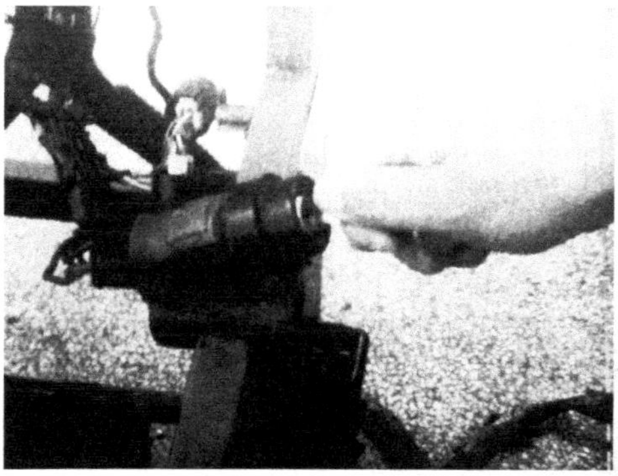 | （1）关闭点火开关 |
| 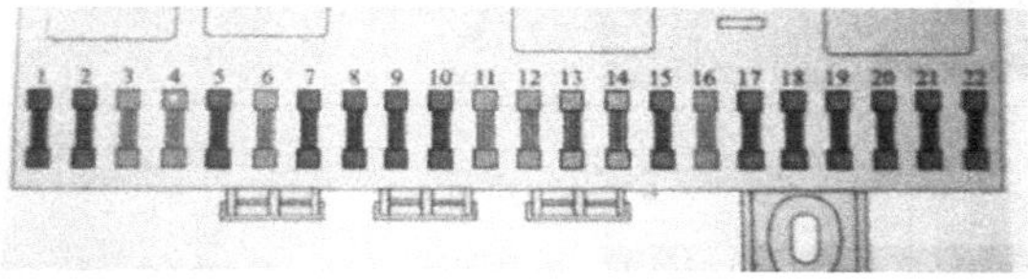 | （2）找到熔丝继电器插座板上的燃油泵熔丝（10 A），在左图的 5 号位置。<br>提示：<br>①熔丝继电器插座板位于仪表台左侧下方；<br>②该操作的主要目的是使电动燃油泵不工作 |
|  | （3）启动发动机，待其自动熄火后，关闭点火开关。<br>提示：<br>①该操作的主要目的是释放燃油供给系统内的燃油；<br>②因燃油泵不工作，所以连续打 2~3 次火，可将系统中的燃油烧净 |
| 3. 断开发动机电源（拆下蓄电池） | |
|  | （1）拧松蓄电池负极柱的螺栓，取下负极导线，使其可靠离开负极柱。<br>（2）拆下蓄电池正极导线。<br>（3）搬出蓄电池。<br>提示：<br>①该操作的目的是避免拆卸过程中发生电路短路事故；<br>②拆卸蓄电池时，一般先拆负极，后拆正极，安装时相反；<br>③蓄电池搬运时不可倾斜。<br>注意：<br>桑塔纳 3000 型轿车的发动机蓄电池的容量为 54 A·h |

**续表**

<table>
<tr><td colspan="2">4. 断开燃油管路</td></tr>
<tr><td>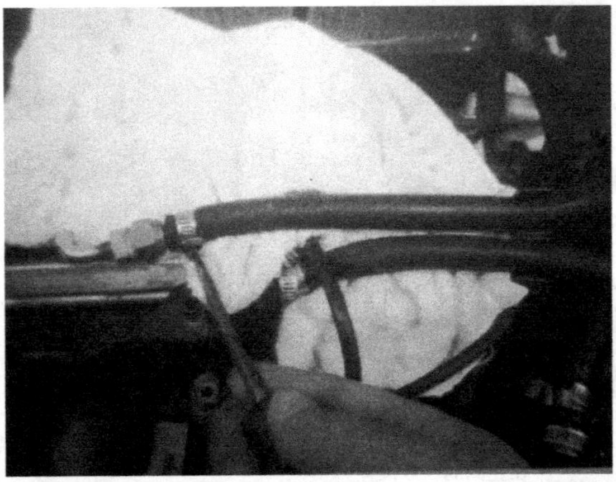</td><td>(1)断开进油管和回油管。<br>①用螺钉旋具拧松油管卡箍螺栓。<br>②依次拔下进油管和回油管。<br>提示：<br>①断开油管时用干净毛巾将油管接头包住，以防燃油泄漏；<br>②区分进、回油管可看箭头标记</td></tr>
<tr><td>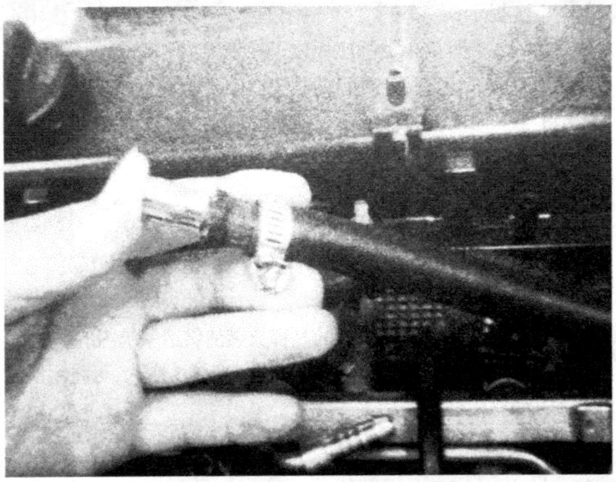</td><td>(2)在油管上插上堵头。<br>提示：<br>将堵头插入断开的油管内，以减少燃油流失，防止污物进入油管而污染燃油</td></tr>
<tr><td colspan="2">5. 放净机油</td></tr>
<tr><td></td><td>(1)将油盆置于发动机油底壳放油螺栓的正下方。<br>(2)放净机油。<br>提示：<br>为使机油排放干净，需将气缸盖罩上的机油盖拧下。<br>注意：<br>桑塔纳 3000 型轿车的 AJR 型发动机必须使用美国石油协会(American Petroleum Institute, API)标号 SJ 级或以上级别的机油，标号为 5W-40</td></tr>
</table>

**续表**

<table>
<tr><th colspan="2">6. 放净冷却液</th></tr>
<tr><td></td><td>(1)先将水盆置于散热器的下方，正对散热器的出水口处。<br>提示：<br>①桑塔纳 3000 型轿车的散热器上没有设计放水阀，冷却液的排放是通过拆卸散热器下端水管来实现的。<br>②冷却液添加符合 TLVW774D 标准的防冻防腐剂 G12(红色)，其具有防冻、防腐、防垢和提高沸点的特性</td></tr>
<tr><td></td><td rowspan="2">(2)将散热器下端水管的卡箍松开，拉开水管，让冷却液流入盆中。<br>提示：<br>在放冷却液的同时需将储液盖打开，以使冷却液能及时流尽。<br>注意：<br>桑塔纳 3000 型轿车的 AJR 型发动机使用符合 TLVW774D 标准的防冻防腐剂 G12(红色)，发动机冷却液箱的容积为 6 L</td></tr>
<tr><td>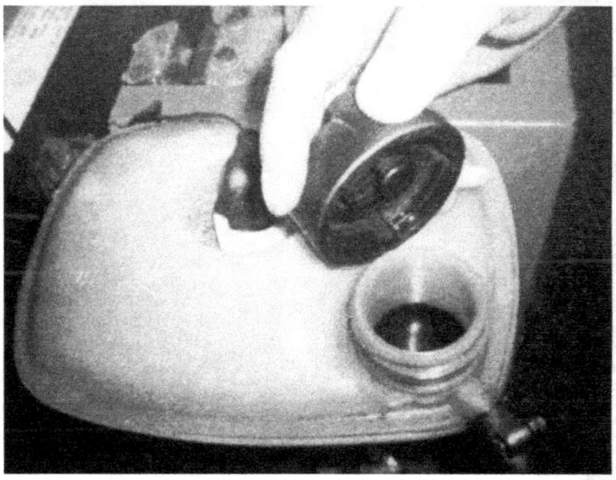</td></tr>
</table>

**续表**

<table>
<tr><td>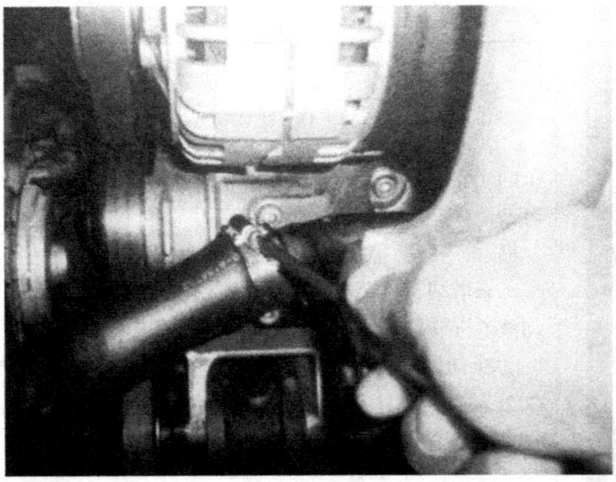</td><td>(3)拆下发动机上水管、下水管。<br>①用螺钉旋具拧松水管卡箍。<br>②拔下水管</td></tr>
<tr><td colspan="2">7. 拆下电控系统传感器和执行器</td></tr>
<tr><td></td><td rowspan="2">(1)拔下喷油器导线插头。<br>①在燃油分配管上找到喷油器导线插头。<br>②用手捏住第一缸喷油器插头后端的卡子,拔下喷油器导线插头。<br>③依次拔下其余三缸喷油器导线的插头,取下整个线束。<br>提示:<br>拔插头时,先用手将两侧卡子捏住,然后往外拉,不得拉拽导线</td></tr>
<tr><td>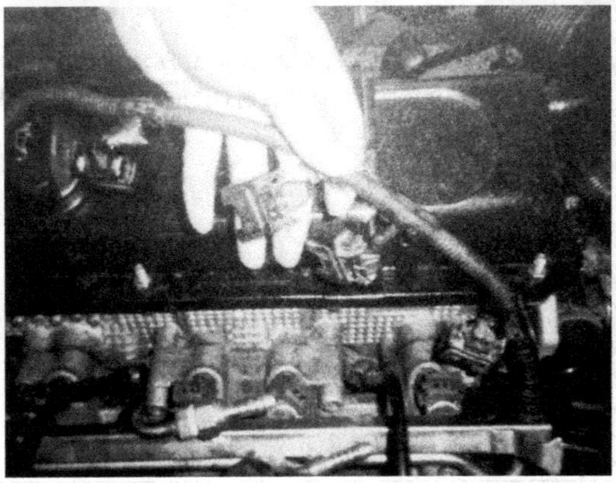</td></tr>
</table>

**续表**

| | |
|---|---|
|  | (2)拔下凸轮轴位置传感器插头。用手捏住插头后端卡子,拔出插头。<br>提示:<br>①该插头位于凸轮轴齿轮的外侧;<br>②拔插头时要注意技巧,不得乱拔、乱拽 |
| 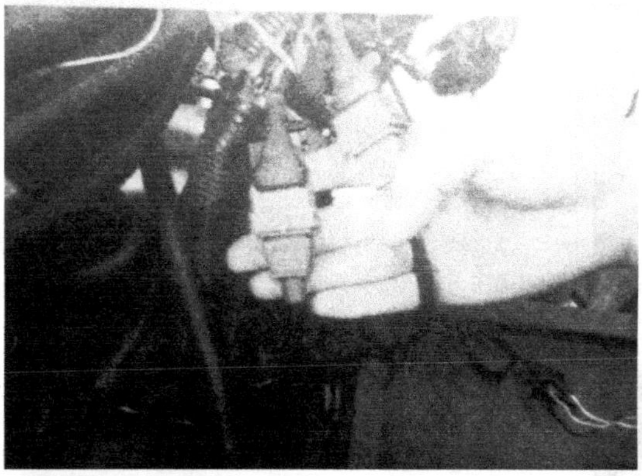 | (3)拔下转速传感器插头。<br>(4)拔下两个爆震传感器插头。<br>(5)拔下氧传感器插头。<br>提示:<br>①上述插头位于发动机内侧;<br>②用手捏住插头后端卡子,拔出插头 |
| 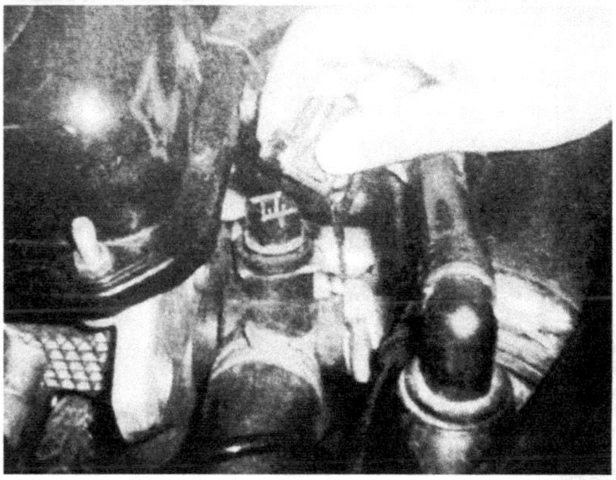 | (6)拔下冷却液温度传感器插头。<br>(7)拔下空调水温开关。<br>提示:<br>冷却液温度传感器插头为4针式,位于发动机后端出水三通处 |

**续表**

| | |
|---|---|
| 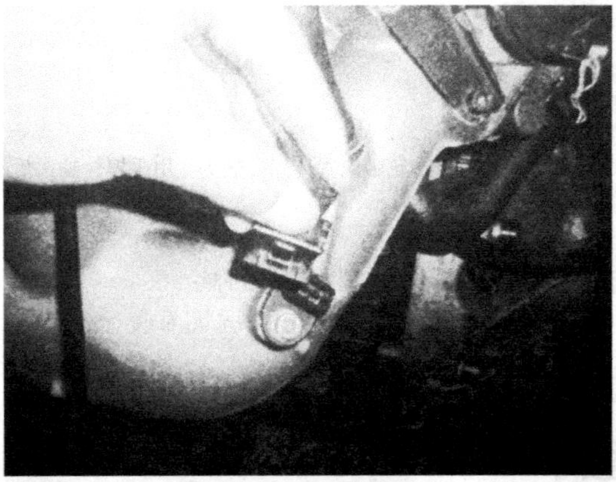 | （8）拔下进气温度传感器插头。用手捏住插头后端卡子，拔出插头。<br>提示：<br>该插头为2针式，位于发动机节气门后 |
|  | （9）拔下机油压力传感器插头。用手捏住插头后端卡子，分别拔下高、低压插头。<br>提示：<br>①桑塔纳3000型轿车的AJR型发动机装有高、低压两个机油压力传感器；<br>②机油压力传感器线束为单线，负极搭铁 |
| 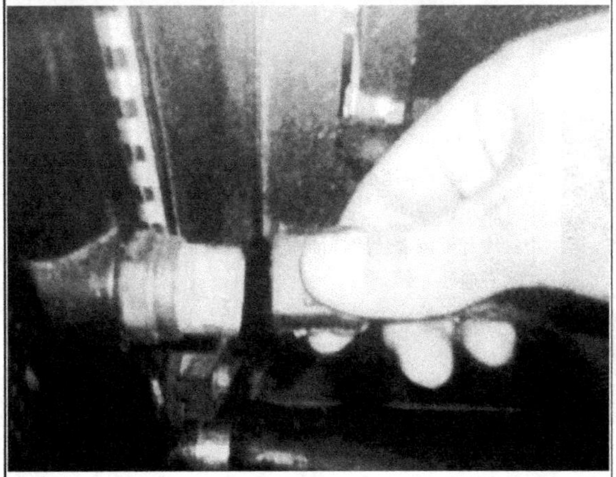 | （10）拔下散热器热敏开关插头。用手捏住插头后端卡子，拔出插头。<br>提示：<br>该插头为3针式，位于散热器左侧处 |

续表

| | |
|---|---|
| 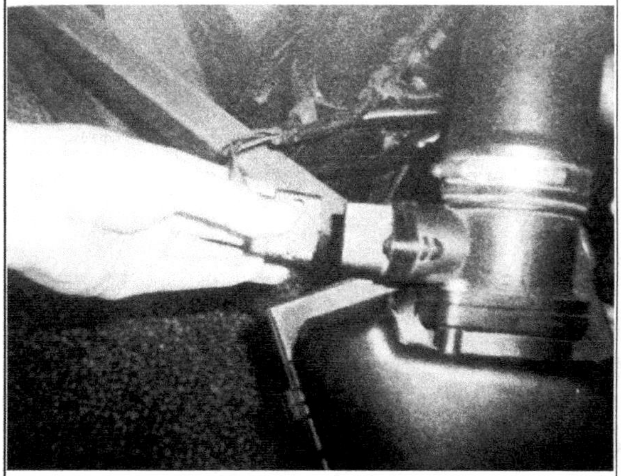 | （11）拔下空气流量计插头。用手捏住插头后端卡子，拔出插头。<br>提示：<br>该插头为5针式（1号线脚为空脚），位于空气滤清器壳侧空气流量计上 |
| 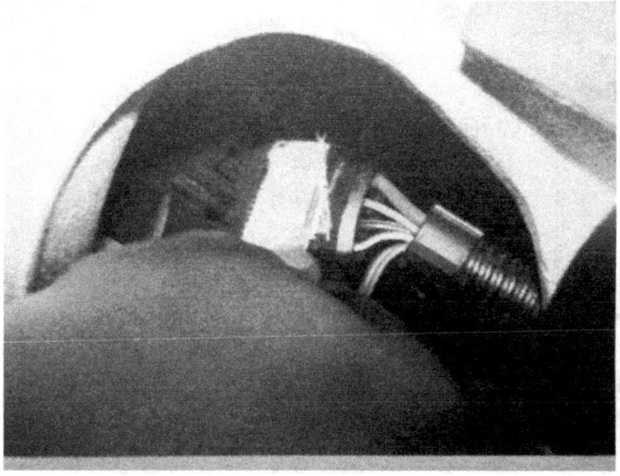 | （12）拔下点火模块的插头。<br>提示：<br>该插头为4针式，位于进气歧管的背面，拔插头时要注意技巧 |
| 8. 拆下进气管路软管 | |
| 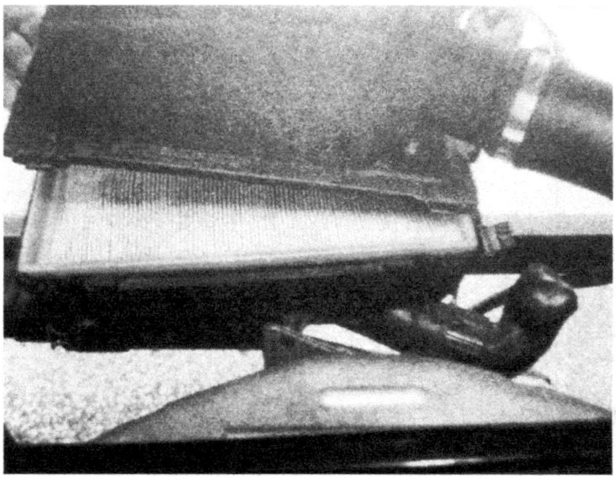 | （1）拆下空气滤清器。<br>提示：<br>①从滤清器壳中取出滤芯时，要尽量避免滤芯抖动，目的是避免吸附在滤芯上的沙尘掉入进气管；<br>②使用干净棉纱擦拭滤清器盖及其内壁，将尘土等清除；<br>③禁止擦拭安装在滤清器盖上的空气流量计 |

**续表**

| | |
|---|---|
|  | (2)清洁滤芯。用吹气枪使用压缩空气按照与滤芯工作时空气流动的相反方向吹拂滤芯,将滤芯上吸附的沙尘吹尽。<br>提示:<br>①吹拂滤芯时会有尘土飞扬,操作人员应该佩戴口罩;<br>②如果滤芯达到使用期限或损坏应及时更换 |
| 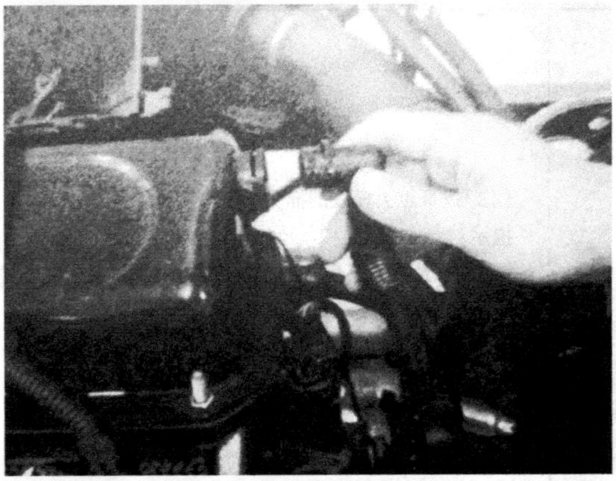 | (3)拆下透气软管。<br>①拔下软管的固定卡销。<br>②取下透气软管。<br>提示:<br>该透气软管位于气缸罩盖与进气软管处,主要用于曲轴箱透气 |
|  | (4)拔下燃油分配管真空管。<br>提示:<br>燃油分配管位于调压器处,主要用于控制油压调节器的动作 |

**续表**

| 9. 拆下节气门体上的管路及附件 | |
|---|---|
|  | (1)拆下节气门体上的各管路。<br>①拔下进气软管。<br>②拆下节气门拉索。<br>③拔下制动助力装置的真空管。<br>④拔下活性炭罐过滤器阀的真空管 |
| 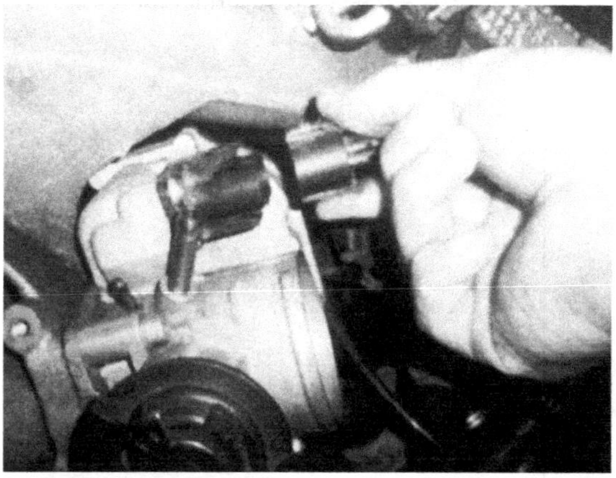 | (2)拔下节气门传感器插头。用手捏住插头卡子,拔下节气门传感器插头。<br>提示:<br>①节气门插头共有7脚,位于节气门体上;<br>②节气门传感器具有节气门开度信号检测和怠速控制功能 |
| 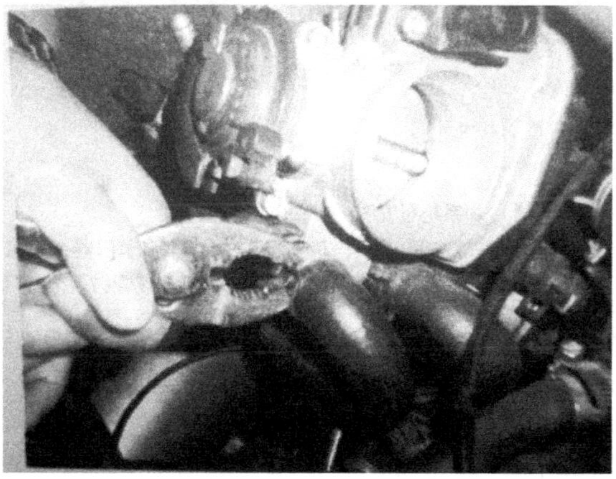 | (3)拆卸节气门预热水管(两根)。用鲤鱼钳夹住水管卡箍,依次拆卸两根预热水管。<br>提示:<br>预热水管主要起进气预热和防止节气门轴冻结的作用 |

**续表**

<table>
<tr><th colspan="2">10. 拆下剩余的水管</th></tr>
<tr><td>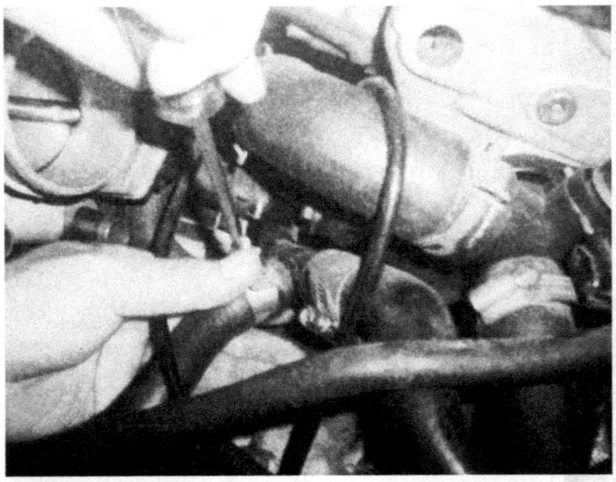</td><td rowspan="2">依次拔下水管。<br>(1)拆下节气门体上的进气预热水管。<br>(2)拆下空调暖风水管。<br>(3)拆下散热器上的冷却液管。<br>提示:<br>这里的水管及连接头较多,要能正确认识每根水管的流向,主要流面有以下几个。<br>①通往节气门体。<br>②通往空调暖风装置。<br>③通往散热器和冷却液泵</td></tr>
<tr><td></td></tr>
<tr><td>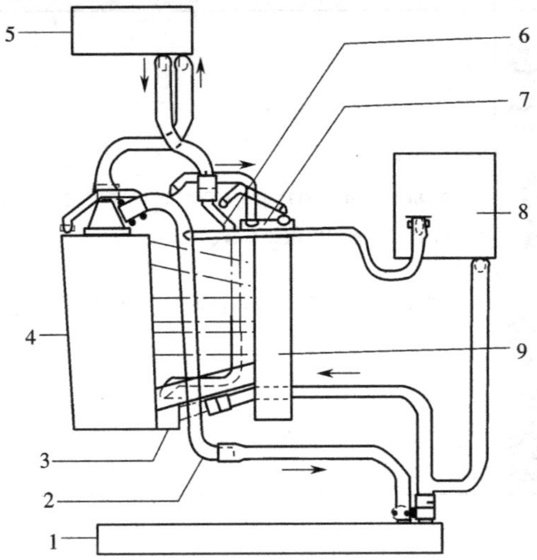</td><td>冷却系统布置图<br>1—散热器;2—冷却液管;3—冷却液泵节温器;4—气缸体;5—暖风系统热交换器;6—下冷却液管;7—节气门体;8—冷却液储液罐;9—进气歧管</td></tr>
</table>

续表

<table>
<tr><td colspan="2">11. 拆下发电机</td></tr>
<tr><td></td><td>(1)拆除火花塞高压线。用火花塞高压线专用拆装钳依次拆下 4 根高压线。<br>提示：<br>①为使发电机拆卸方便,需要把高压线先拆掉;<br>②四缸发动机的点火顺序一般为 1—3—4—2;<br>③ AJR 型发动机的 4 根高压线长度不同,对应的气缸不同</td></tr>
<tr><td>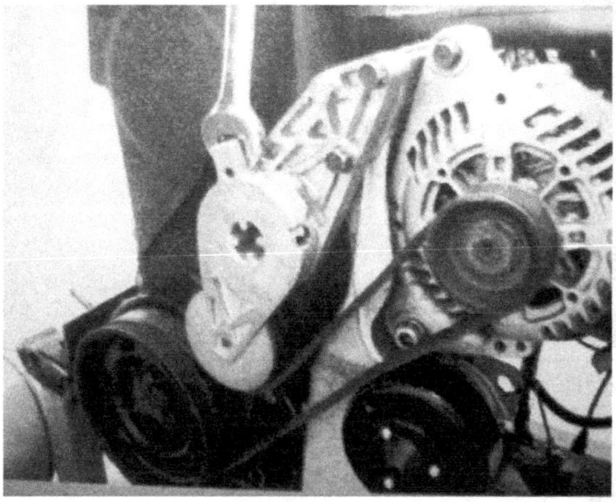</td><td>(2)拆下发电机传动带。<br>①用专用工具扳住传动轴张紧器。<br>②使用销钉固定住张紧器。<br>③取下发电机传动带。<br>④取出销钉。<br>提示：<br>若发电机传动带拆卸后不更换,应在传动带上做好方向记号</td></tr>
<tr><td></td><td>(3)拆下发电机固定螺栓。<br>①拧下发电机的上固定螺栓。<br>②拧下发电机的下固定螺栓和螺母。<br>提示：<br>下固定螺栓较难拆,操作时不是很方便,应注意安全</td></tr>
</table>

**续表**

| | |
|---|---|
| 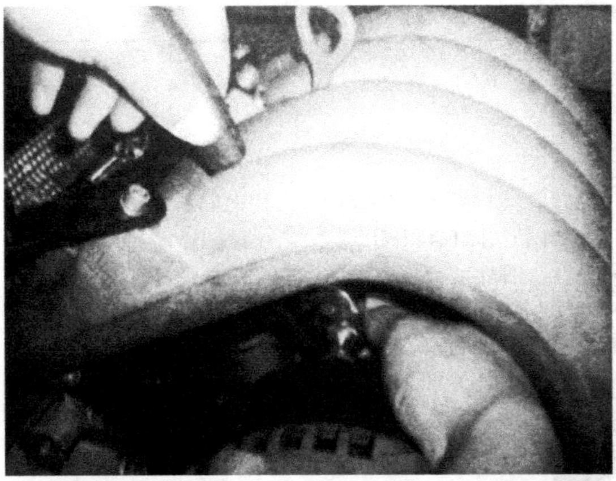 | (4)拆下发电机连接导线。<br>①拆下发电机电源导线固定螺母。<br>②拆下发电机指示灯导线固定螺母。<br>③取下发电机。<br>提示：<br>发电机后端接线柱 D+ 接仪表充电指示灯；B+ 接蓄电池“+” |
|  | (5)拆除传动带张紧器。<br>①拧下传动带张紧器 3 个固定螺栓。<br>②取下传动带张紧器 |
| 12. 拆下发动机进、排气管 | |
| 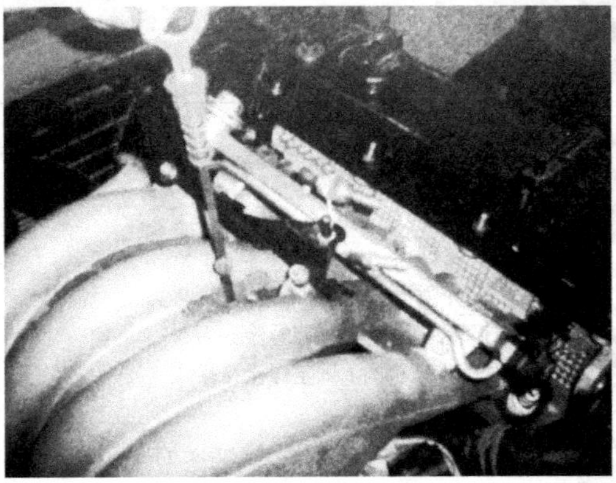 | (1)取出发动机机油尺。<br>提示：<br>机油尺的作用是检查发动机机油量 |

续表

| | |
|---|---|
| 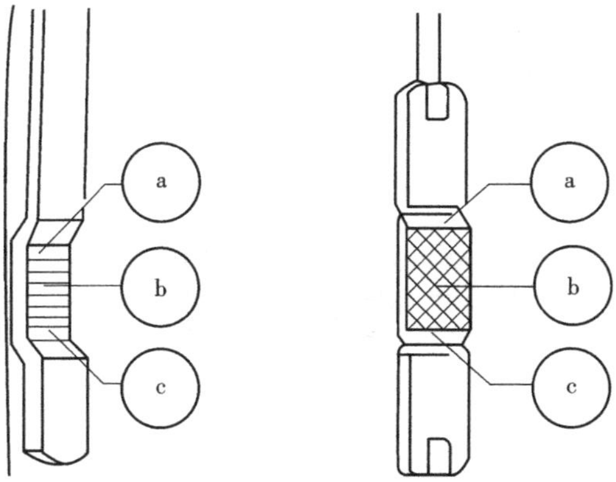 | (2)机油尺标记：<br>a—不必加注机油；<br>b—可以加注机油；<br>c—必须加注机油。<br>提示：<br>机油液面不能向上超过机油尺上 a 标记所处位置 |
|  | (3)拆下燃油分配管总成。<br>①拧下燃油分配管的 2 个固定螺栓。<br>②将燃油分配管连同喷油器一同取下。<br>提示：<br>①燃油分配管的作用是将恒定压力的燃油输送到各缸喷油器；<br>②燃油分配管上设有燃油压力调节器、进油管、回油管和喷油器插孔 |
|  | (4)拔下喷油器。用尖嘴钳拔下喷油器卡簧，取下喷油器 |

续表

| | |
|---|---|
| 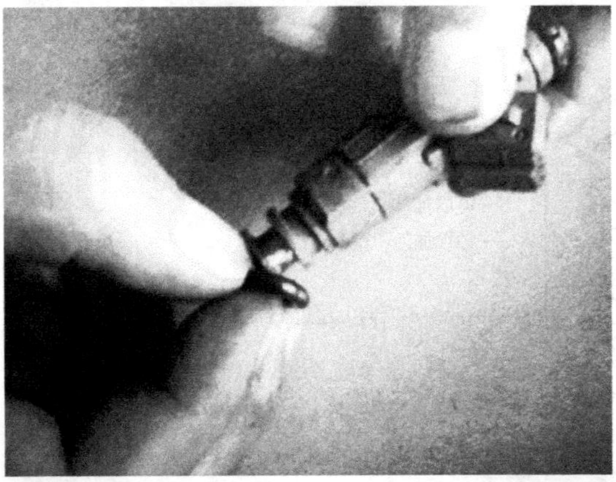 | (5)取下喷油器上的O形密封圈。<br>提示：<br>①如果难以取下可以涂抹一点机油润滑；<br>②O形密封圈的作用是密封进气歧管，如果损坏会造成发动机进气系统漏气，影响发动机正常工作 |
|  | (6)拆下进气歧管。<br>①拧下进气歧管的8个固定螺栓。<br>提示：<br>拆卸进气歧管固定螺栓时，应按照由外向内、对角的顺序，分2~3次拧松螺栓 |
|  | ②取下进气歧管 |

续表

| | |
|---|---|
|  | ③取下进气歧管垫。<br>提示：<br>进气歧管垫的作用是加强密封，如果损坏会造成漏气，造成发动机怠速不正常等故障。<br>注意：<br>进气歧管垫不可重复使用 |
|  | （7）拆下排气歧管。<br>①拧下隔热罩的4个固定螺栓，拆下排气歧管隔热罩。<br>提示：<br>①隔热罩位于排气歧管上，主要起排气隔热作用；<br>②拆卸螺栓时应按由外向内的顺序，分2~3次拧下 |
| 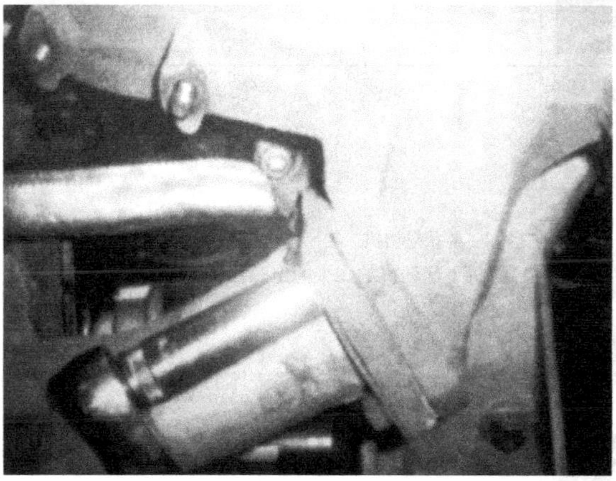 | ②依次拧下排气管的4个固定螺栓，拆下排气管。<br>提示：<br>拆卸排气管固定螺栓时，应按照对角的顺序，分2~3次拧松螺栓 |

续表

<table>
<tr><td></td><td>③拧下排气歧管的 8 个固定螺栓，取下排气歧管。<br>④取下排气歧管接口垫。<br>提示：<br>螺栓组拆卸方法同进气歧管固定螺栓。<br>注意：<br>排气歧管接口垫不可重复使用</td></tr>
<tr><td colspan="2">13. 拆下起动机</td></tr>
<tr><td></td><td>（1）拆下起动机线束。<br>①拆下起动机电源导线固定螺母，取下电源导线。<br>②拔下起动机控制导线插头</td></tr>
<tr><td></td><td>（2）拆下起动机。<br>①拆下起动机的 3 个固定螺栓。<br>②取下起动机。<br>提示：<br>起动机一般固定在变速器壳体上</td></tr>
</table>

续表

<table>
<tr><td colspan="2">14. 拆下机油滤清器总成</td></tr>
<tr><td></td><td>(1)用机油滤清器扳手拧下机油滤芯</td></tr>
<tr><td></td><td>(2)拆下机油滤芯座。<br>①依次拆下机油滤芯座固定螺栓。<br>②取下机油滤芯座。<br>提示:<br>分 2~3 次拧松机油滤芯座的固定螺栓</td></tr>
<tr><td colspan="2">15. 拆下惰轮、压缩机支架</td></tr>
<tr><td></td><td>拆下惰轮、压缩机支架的 6 个固定螺栓,取下压缩机支架</td></tr>
</table>

**续表**

<table>
<tr><th colspan="2">16. 拆下节温器</th></tr>
<tr><td>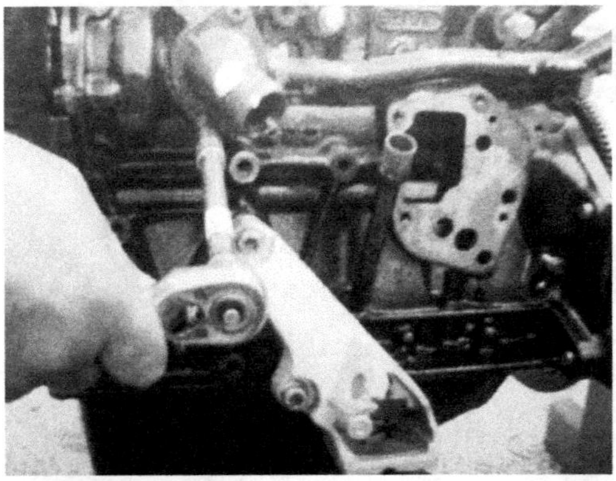</td><td>(1)拆下节温器壳及下水管。<br>提示：<br>节温器壳由 2 个螺栓固定</td></tr>
<tr><td>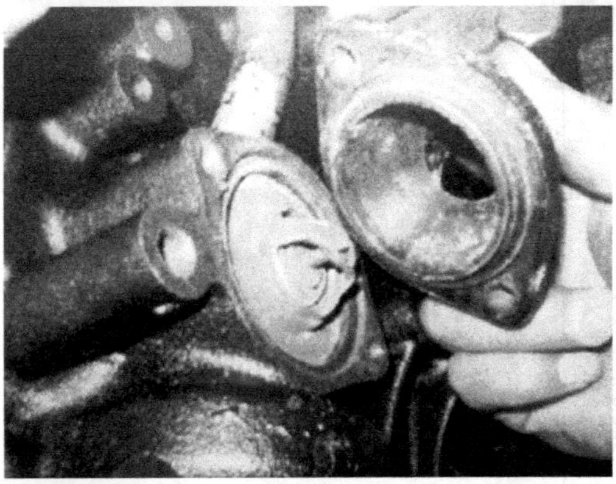</td><td>(2)取下节温器壳</td></tr>
<tr><td>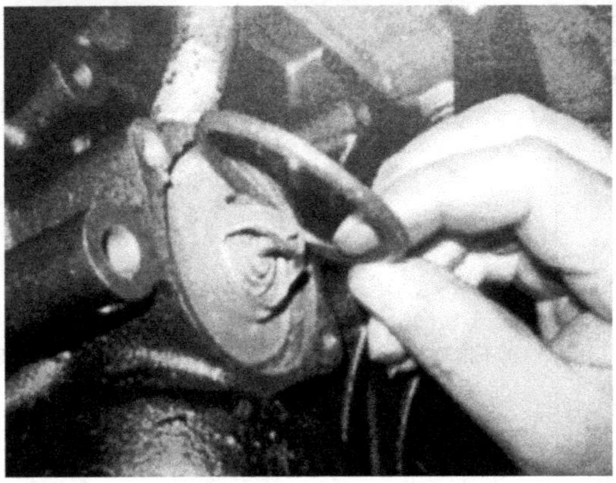</td><td>(3)取出 O 形密封圈。<br>提示：<br>O 形密封圈不可重复使用</td></tr>
</table>

续表

| | |
|---|---|
|  | 发动机外围部件拆卸完后，如左图所示 |

## 知识链接

### 发动机外围附件的拆卸

空气滤清器、散热器及冷却风扇已经拆卸下来，进一步的分解视维修保养需要逐步展开。其他外围附件的拆卸其实并无明显的顺序，但应注意不发生干涉及遵循从小到大的原则。

（1）拆下节气门位置传感器。

（2）拆卸空气压力传感器及空气温度传感器。

（3）拆卸油压调节器。

（4）拆卸燃油滤清器。

（5）拆卸喷油器。

（6）拆卸爆震传感器（可能要放到拆卸其他外围件后进行）。

（7）拆卸氧传感器及冷却剂传感器。

（8）拆卸点火线圈。

（9）拆卸水泵上尚未拆下的连接管。

（10）拆卸水泵。

（11）拆卸分电器。

（12）拆卸起动电动机。

（13）拆卸发电机。

（14）拆卸汽油泵（对于化油器式汽油机而言，电喷式汽油机的汽油泵在油箱内）。

（15）拆卸机油滤清器滤芯及机油滤清器支座。

（16）拆卸进、排气管。

（17）松开动力转向油泵传动带，拆卸动力转向泵及支架。

## 知识与能力拓展

### 发动机总体分解

（1）拆下发电机。

旋松撑紧壁紧固螺栓、调整螺母紧固螺栓，拧动调整螺母，使发电机靠近发动机侧，取下

V 形传动带，从发动机前端卸下发电机与发动机的连接螺栓，取下发电机，如图 2-1 所示。

图 2-1　发电机拆卸

（2）取下进气歧管和排气歧管。

（3）拆卸正时带。

拆下水泵皮带轮和曲轴皮带轮及正时齿轮罩盖，拧松张紧器紧固螺栓，转动张紧轮，拆下正时带，如图 2-2 所示。

注意：要标明齿形带的方向。

图 2-2　齿形正时带拆卸

（4）拆卸分电器。

拔下各缸火花塞的高压线，拧下分电器固定螺栓，取下分电器，如图 2-3 所示。

图 2-3　分电器拆卸

（5）拆卸水泵。

拆下水泵固定螺栓，取下水泵，如图 2-4 所示。

图 2-4　水泵拆卸

（6）拆卸气缸盖。

先卸下气门室罩盖，按由四周向中心顺序旋松气缸盖螺栓，以防气缸盖变形，如图 2-5 所示。拆下气缸盖螺栓，用橡皮锤锤松气缸盖，取下气缸盖，如图 2-6 所示。

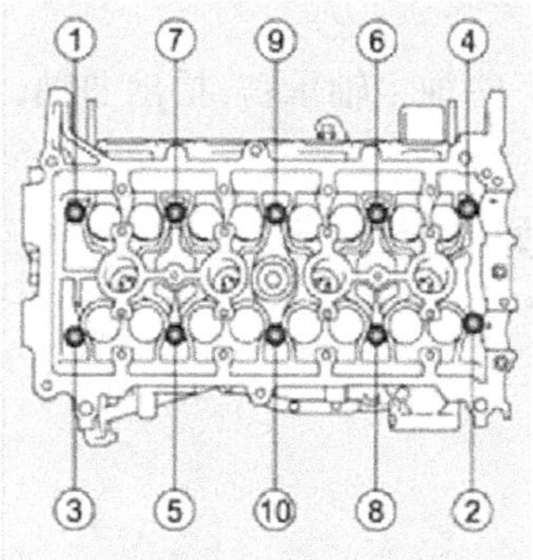


图 2-5　气缸盖螺栓的拆卸顺序

图 2-6　气缸盖拆卸

（7）拆卸机油泵。

拧松油底壳紧固螺栓，卸下油底壳，如图 2-7 所示。取下集滤器、机油泵及机油扰流板，如图 2-8 所示。

图 2-7 油底壳拆卸

图 2-8 机油泵拆卸

（8）拆卸活塞。

旋松连杆大头紧固螺母，取下螺母，取下连杆大头轴承座，如图 2-9 所示。用锤柄轻击连杆大头螺栓，顶出活塞，将连杆大头、轴承座装在一起，如图 2-10 所示。

注意：将连杆按拆卸顺序摆放好，以便下一次复装。

图 2-9 连杆轴承拆卸

图 2-10 活塞拆卸

（9）拆卸曲轴。

取下正时齿轮、曲轴前后的油封端盖，旋松并取下曲轴主轴承盖，抬出曲轴，取出上轴瓦、止推轴承，如图 2-11 和图 2-12 所示。

注意：不要使轴瓦跌落，将轴承盖按拆卸顺序摆放好。

图 2-11　主轴承拆卸

图 2-12　取出曲轴

（10）按相反顺序复装发动机。

# 项目三　气缸盖的拆卸与测量

## 技能点

◇ 能正确使用工具拆装气缸盖。

◇ 能检测气缸体、气缸盖平面度。

## 知识点

◇熟悉气缸盖类型、作用。

◇掌握气缸体、气缸盖平面度的检测方法。

◇掌握气缸体、气缸盖平面修磨的方法。

◇掌握刀口尺、深度尺的使用方法。

## 任务引入

有一辆桑塔纳 2000 GLi 型轿车在行驶过程中出现突然熄火停车，经检查发现气缸螺栓有松动，要对气缸盖进行检查与测量。

## 任务载体

气缸盖的分解与测量。

## 学习内容

具体学习内容见表 3-1。

表 3-1　具体学习内容

| 1. 操作前的准备工作 | |
|---|---|
| 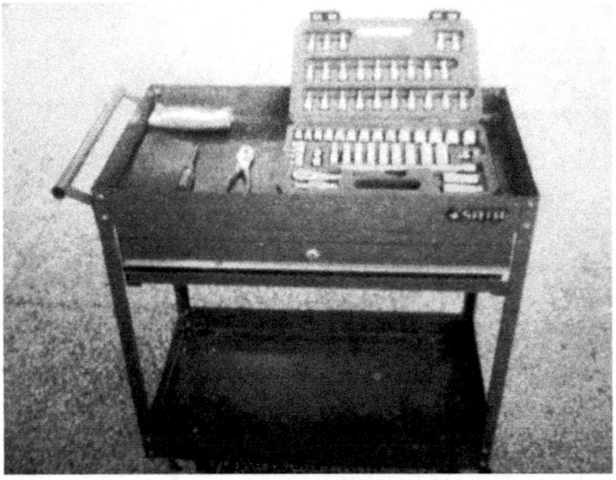 | （1）学生将工位清理干净，准备好所需工具、物品等。<br>（2）检查拆装翻转台架的完整情况，是否安全固定。<br>提示：<br>培养良好的工作习惯，做好事前准备，有利于安全操作和提高工作效率 |

**续表**

<table>
<tr><th colspan="2">2. 拆卸正时带</th></tr>
<tr><td></td><td>（1）拆下正时带上护罩。<br>①分别取下两侧的护罩搭扣。<br>②先稍用力提拉一下，然后取下护罩。<br>提示：<br>护罩主要起防止灰尘、油、水、杂质等进入正时传动带室，保护正时带的作用</td></tr>
<tr><td></td><td>（2）拆下正时带中护罩。<br>①依次拧下护罩的3个固定螺栓。<br>②取下护罩。<br>提示：<br>检查护罩上的上止点记号是否完好</td></tr>
</table>

**续表**

| | |
|---|---|
|  | (3)拆下曲轴传动带轮。<br>①用专用工具固定住飞轮。<br>②依次拧下带轮4个固定螺栓。<br>③取下带盘(如连接较紧可用橡皮锤轻轻敲击)。<br>提示:<br>检查带盘上的上止点记号是否完好 |
|  | (4)拆下正时带下护罩。<br>①依次拧下护罩的2个固定螺栓。<br>②取下护罩 |
|  | (5)松开正时带张紧轮。<br>①用专用工具固定张紧轮。<br>②拧松张紧轮固定螺栓。<br>③取下张紧弹簧。<br>提示:<br>张紧轮主要起防止传动带松弛的作用 |

续表

| | |
|---|---|
|  | (6)取下正时带。<br>提示：<br>①如要重复使用正时带，要在带上画一个方向箭头(按发动机旋转的方向)；<br>②正时带上不可沾水、油；<br>③正时带不可折、不可被重物压 |
|  | (7)拆下正时带张紧轮。<br>①拆卸张紧轮。<br>②取下张紧轮 |

续表

| 3. 拆卸气缸盖 | |
|---|---|
|  | (1)拆下正时带后护罩。<br>①依次拧下护罩的2个固定螺栓。<br>②取下护罩 |
|  | (2)拆下凸轮轴正时齿轮后护罩。<br>①依次拧下固定护罩的2个固定螺栓。<br>②取下护罩 |
|  | (3)拆下气门室罩盖压条螺母。<br>提示:<br>依次拧下固定压条的剩余螺母 |

续表

| | |
|---|---|
|  | (4)取下机油加注口盖 |
|  | (5)取下气门室罩盖压条。<br>提示：<br>依次取下两根压条 |
|  | (6)取下气门室罩盖 |

续表

<table>
<tr><td></td><td>(7)取出机油反射罩。<br>提示：<br>反射罩的作用是使凸轮轴轴承能更好地润滑</td></tr>
<tr><td></td><td>(8)取出气门室罩盖密封垫。<br>提示：<br>密封垫的作用是密封气门室，防止机油渗出</td></tr>
<tr><td></td><td rowspan="2">(9)拆卸气缸盖固定螺栓。<br>提示：<br>按照左图中编号 1~10 的顺序，依次分 2~3 次拧下气缸盖的固定螺栓。<br>注意：<br>如果不按正确顺序拆除螺栓，将有可能损坏气缸盖</td></tr>
<tr><td></td></tr>
</table>

**续表**

<table>
<tr><td>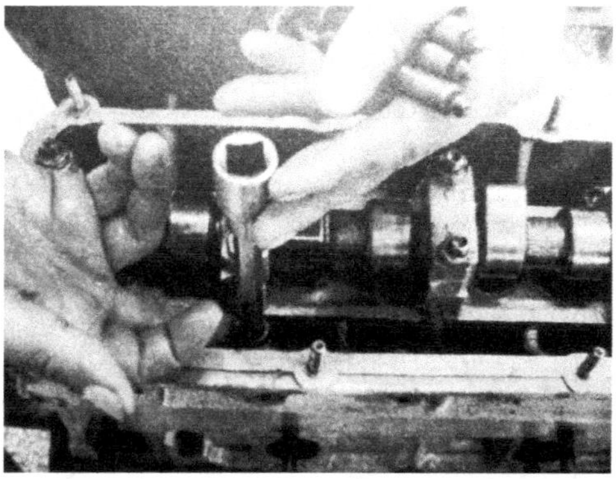</td><td>(10)取出气缸盖固定螺栓。<br>提示：<br>依次用套筒或吸棒取出气缸盖固定螺栓。<br>注意：<br>每个螺栓对应的位置不要错乱</td></tr>
<tr><td></td><td rowspan="2">(11)拆下气缸盖。<br>提示：<br>①从气缸体上的定位销处撬起气缸盖；<br>②将气缸盖放置在橡胶块(或长形木块)上</td></tr>
<tr><td></td></tr>
</table>

续表

| | |
|---|---|
|  | （12）取下气缸垫。<br>提示：<br>气缸垫的作用是填补气缸体和气缸盖之间的微观孔隙，保证接合面处有良好的密封性，进而保证燃烧室的密封，防止气缸漏气和水套漏水。<br>注意：<br>拆下的零件应按拆卸的先后顺序摆放整齐，以便于清洗和检查 |
| 4. 分解气缸盖 | |
|  | （1）将气缸盖总成平放在工作台上 |
|  | （2）拆下凸轮轴正时齿轮 |

**续表**

| | |
|---|---|
| 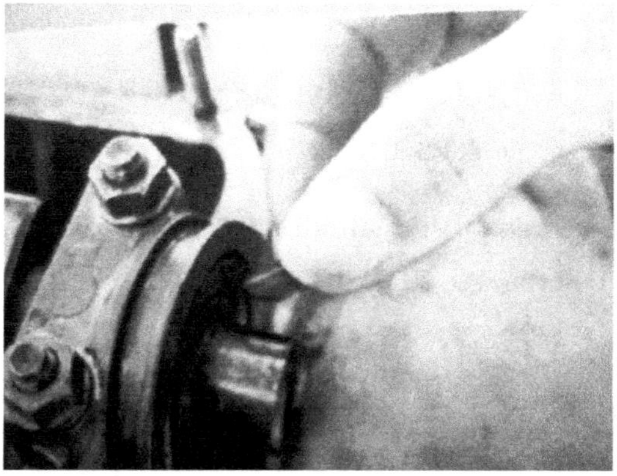 | (3)从凸轮轴上取下半圆键 |
|  | (4)拆卸凸轮轴轴承盖。<br>提示：<br>①先交叉对角拆第1、3、5号凸轮轴轴承盖，然后交替对角松开第2、4号轴承盖。<br>②拆下的轴承盖按拆卸顺序摆放整齐 |
|  | (5)取出凸轮轴和凸轮轴油封 |

| | |
|---|---|
|  | （6）取出各缸的液压挺柱。<br>提示：<br>拆卸时对液压挺柱做标记，液压挺柱不可互换 |
| 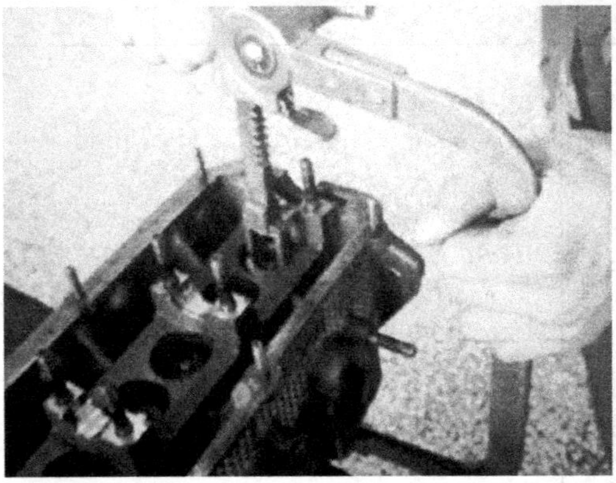 | （7）用气门弹簧拆装架将气门弹簧座压下，取出气门锁片和气门弹簧 |
| 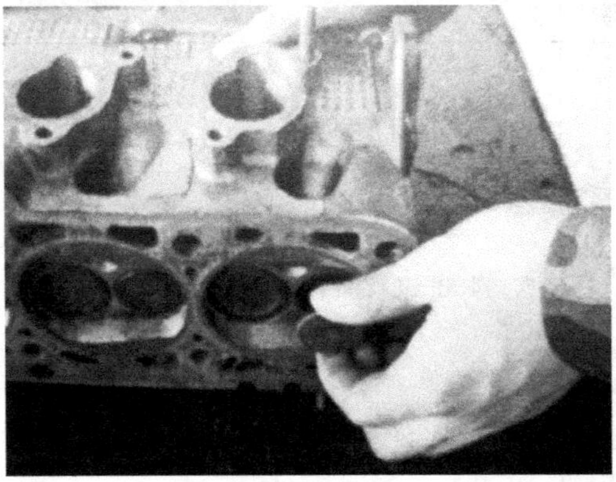 | （8）取出各缸的进、排气门。<br>提示：<br>拆卸时对气门必须做标记，气门不可互换 |

续表

| | |
|---|---|
|  | (9)用气门油封钳取出气门油封 |
|  | (10)用专用工具取出气门导管 |

## 知识与能力拓展

### 一、气缸体的检验

(一)气缸磨损的检验

1. 测量前的准备工作

(1)清洗被检验的气缸缸筒及气缸体的上平面,擦干。

(2)根据气缸直径选择合适的接杆,旋入量缸表下端。

(3)根据被测气缸的标准尺寸用外径千分尺校对量缸表,并留出测杆伸长的适当数值(即预压 1 mm 左右)旋转表盘,使“0”位对正指针,记住小指针指示毫米数,把接杆螺母固定,并复校。

(4)测量时手应握住绝热套,把量缸表斜向放入气缸被测处,轻微摆动量缸表,使指针左右摆动幅度相等(气缸中心线与测杆垂直)。如果指针正好对准“0”位,则与被测缸径相等,当指针顺时针方向离开“0”位时,缸径小于标准尺寸,如逆时针方向离开“0”位,则缸径大于标准缸径。

2. 测量部位

在气缸轴向上选取三个横截面:*S*1—*S*1(活塞在上止点时,第一道活塞环所对应的缸壁附近),*S*2—*S*2(气缸中部),*S*3—*S*3(距气缸下边缘 10~15 mm 处)。在同一横截面上进行多点测量,测出其最大及最小直径。

依次测出各缸的三个横截面上的最大和最小直径,将测量数据记录下来。

3. 圆度和圆柱度的计算

被测气缸的圆度误差用三个横截面上最大与最小直径差之半的最大值表示,被测气缸体的圆度误差用各缸中的最大圆度误差表示。

被测气缸的圆柱度用三个横截面上最大和最小直径差的最大值之半表示,气缸体的圆柱度用圆柱度最大的气缸的圆柱度数值表示。

4. 气缸的检验分类

若被测量的气缸体有一个气缸的圆柱度超过 0.165 mm(汽油机)、0.25 mm(柴油机),或圆柱度未超过上述极限,而圆度误差超过 0.05 mm(汽油机)、0.063 mm(柴油机)时,发动机需要大修。

(二)气缸体的水压试验

S-SY10 型手动试压泵用于气缸体的水压试验,其主要由测压计、带橡胶水管的连接盘和一个盛水的水桶等组成。试验时,将具有 300~400 kPa 压力的水,压入发动机气缸体的水套内,在该压力下保持一段时间,检查气缸体是否有渗漏。其步骤如下:

(1)将被检验的气缸体置于专用工作台架上;

(2)把气缸盖连同气缸衬垫装合在气缸体上,并用规定力矩拧紧气缸盖螺栓;

(3)封闭气缸盖上的出水口,封闭处应密封,不得有渗漏;

(4)将试压泵上带橡胶水管的连接盘装于气缸体前部的进水口上,连接部位应密合,不得有渗漏;

(5)按动试压泵手柄,将水压入气缸体内,并同时观察测压计,使读数指示为 300~400 kPa;

(6)以上述压力保持 5 min 后,用手电筒或移动式照明灯检视气缸体各部,应无任何渗漏;

(7)如有渗水或有水珠流出,则说明该部位是隐伤处,然后在渗漏部位做好标记,待修补后再做水压试验。

**二、气缸盖的检验**

(一)表面结构的检验

将被检验的汽车零件表面和表面结构(表面粗糙度)样板共同放于 5~10 倍放大镜下观察,注意判断和对比两者的表面状况,被检验表面的纹理、状况与哪块样板的纹理和表面状况相同,则被检验表面即与标准样板有相同的表面结构等级。

(二)气缸盖平面度的检验

1. 刀形平尺法

选择长度为 1 000 mm,精度为 0 级的刀形平尺,将刀口沿测定的方向靠在被检验的气缸盖下平面(气缸盖倒置)上,每间隔 50 mm 用厚薄规测量刀口沿测定的方向靠在被检验的气缸盖下平面的间隙。测量数据中的最大值为气缸盖全长上的平面度误差;相邻两处的间隙差的最大值为气缸盖在 50 mm × 50 mm 范围内的平面度误差。

2. 板磁性表座法

在平板上放三个可调支座，将被检验的气缸斜盖倒置，三个可调支座分别支持气缸盖上平面的 $A_1$、$A_2$、$A_3$。用磁性百分表测量，使 $A_1$、$A_2$ 和 $A_3$ 处的气缸盖下平面与平板平面等高，并将磁性百分表的指针调零。然后使磁性百分表分别沿 $a$、$b$、$c$、$d$、$e$ 和 $f$ 六个方向每隔 50 mm 依次记录一次气缸盖下平面与百分表“0”位的高度差（注意：高于“0”位时记作“+”，低于“0”位记作“-”）。

计算平面度误差时，同一方向上相邻两点高度差绝对值的最大值为 50 mm × 50 mm 范围内的平面度误差；同一方向上最高点与最低点高度差的绝对值为全长上的平面度误差。

3. 平面度检验仪法

平面度检验仪由工字平尺、百分表、表座和紧固螺栓等组成。

检验时，保持表座基准沿工字平尺上平面密切贴合并滑动，百分表测杆在被测面上移动，其最大值跳动量即为被测方向的平面度误差。将工字平尺变换不同方向，测得的平面度误差的最大值，即为整个平面的平面度误差。

（三）气缸盖燃烧室容积的测量

1. 测量原理

变形的气缸盖经过铣削或磨削修复后，将使燃烧室容积减少，压缩比增大，从而影响发动机的正常工作。因此，对修复后的气缸盖必须进行燃烧室容积的测定。燃烧室容积的数值很难通过计算方法获得，通常是采用实际测量的方法，既由某种液体对燃烧室的充满量来确定燃烧室容积的近似值。

2. 测量前准备

（1）彻底清洗待检验的气缸盖的燃烧室，清除积炭、结胶和油污等，清洗后要呈现出金属原色。

（2）将火花塞拧入各缸火花塞螺孔，并按规定力矩拧紧。

（3）将进排气门组按规定装在气门座上。

（4）将气缸盖下平面朝上搁置在工作台或平台上，并用水平尺调整至水平位置。

3. 测量气缸盖燃烧室容积

（1）在燃烧室周围平面上涂以润滑油，铺上带中心小孔的平板玻璃，使其与气缸盖平面有效配合。

（2）用注射器吸入 200 mL 的混合油液，然后从玻璃板的小孔向燃烧室里注入油液，直至液面同平板玻璃接触时停注。

（3）观察注射器内剩余的油液，计算该燃烧室的实际容积。

（4）依次测量并计算各缸燃烧室的实际容积。

（5）将所有燃烧室容积测量数据填入实训报告册，并分析结果。

## 知识链接

### 一、发动机的基本术语

（一）活塞行程与止点

活塞顶距离曲轴旋转中心最远的位置称为上止点，通常指活塞的最高位置；活塞顶距离曲轴旋转中心最近的位置称为下止点，通常指活塞的最低位置。上、下止点之间的距离称为活塞行程，用 $S$ 表示，如图 3-1 所示。

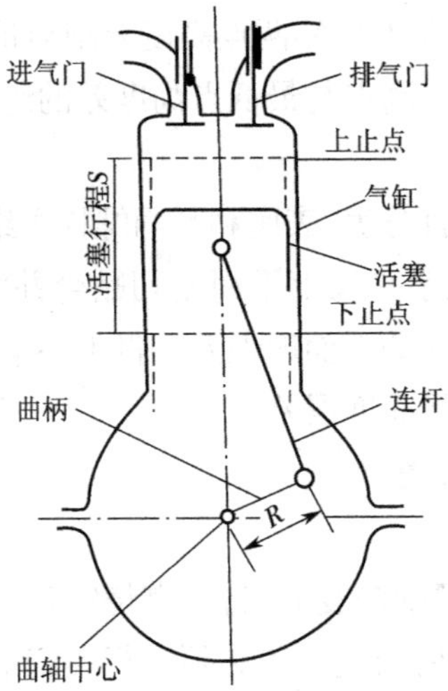


图 3-1　四冲程发动机

（二）压缩比

气缸总容积与燃烧室容积之比称为压缩比，用 $\varepsilon$ 表示。$\varepsilon$ 表示活塞从下止点移到上止点时，气缸内气体被压缩的程度。汽车发动机的压缩比，汽油机一般为 6~9（有的轿车可达 9~11），柴油机一般为 16~22。

### 二、汽油机的工作原理

汽油机的工作原理如图 3-2 所示。

（1）进气行程：进气门打开，排气门关闭，转动的曲轴带动活塞从上止点向下止点运动，缸内容积增大，压力降低而形成真空，将可燃混合气吸入气缸。

（2）压缩行程：使可燃混合物压力、温度升高，活塞到上止点该行程结束。

（3）做功行程：在压缩行程接近终了时，火花塞产生电火花点燃混合气，此时进、排气门仍关闭。吸入气缸内的可燃混合气迅速燃烧，放出更多的热量，从而使发动机发出功率。

（4）排气行程：混合气燃烧后成为废气，由排气门从气缸中排出，以便下一工作循环得以进行。

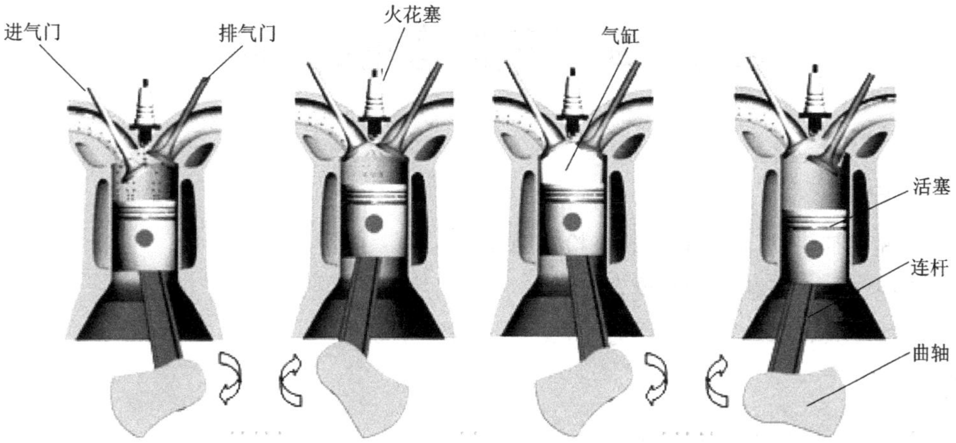


图 3-2　汽油机工作原理

# 项目四　气缸垫的更换

## 技能点

◇ 掌握气缸盖、气缸垫的拆装与检修方法。

◇ 掌握气缸垫烧蚀故障的检查方法。

◇ 掌握工具、量具、设备使用方法，文明、安全操作。

## 知识点

◇ 熟悉气缸垫的功用、结构特点。

## 任务引入

有一台桑塔纳 2000 GLS 型轿车的 AFE 型发动机，行驶中出现动力下降，润滑油和冷却水窜漏，经检修需要检查并更换气缸垫。

## 任务载体

常见的气缸垫烧蚀故障是由于高温高压燃气冲击气缸垫，烧坏包口、护圈及石棉板，从而导致气缸漏气，需对气缸垫进行更换。

## 学习内容

具体学习内容见表 4-1。

表 4-1　具体学习内容

<table>
<tr><td colspan="2">1. 操作前的准备工作</td></tr>
<tr><td></td><td>（1）学生将工位清理干净，准备好相关的工具、物品等。<br>（2）将发动机拆装翻转台架准备好，并安全固定。<br>（3）对燃油供给系统泄压。<br>（4）关闭点火开关，拆下蓄电池的负极导线。<br>（5）将发动机的冷却液和机油排净。<br>提示：<br>保证在发动机冷却后进行操作，以防烫伤</td></tr>
</table>

续表

| 2. 拆卸外围部件 | |
|---|---|
|  | (1)拆卸进气总管和曲轴箱通风管 |
| 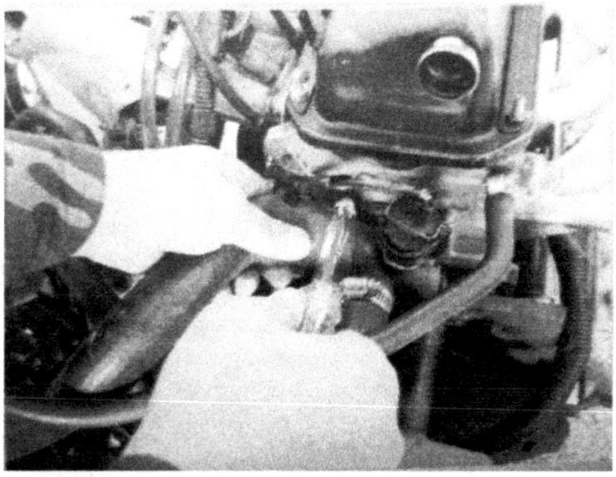 | (2)拆卸气缸盖上的水管。<br>提示:<br>共有4根水管 |
|  | (3)拔下冷却液温度传感器插头。<br>提示:<br>该插头为4针式,位于发动机后端出水三通处。<br>(4)拔下空调水温开关插头。<br>提示:<br>该插头为白色2针式,位于发动机后端出水三通管的下方 |

**续表**

| | |
|---|---|
|  | (5)拔下4根高压线。<br>用火花塞高压线专用拆装钳依次拆下4根高压线。<br>提示：<br>AJR型发动机4根高压线长度不同，分别对应不同的气缸 |
|  | (6)拔下凸轮轴位置传感器和4个喷油器插头，取下整个线束。<br>提示：<br>拔插头时，先用手将两侧卡子捏住，然后往外拉，不得拉拽导线 |
| 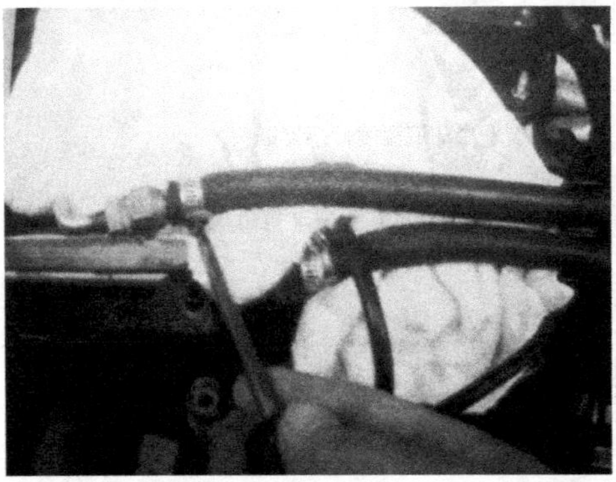 | (7)断开进油管和回油管。<br>①用螺钉旋具拧松油管卡箍螺栓。<br>②依次拔下进油管和回油管。<br>提示：<br>①断开油管时用干净毛巾将油管接头包住，以防燃油泄漏；<br>②进、回油管可根据箭头标记区分 |
| 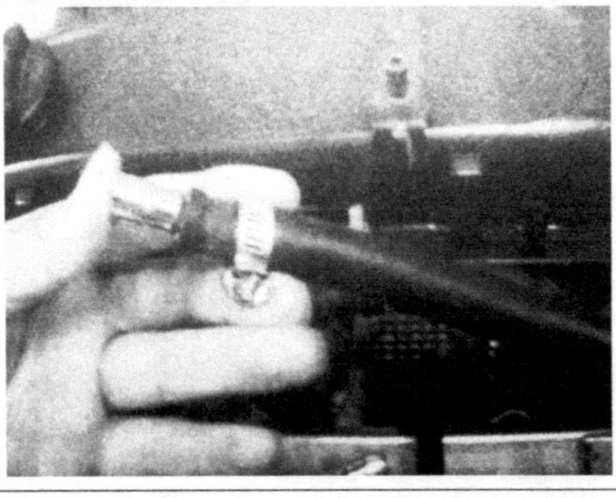 | (8)在油管上插上堵头。<br>提示：<br>用堵头插入断开的油管，以减少燃油渗漏，并防止污物进入油管而污染燃油 |

**续表**

| | |
|---|---|
| 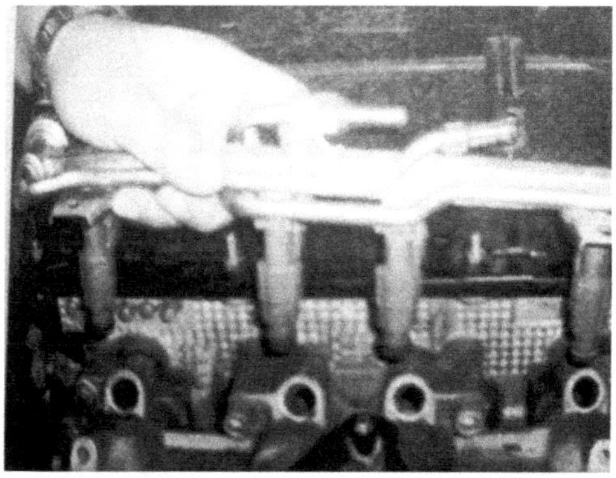 | (9)拆下燃油分配管总成。<br>①拧下燃油分配管的两个固定螺栓。<br>②将燃油分配管连同喷油器一同取下 |
| 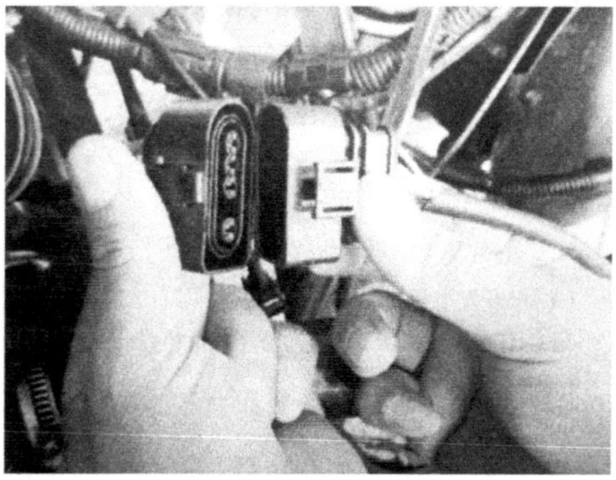 | (10)拔下氧传感器插头。<br>提示：<br>①该插头位于发动机内侧；<br>②用手捏住插头后端卡子，拔下插头 |
| 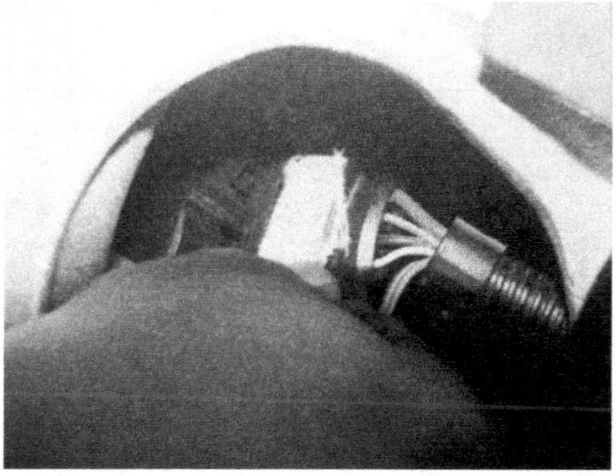 | (11)拔下点火模块插头。<br>提示：<br>该插头为4针式，位于进气歧管的背面，拔插头时要注意技巧 |
| 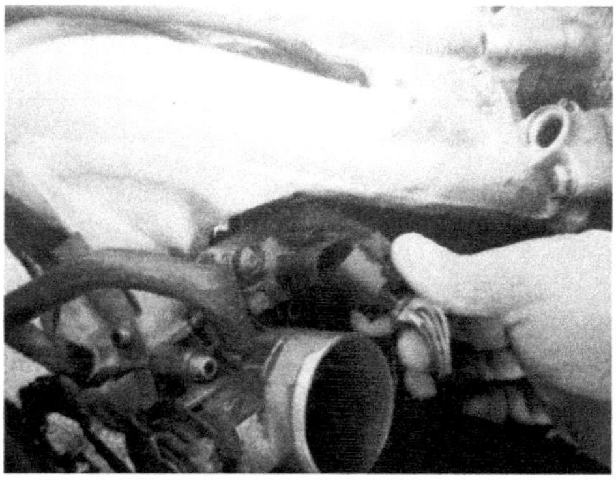 | (12)拔下节气门传感器插头、真空管和加热水管。<br>①用手捏住插头卡子，拔下节气门传感器插头。<br>②用鲫鱼钳夹住水管卡箍，依次拆卸2根预热水管 |

**续表**

| | |
|---|---|
|  | 拔出机油尺和支架 |
| 3. 拆卸发电机 | |
| 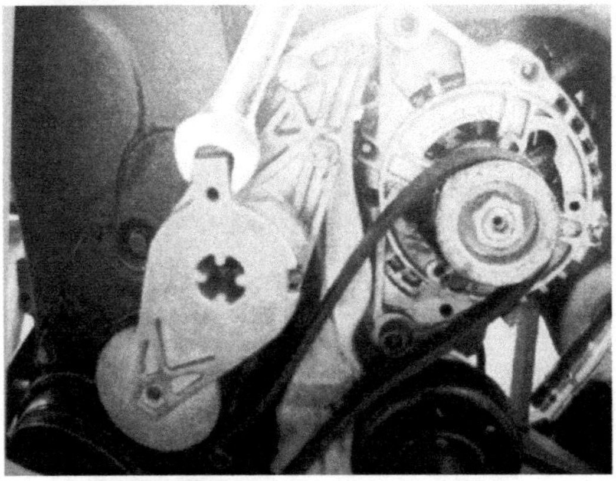 | (1)松开发电机带。<br>用专用工具扳住带张紧器,松开发电机带 |
| 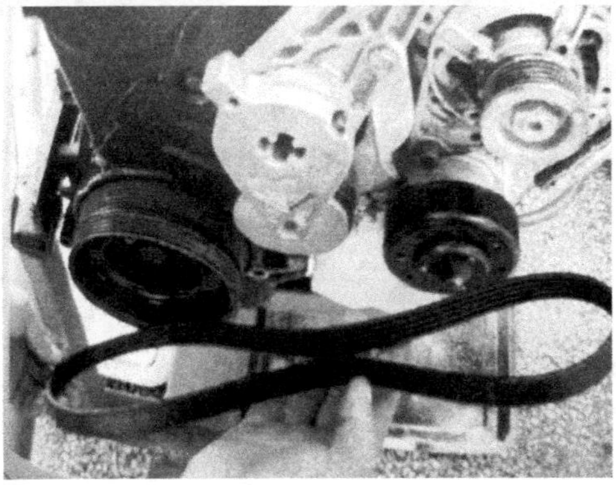 | (2)取出发电机带。<br>提示:<br>发电机带上需做好标记,以便复装 |

续表

<table>
<tr><td>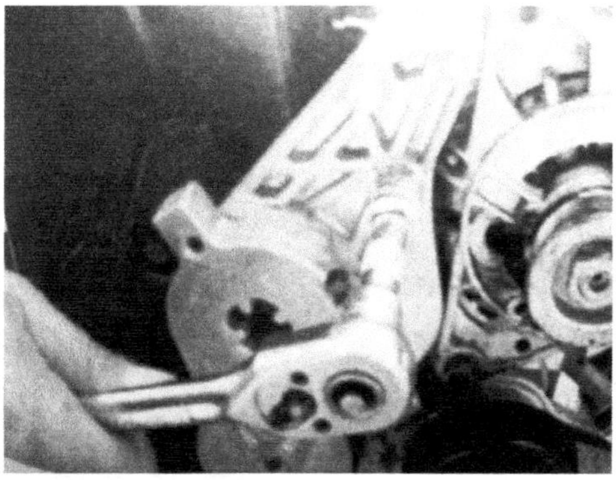</td><td>(3)拆卸带张紧器。<br>提示：<br>张紧器上有3个固定螺栓</td></tr>
<tr><td></td><td>(4)拆卸发电机固定螺栓。<br>提示：<br>发电机的上、下各有1个固定螺栓</td></tr>
<tr><td></td><td>(5)拆卸发电机连线，并取下发电机</td></tr>
<tr><td colspan="2">4. 拆卸进、排气歧管</td></tr>
<tr><td></td><td>(1)拆卸进气歧管固定螺栓。<br>提示：<br>拆卸螺栓时，需要由外向内对角分2~3次拧松</td></tr>
</table>

续表

| | |
|---|---|
|  | (2)取下进气歧管 |
|  | (3)取下进气歧管密封垫。<br>注意:<br>进气歧管密封垫不可重复使用 |
|  | (4)拆下排气歧管隔热罩。<br>依次拧下隔热罩的4个固定螺栓,拆下排气歧管隔热罩。<br>提示:<br>隔热罩位于排气歧管上,主要起排气隔热作用 |

续表

| | |
|---|---|
| 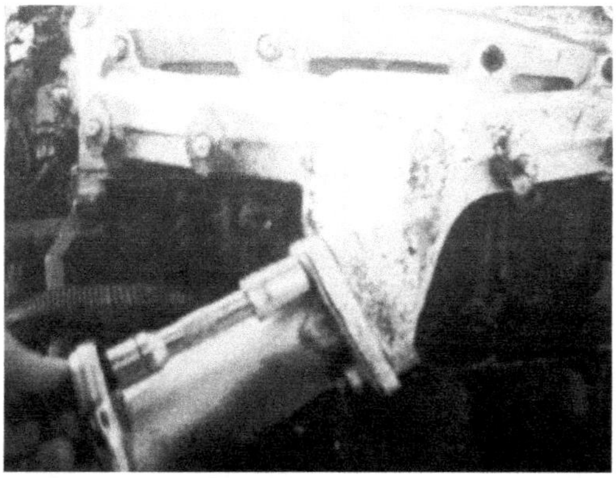 | (5)拆卸排气管的固定螺栓。<br>提示：<br>拆卸固定螺栓时，需要对角分 2~3 次拧松 |
|  | (6)取下排气管 |
|  | (7)取下排气管接口垫。<br>注意：<br>排气管接口垫不可重复使用 |
| 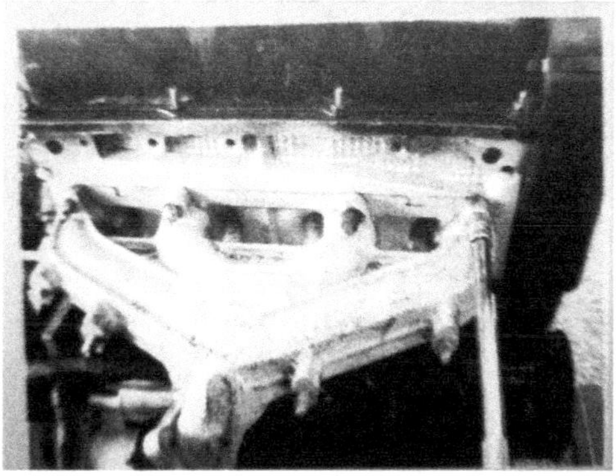 | (8)拆卸排气歧管的固定螺栓。<br>提示：<br>拆卸螺栓时，需要由外向内对角分 2~3 次拧松 |

续表

| | |
|---|---|
| 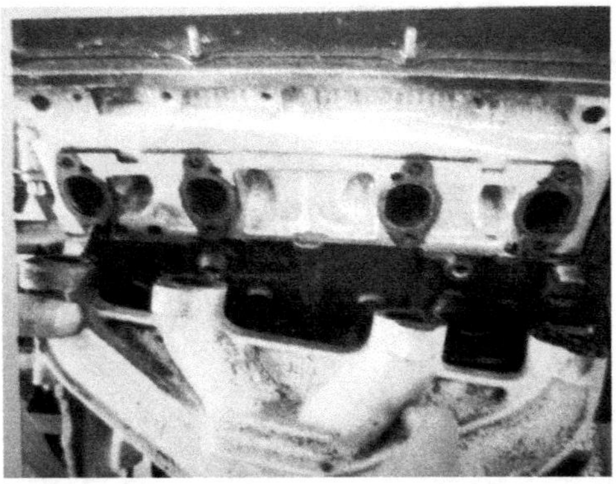 | (9)取下排气歧管 |
|  | (10)取下排气歧管密封垫。<br>注意：<br>排气歧管密封垫不可重复使用 |
| 5. 拆卸正时带 | |
|  | (1)拆下正时带上护罩。<br>①分别取下两侧的护罩搭扣。<br>②先稍用力提拉一下，然后取下护罩 |
|  | (2)拆下正时带中护罩。<br>①依次拧下固定护罩的3个螺栓。<br>②取下护罩。<br>提示：<br>检查护罩上的上止点记号是否完好 |

续表

| | |
|---|---|
|   | (3)对准正时标记。<br>提示：<br>曲轴带轮和凸轮轴正时齿轮上各有一个标记 |
|  | (4)松开正时带张紧轮 |
|  | (5)将正时带从凸轮轴正时齿轮上取下。<br>注意：<br>①正时带上不可沾水、沾油；<br>②正时带不可折、不可被重物压 |

续表

<table>
<tr><td></td><td>(6)拆卸正时带后护罩。<br>①依次拧下固定护罩的2个固定螺栓。<br>②取下护罩</td></tr>
<tr><td></td><td>(7)拆卸张紧轮</td></tr>
<tr><td colspan="2">6. 拆卸气门室罩盖</td></tr>
<tr><td></td><td>(1)拆卸凸轮轴正时齿轮后护罩。<br>①依次拧下固定护罩的两个固定螺栓。<br>②取下护罩</td></tr>
<tr><td></td><td>(2)拆卸气门室罩盖压条固定螺母,并取下压条</td></tr>
</table>

续表

| | |
|---|---|
|  | (3)取下气门室罩盖 |
|  | (4)取下气门室罩盖密封垫 |
|  | (5)取下机油反射罩 |

续表

| 7. 拆卸气缸盖 | |
|---|---|
| <br> | (1)拆卸气缸盖固定螺栓。<br>提示：<br>按照左图中编号 1~10 的顺序，依次对角分 2~3 次拧下气缸盖固定螺栓 |
| 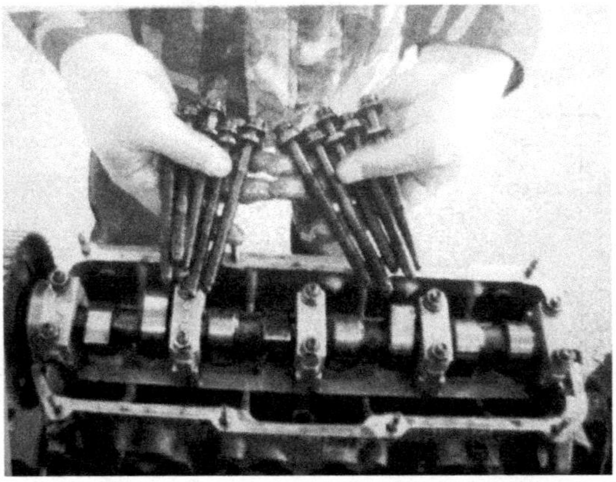 | (2)取出气缸盖固定螺栓。<br>提示：<br>①依次用套筒或吸棒取出气缸盖固定螺栓；<br>②注意每个螺栓对应的位置不要错乱 |

续表

<table>
<tr><td></td><td>（3）抬下气缸盖。<br>提示：<br>气缸盖应摆放在软木块上</td></tr>
<tr><td></td><td>（4）取下气缸垫</td></tr>
<tr><td colspan="2">8. 更换气缸垫，装回其他部件</td></tr>
<tr><td colspan="2">（1）更换气缸垫。<br>（2）更换新的气缸垫后，按与拆卸步骤相反的顺序安装其他部件。<br>提示：<br>①气缸盖固定螺栓按由内向外对角分 4 次拧紧。<br>拧紧力矩如下：<br>第一次 40 N·m；<br>第二次 60 N·m；<br>第三次 75 N·m；<br>第四次旋转 90° 或 1/4 圈。<br>②安装气缸盖时，动作一定要轻，并保证气缸盖下平面清洁。<br>③安装气门室罩盖压条时需注意压条的方向（尖端向后）。<br>④拧紧气门室罩盖压条固定螺母时，按由内向外对角分 2~3 次拧紧，力矩为 15 N·m。<br>⑤安装凸轮轴正时齿轮后护罩固定螺栓时，对角分 2~3 次拧紧，力矩为 15 N·m。<br>⑥正时带后护罩的 2 个固定螺栓的拧紧力矩如下：<br>上面的螺栓拧紧力矩为 20 N·m；<br>下面的螺栓拧紧力矩为 15 N·m。<br>张紧轮锁紧螺栓拧紧力矩为 15 N·m。<br>⑦检查正时带的张紧度，用拇指和食指捏住凸轮轴正时齿轮与水泵带轮中间的正时带，以能旋转 90° 为宜。<br>⑧正时带中护罩的固定螺栓拧紧力矩为 10 N·m。<br>注意：<br>①安装正时带前，必须仔细检查正时标记，并转动曲轴两周后再次检查正时标记；<br>②发动机启动前必须检查润滑油、冷却液的液位；<br>③发动机运行 10 min 后，检查发动机是否有漏水、漏油、漏气现象</td></tr>
</table>

## 知识与能力拓展

### 一、气缸垫烧蚀故障的判断

(一)故障分析

(1)气缸垫的两缸缸沿之间烧损:发动机动力不足,汽车行驶无力,加速性差,取下空滤器,发动机怠速运转时,进气管口可听见“啪啪”声。

(2)气缸垫烧损部位与水套孔相通:水箱出现冒气泡、开锅,排气冒白烟。

(3)气缸垫烧损部位与油道相通:部分机油会窜入缸内烧蚀掉,排气冒蓝烟。

(4)气缸垫烧损部位与外部大气环境相通:发动机动力性差,经济性恶化,并且从垫的破损处发出激烈的“噼噼”声。

(二)故障原因

(1)发动机长时间大负荷工作,经常产生爆震燃烧,导致缸内局部高温高压而烧蚀气缸垫。

(2)紧固气缸盖螺栓时,没有按规定要求进行操作,扭力不均,致使气缸垫没有平整地贴在气缸体与气缸盖的接合面上导致窜气。

(3)点火提前角或喷油提前角过大,使循环最高压力、最高温度过高。

(4)气缸垫质量较差、厚薄不均;包口内存有气泡,石棉铺设不均或包边不紧。

(5)气缸盖翘曲变形,气缸体平面不平度超差,个别气缸盖螺栓松动,导致密封不严。

(6)驾驶操作方法不当,习惯猛加油门和急加速、高速运行,过大的压力加剧气缸垫烧蚀。

(三)故障诊断与排除

使用中,除了通过检测气缸压力判断气缸垫是否烧蚀外,还可取下水箱盖,启动发动机中速运转,观察水箱内有无气泡冒出。若发现水箱加水口不断有气泡冒出,则为气缸垫烧蚀。或其水面波动随发动机转速提高而加剧,同时有水喷出,则为气缸垫水道周围部分烧损。这时,可逐缸断火查出不工作的气缸,拆下火花塞电极检查是否有水珠;启动发动机,观察是否有水或水蒸气从火花塞孔喷出,即可确定气缸垫是否烧损。

发动机工作时,用手沿气缸垫四周移动,若感觉到有气体冲手,则为烧蚀。当气缸垫损坏严重时,可在气缸盖与气缸体接合处有气泡冒出,此为气缸垫密封失效。

使用中,当发现水箱中水位下降较快,拔出机油尺检查发现机油中有水(机油颜色发黄甚至发白),则为气缸垫漏水;另外水箱中冷却水温度上升太快,经常出现“开锅”现象,加水口翻水花,而进水管无凹瘪现象,冷却水无明显消耗,则为气缸垫漏气,遇上述现象应更换气缸垫。

若在行车途中发现气缸垫烧损,又无备件,可采取以下急救措施:气缸垫拆下来认真检查,若是冲坏一道小口,可用烟盒内包装锡纸、废电容器内锡铂或石棉线等物填补在冲坏处,并仔细敲平压实即可;若冲坏面较大,可用干牛皮垫或从废气缸垫相同部位剪下一块贴补代用,车辆回场后重新按技术规范修复。

气缸垫分为金属－石棉垫、金属－复合材料垫和全金属垫等。

目前，汽车上应用较多的是金属－石棉垫。其在石棉的中间夹有金属丝或金属屑，外覆铜皮或刚皮。气缸垫上制有气缸口、水孔、油孔、螺栓孔等，在孔的周围通常采用铜片、镍片等金属镶边，以防化学和高温腐蚀。这种气缸垫强度较高，弹性、密封性好，可重复使用，如图 4-1 所示。

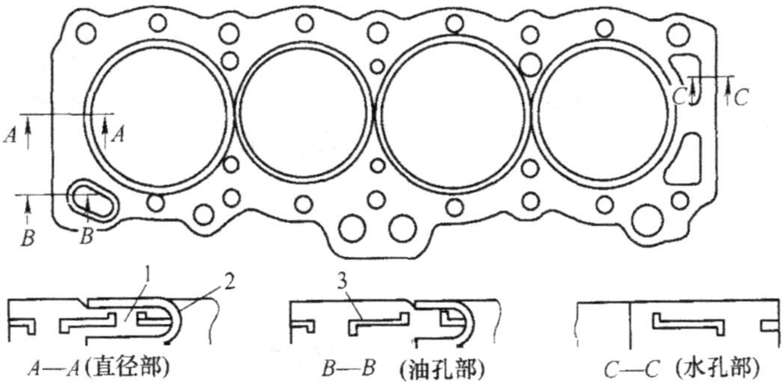


1—石棉；2—钢板；3—心骨（低碳钢板）。

**图 4-1　气缸垫结构**

一些强化发动机采用纯金属气缸垫，它由单层或多层金属片（铜、铝或低碳钢）制成。为了确保密封，在气缸口、水道孔、油道口处冲有弹性凸肋。桑塔纳 2000 型轿车的 AJR 型发动机的气缸垫为纯金属垫，由三层钢片组成，上下两层薄钢片冲压成波纹状表面，使其具有一定的弹性，如图 4-2 所示。

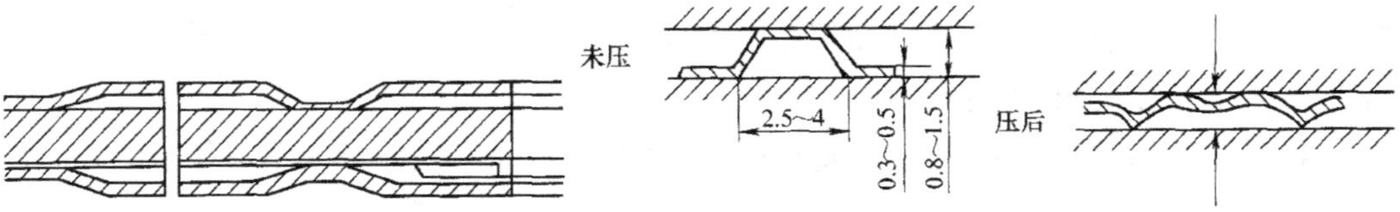


**图 4-2　桑塔纳 2000 GLS 型轿车的 AJR 型发动机的纯金属气缸垫结构**

注意：发动机大修时，须更换气缸垫。

## 二、气缸盖和气缸垫的拆装与检修（以桑塔纳 2000 GLS 型轿车的 AFE 型发动机为例）

### （一）发动机气缸盖的拆卸

按项目二“发动机总体分解”部分所述气缸盖拆卸的操作步骤，拆卸气缸盖。

### （二）发动机气缸盖的检修

#### 1. 准备工作

彻底清除气缸盖上的油污、积碳、结胶和水垢等。

#### 2. 气缸盖变形的检查

气缸盖变形主要表现为翘曲，其变形程度可通过塞尺检测气缸盖下平面的平面度误差获得，检查步骤如下：

（1）将所测气缸盖倒放在检测平台上，置于洁净的平板上；

（2）将样板尺或刀口尺沿两条对角线和纵轴线贴靠在气缸盖下平面上，如图 4-3 所示；

（3）在样板尺或刀口尺与气缸盖下平面间的缝隙处插入塞尺，所测数值即为气缸盖的变形量。

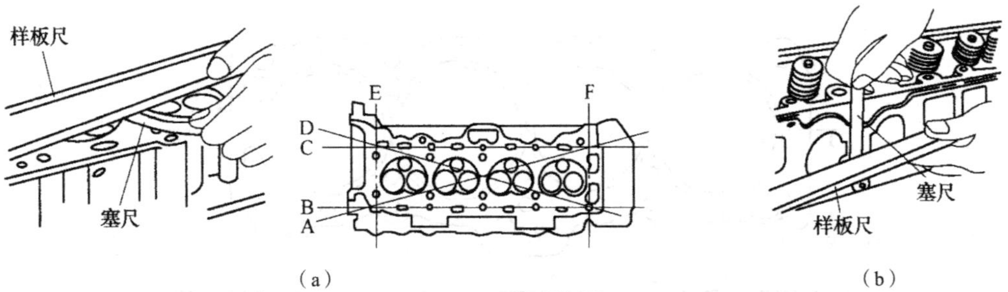


**图 4-3 气缸盖变形的检查**

（a）气缸盖下平面误差检查 （b）气缸盖与进排气歧管结合平面

3. 气缸盖下平面的修理

（1）气缸盖下平面的平面度超差不多时，可在平面磨床上校平平面后磨削，或采用精刨、精铣方法修复。在修磨气缸盖下平面时，必须考虑气缸盖高度的变化，因高度的变化直接影响燃烧室容积和压缩比。以 EQ6100 型发动机为例，气缸盖高度每减少 0.40 mm，燃烧室容积相应缩小 2.64 mL，压缩比相应增高 0.11，一般磨修量以不超过 1 mm 为宜。

（2）若气缸盖平面度误差较大，可采用压力校正的方法：校正时，应在气缸盖下平面处垫置软金属板，并将气缸盖加温至 500 ℃ 左右，增加压力时应平缓，保持一定的加压时间，待缸盖冷却后，进行检查。若平面度超差不大，可再进行修磨；若能通过压力校正保证平面度误差值符合规定要求，也可不再加工。

（3）对于桑塔纳轿车的 AFE 型发动机，其气缸盖平面度误差最大不得超过 0.1 mm 。如超过规定值，应予以校正修理，如图 4-4 所示。

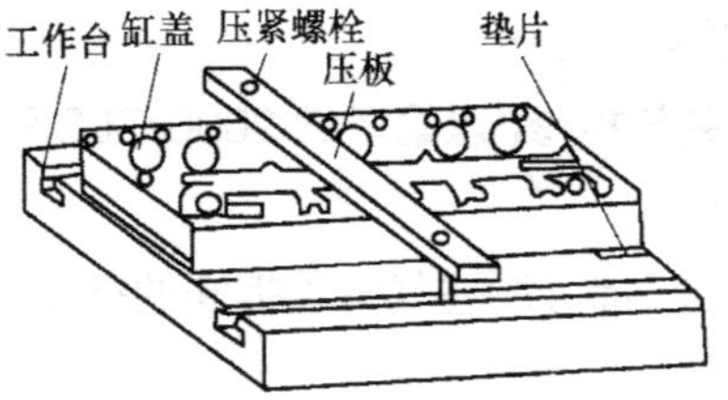


**图 4-4 气缸盖平面的校正**

4. 气缸盖厚度的检修

将待测气缸盖平放在检测平台上，用高度游标卡尺测量缸盖的厚度，若气缸盖厚度仍在规定范围内，可对气缸盖进行修磨；若高度过小，应更换 AFE 型发动机的气缸盖。修理后的气缸盖高度不得低于 132.6 mm 。当气缸盖过量变形时，应换用新件。

5. 气缸盖裂纹的检修

1）气缸盖裂纹的检查

采取水压法或气压法进行气缸盖检查，具体步骤如下：

（1）气缸盖、气缸体和气缸垫按要求装合在一起；

（2）将水压机水管接在气缸体进水口处，并将其他水口封住；

（3）用水压机将水压入水套，压强在 0.3~0.4 MPa 时，保持 5 min，气缸盖表面、燃烧室等部位无水珠出现，表明无裂纹。

2）气缸盖裂纹的修理

气缸盖的裂纹凡出现漏水、漏油、漏气，一般应予更换。

对尚未影响到燃烧室、水道、油道等关键部位的裂纹，可以在裂纹末端钻一小孔，将集中在裂纹末端的应力分散，避免裂纹向纵深发展。

在受力和受热不大的部位，若出现裂纹，采用环氧树脂黏结法修理；受力较大的部位出现裂纹时，应采用焊接法修理。

6. 气缸盖螺纹孔的修理

AFE 型发动机气缸盖如有裂纹，螺栓、螺孔螺纹以及火花塞孔螺纹有乱牙滑牙，凸轮轴支撑座孔用盖若有磨损等现象，则应更换气缸盖。

（三）发动机气缸盖和气缸垫的安装及注意事项

气缸盖的安装顺序基本与拆卸顺序相反，但是应注意以下事项。

（1）气缸盖在安装前，必须将气缸盖、气缸体、螺栓及螺孔等处的脏物彻底清除掉。

（2）转动曲轴使所有活塞离开上止点位置，防止在安放气缸盖时，气门和活塞顶发生撞击。

（3）安装气缸垫时，应更换所有密封条或密封衬垫，并注意衬垫的安装位置和方向。

① 安装 AFE 型发动机气缸垫时，有标号（配件号）的一面必须可见。

② 换用新的气缸垫时，把有标记（“OBEN”，德文“顶部”；“top”英文“顶部”等）的一面朝向气缸盖，如图 4-5 所示。

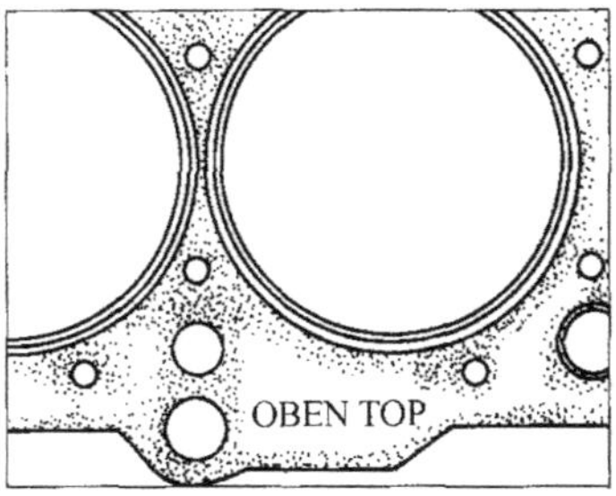


图 4-5　气缸垫标记

③气缸垫有卷边的一面，应朝向易修整的接触面或硬平面。当气缸盖和气缸体同为铸铁时，卷边应朝向易修整的气缸盖；当气缸盖为铝合金，气缸体为铸铁时，卷边应朝向气缸体。

(4)安装气缸盖时,应将专用工具 3070 定位导向螺栓旋入气缸体第 8 和第 10 孔内。放上气缸盖和其余 8 个螺栓,并稍微拧紧。

(5)用扳手旋出事先拧入的 3070 定位导向螺栓,并拧入气缸螺栓。按图 4-6 所示的顺序,将气缸盖螺栓分 4 次旋紧,发动机冷态时,气缸盖紧固螺栓的拧紧力矩为第 1 次 40 N·m,第 2 次 60 N·m ,第 3 次 75 N·m ,第 4 次再拧紧 1 / 4 圈。

(6)注意气缸盖紧固螺栓不能重复使用。

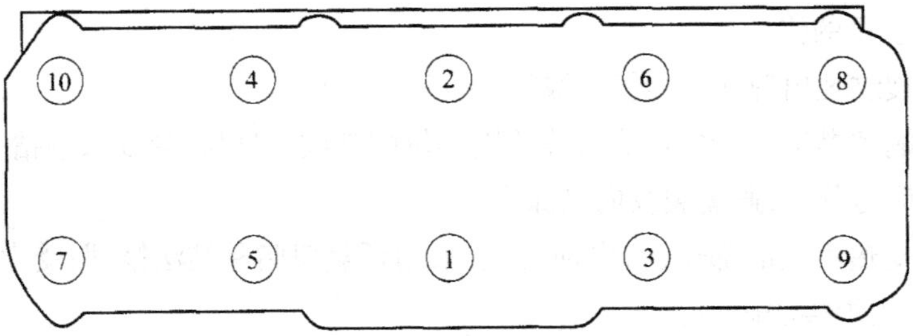


图 4-6 气缸盖螺栓安装顺序

# 项目五　曲柄连杆机构的分解与测量

## 技能点

◇掌握曲柄连杆机构的解体步骤和操作方法。

◇掌握曲柄连杆机构的装配方法和要求。

◇认识曲柄连杆机构的组成及其主要零部件。

## 知识点

◇熟悉曲柄连杆机构的组成、功能和结构特点。

◇熟悉曲柄连杆机构的工作原理。

## 任务引入

有一台桑塔纳 3000 GLS 型轿车的 AFE 型发动机,经过较长一段时间的使用,发现发动机动力严重不足而且有异响、曲轴箱窜气现象,需要对发动机进行检修。

## 任务载体

曲柄连杆机构是发动机的重要组成部分,其中的活塞环长期在高温、高压、高速下工作,且润滑条件差,因此磨损、失效往往较快。随着磨损的加剧,活塞环的弹性逐渐减弱,端隙、侧隙增大,气缸密封性变差,造成窜机油和漏气,从而降低发动机的动力和经济性。因此,保持活塞环处于正常的技术状态非常重要,发动机进行大修时应更换活塞环。

## 学习内容

### 一、曲柄连杆机构的功用与组成

(一)曲柄连杆机构功用

曲柄连杆机构的功用是把燃气作用在活塞顶上的压力转变为曲轴的转矩,以向工作机械输出机械能。

(二)曲柄连杆机构组成

曲柄连杆机构的主要零件可以分成三组:机体组、活塞连杆组、曲轴飞轮组。

1. 机体组

功用:构成发动机的骨架、各系统的安装基础。

组成:机体组大致由气缸体、气缸盖、气门室罩盖、气缸垫、油底壳等组成,如图 5-1 所示。

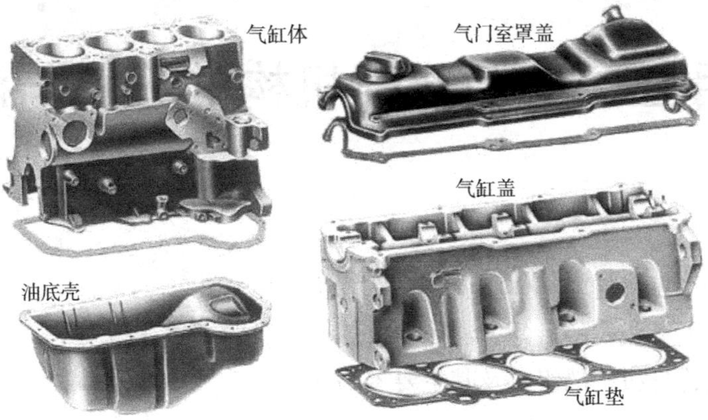


图 5-1 机体组

1)气缸体

气缸体是气缸的壳体,与其连接的曲轴箱是支承曲轴做旋转运动的壳体,二者组成了发动机的机体。水冷式发动机的气缸体和曲轴箱常铸成一体,称为气缸体－曲轴箱,也可简称为气缸体;风冷式发动机常将气缸体与曲轴箱分开制造再用螺栓连接起来。

Ⅰ.气缸体结构

气缸体作为发动机各机构和系统的装配基体,承受较大的机械负荷和热负荷,气缸体本身应具有足够的刚度、强度和良好的耐热性,其具体结构形式分为三种,如图 5-2 所示。

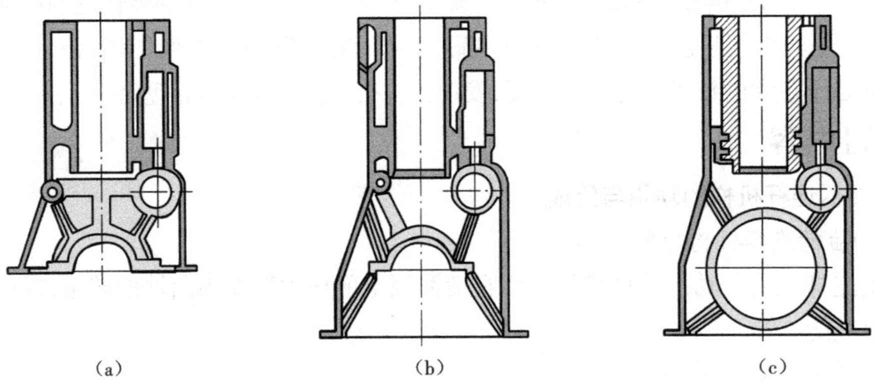


图 5-2 气缸体结构型式

(a)一般式 (b)龙门式 (c)隧道式

Ⅰ)一般式

气缸体下平面通过曲轴中心线,这种气缸体刚度虽不如其他两种,但气缸体高度低、质量轻、容易加工。小型轿车和轻型载货车用汽油机由于负荷率低,常采用这种结构形式。

Ⅱ)龙门式

气缸体下平面低于曲轴中心线,这种结构形式的气缸体虽然质量较大,但刚度好,一般柴油机和负荷较大的汽油机采用这种结构形式,而且大多数 V 形发动机和铝合金缸体发动机也采用这种形式。

Ⅲ)隧道式

气缸体上的曲轴轴承座为整体式,形成隧道样,采用这种结构形式的气缸体的发动机采用滚动轴承的盘形曲轴,安装时,曲轴从一端插入,这种缸体比较笨重,但刚度最好。

Ⅱ.气缸的排列形式

气缸体内引导活塞做往复运动的圆筒就是气缸。多缸发动机气缸的排列形式决定了发动机外形尺寸和结构特点,对发动机气缸体的刚度和强度也有影响,并关系到汽车的总体布置,可分为直列式、V形式、对置式三种,如图5-3所示。

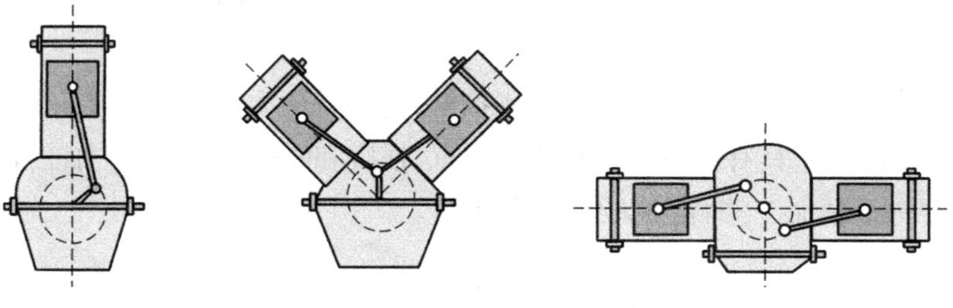


**图5-3　气缸排列型式**

(a)直列式　(b)V形式　(c)对置式

Ⅰ)直列式

一般气缸体是竖立的,气缸垂直排成单行,这种结构简单,加工方便,但高度较高,长度较长,六缸以下发动机多采用这种形式。

Ⅱ)V形式

气缸分处左右两边,排列成V形,其优点是发动机总长度缩短、高度降低、结构紧凑、功率增大、刚度加强、质量减轻等。但发动机宽度加大,形状复杂,加工困难。这种气缸排列形式一般用六缸以上,功率较大的发动机。

Ⅲ)对置式

把气缸对置排列在同一水平面上,这样降低了发动机的总高度,结构也更加紧凑。这种气缸排列形式一般使用于车身底板下安装发动机的大型公共汽车。

Ⅲ.冷却方式

气缸工作表面由于经常与高压、高温的燃气相接触,且有活塞在其中做高速往复运动,所以必须耐高温、耐磨损、耐腐蚀。为了保证气缸工作表面能在高温下正常工作,必须随时加以冷却,冷却方式有两种:一种是水冷却;另一种是风冷却。

汽车发动机常采用水冷却。发动机用水冷却时,气缸周围和气缸盖中均有用于充水的空腔,称为水套。汽车发动机上常用的水套分为敞开式水套和封闭式水套两种。敞开式水套在气缸体平面敞开,气缸体质量轻、结构紧凑、冷却性能较好、变形小、寿命长。

曲轴箱有前、后壁和中间隔板,其上制有主轴承孔。为了给这些轴承润滑,在侧壁上设置有主油道,前、后壁和中间隔板上设置有分油道。

2）气缸套

气缸体材料应具有足够的强度、良好的浇铸性和可切削性且价格低廉，因此常用的气缸体材料是铸铁或合金铸铁。但最近铝合金使用越来越普遍，因为铝合金缸体质量轻、导热性良好，冷却液容量可适当减少。启动后，铝合金气缸体可较快达到工作温度，并且和铝活塞膨胀系数完全一致，受热后间隙变化小，可减少冲击噪声和机油消耗，且和铝合金气缸盖膨胀系数相同，工作时可减小冷热冲击所产生的热应力。

要求气缸壁有足够的耐磨性能，对其他部分耐磨性的要求不高，因此，大型发动机上广泛采用镶入气缸体内的气缸套，形成气缸工作表面，常将气缸套分为干式和湿式两种。

Ⅰ. 干式

干式气缸套的特点是外表面不与冷却水接触，它是一个耐磨性能良好的薄壁套筒，壁厚一般为 1 ~ 3.5 mm，它具有整体式气缸体的优点，强度和刚度都较好，但加工比较复杂，内、外表面都需要进行精加工，拆装不方便，散热不良。

Ⅱ. 湿式

湿式气缸套是一个与冷却水直接接触的厚壁套筒，壁厚应保证气缸套有足够的强度和刚度，一般为缸径的 5% ~ 10%。它散热良好，冷却均匀，加工容易，通常只需要精加工内表面，而与水接触的外表面不需要加工，拆装方便，但缺点是强度、刚度都不如干式气缸套好，而且容易发生漏水现象，应该采取一些防漏措施。

3）气缸盖

气缸盖密封气缸并与活塞顶、气缸内壁上部共同形成燃烧室，顶置凸轮轴发动机缸盖上还要布置进、排气道以及相应的冷却水套，对顶置凸轮轴发动机还要考虑凸轮轴的支承，还有火花塞或喷油器以及气缸盖螺栓的布置等，结构十分复杂，如图 5-4 所示。

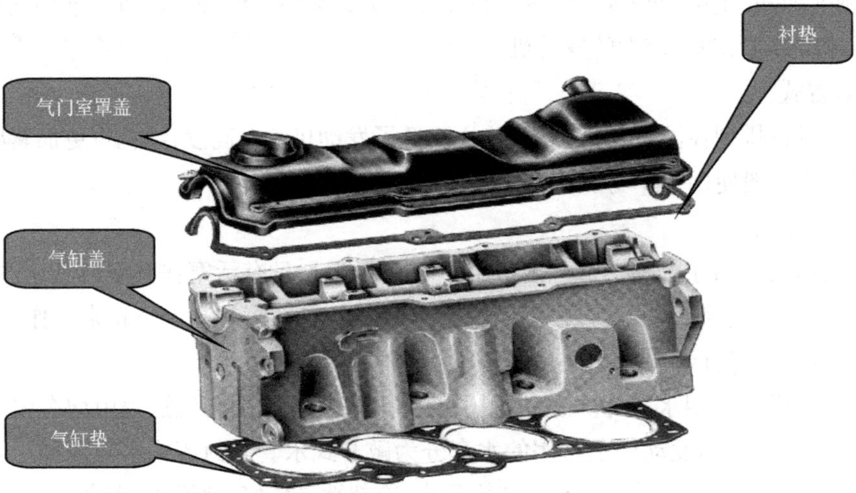


图 5-4　气缸

Ⅰ. 水冷式气缸盖的结构形式

Ⅰ)整体式

多缸发动机的整列气缸共用一个气缸盖的称为整体式，一般用于缸径较小的发动机。缸径小于 110 mm 的发动机多采用整体式气缸盖，这种形式结构紧凑，可缩短气缸中心距，但刚度小，制造、维修不便。

Ⅱ)分体式

多缸发动机的整列气缸中，分开为二缸一盖或三缸一盖的称为分体式。缸径大于 110 mm 且小于 150 mm 的发动机多采用分体式气缸盖。

Ⅲ)单体式

多缸发动机每缸采用一个缸盖的称为单体式。单体式气缸盖刚度大，制造、修理方便，备件存储比较优越，但缸心距较大，且要用专门的回水管回流气缸盖冷却水，故结构复杂，缸径大于 150 mm 的发动机多采用单体式气缸盖，风冷发动机均采用单体式气缸盖。

各种形式的气缸盖底面都与气缸、活塞共同形成燃烧室，有气道、气门的布置，有火花塞或喷油器的布置，有冷却水套和导流片或导水管的布置等。对顶置气门和凸轮轴还要布置摇臂轴承座、凸轮轴轴承座以及气门座和气门导管等。

Ⅱ. 燃烧室的形式

汽油机的燃烧室是由活塞顶面和气缸盖上相应的凹坑所组成，其形式各不相同，但大致有以下几种，如图 5-5 所示。

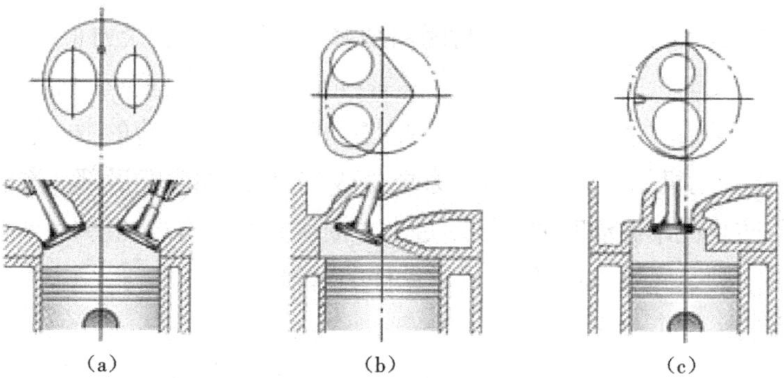

图 5-5　燃烧室的形式

(a)半球形　(b)楔形　(c)盆形

Ⅰ)半球形

半球形燃烧室的气门呈横向 V 形排列。因此，气门头部直径可以做得较大，换气性能好。火花塞多位于燃烧室的中部，抗爆性、经济性、动力性好。

Ⅱ)楔形

楔形燃烧室的横向剖面呈楔形，有较大的挤气面产生压缩涡流，使距火花塞燃烧最远处得到很好冷却，有利于抑制爆震的产生，这种燃烧室气门多列于一侧。

Ⅲ)盆形

盆形燃烧室形状像浴盆,燃烧室中可适当布置挤气面,燃烧温度较低,工作较柔和,只是进气受到室壁的影响。

4)气缸垫

气缸垫置于气缸盖与气缸体之间,作用是保证燃烧室的密封,防止漏气、漏水,如图5-6所示。

气缸垫的材料要有一定的弹性,能补偿结合面的不平度,以确保密封,同时要有好的耐热性和耐压性,在高温高压下不烧损、不变形,拆装方便,能重复使用,寿命长。

目前应用的气缸垫结构大致有金属－石棉垫、纯金属垫等几种。

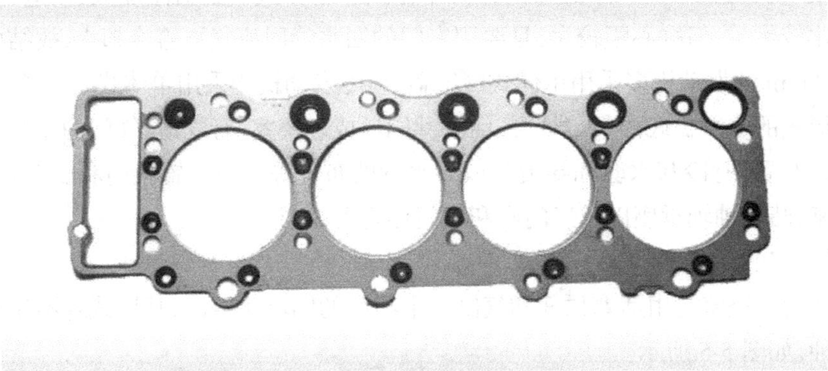

图5-6 气缸垫

5)油底壳

油底壳的主要功能是储存机油并封闭曲轴箱。油底壳一般受力很小,多采用薄钢板冲压而成,其形状由发动机的总体布置和机油的容量决定。在有些发动机上,为了加强油底壳内机油的散热,采用铝合金铸造的油底壳,在壳的底部还铸有相应的散热肋片。

为了保证在发动机纵向倾斜时机油泵能够吸到机油,油底壳后部一般较深。油底壳内还设有挡油板,防止汽车振动时油面波动过大。油底壳底部有放油塞,且多数放油塞具有磁性,能吸附机油中的金属屑,减少发动机运动件的磨损。

6)发动机支承

发动机一般通过气缸体和飞轮壳或变速器壳上的支承,安装在车架上。发动机的支承方法一般有三点支承和四点支承两种,发动机在车架上的支承是弹性的,这是为了消除汽车行驶过程中车架扭转变形对发动机的影响,并减少发动机传给底盘和乘员的噪声和振动。

2. 活塞连杆组

功用:将活塞的往复运动转为曲轴的旋转运动。

组成:活塞连杆组由活塞组和连杆组两部分组成。

1)活塞组

活塞组包括活塞、活塞环(气环和油环)、活塞销等,如图5-7所示。

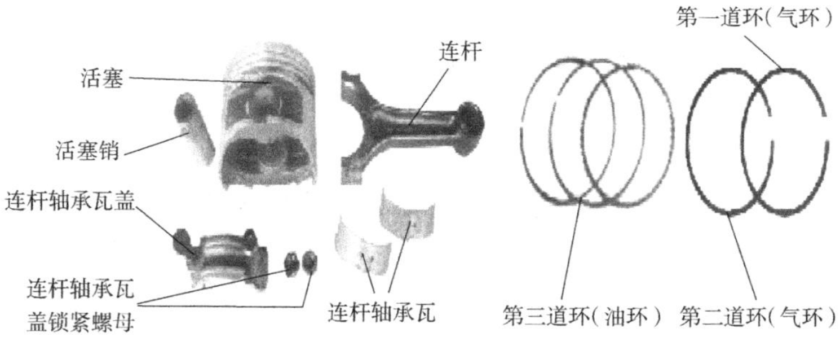


图 5-7　活塞连杆组

Ⅰ.活塞

活塞是发动机的重要传力机构,活塞与气缸盖、气缸形成密闭的容器,保证工作过程的顺利进行,同时将燃气压力通过连杆传给曲轴输出。在工作过程中,活塞承受周期性变化的气体压力和惯性载荷,并在气缸中做高速往复运动,将力传给连杆,同时承受交变的侧压力。

发动机工作时,燃气温度高达 2 000 ℃以上,活塞顶部接触燃气,高温会使材料的力学性能降低,甚至产生高温蠕变。当活塞顶部温度超过 370 ℃时,还会产生热裂现象。第一道气环温度超过 200 ℃,会造成活塞环黏结。进气时,活塞又受到冷的新气冲刷,造成温度不均,引起大的热应力和活塞变形。活塞工作温度高且做往复变速运动,润滑又困难,所以极易磨损。

活塞的基本结构可分为顶部、头部、裙部三部分,如图 5-8 所示。

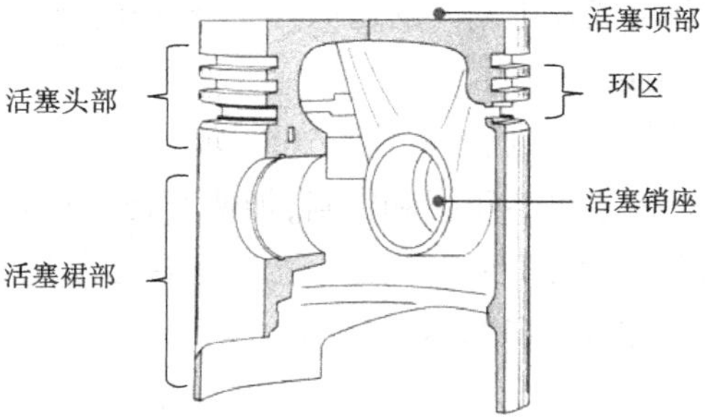


图 5-8　活塞的结构

Ⅰ)活塞顶部

活塞顶部形成燃烧室的底部,主要有平顶、凹顶和凸顶等形式,具体形状取决于燃烧室的要求。

Ⅱ)活塞头部

活塞头部是活塞环槽所处部分。其主要作用有:①承受压力并传给连杆;②与活塞环一起实现气缸的密封;③将活塞顶部吸收的热量通过活塞环传导到气缸壁上。活塞头部切有若干道用于安装活塞环的环槽。汽油机一般有 2~3 道环槽,上面 1~2 道用于安装气环,下面一道用于安装油环。在油环槽底面上钻有许多径向小孔,被油环从气缸壁上刮下来的多余机油,经这些小孔流回油底壳。

Ⅲ)活塞裙部

自油环槽下端面起至活塞底面的部分,称为活塞裙部,其作用是为活塞在气缸内做往复运动导向并承受侧压力。

Ⅱ. 活塞环

活塞环包括气环和油环两种,气环的作用是保证活塞和气缸壁间的密封,防止气缸中的高温、高压燃气大量窜入曲轴箱,同时还将活塞顶部的大部分热量传导到气缸壁,再由冷却水或空气带走。通常每个活塞装有 2~3 道气环。

油环用来刮除气缸壁上多余的机油,并在气缸壁上铺涂一层均匀的机油膜,这样既可以防止机油窜入气缸燃烧,又可以减小活塞、活塞环与气缸的磨损和摩擦阻力。此外,油环也起到封气的辅助作用。通常每个活塞装有 1~2 道油环。

发动机工作时,活塞、活塞环都会发生热膨胀。活塞环要相对气缸做上下运动,活塞要相对于活塞环横向移动,因此活塞环在安装时应留有端隙、侧隙、背隙三处间隙 。端隙 $\Delta_1$ 又称为开口间隙,是活塞环装入气缸后开口处的间隙,一般在 0.25~0.50 mm。侧隙 $\Delta_2$ 又称为边隙,是环高方向与环槽之间的间隙。第一道环一般为 0.04~0.10 mm;其他气环为 0.03~0.07 mm;油环较小,一般为 0.025~0.07 mm。背隙是活塞及活塞环装入气缸后,活塞环背面与环槽底部间的间隙,一般为 0.5~1 mm。为了测量方便,维修中以环的厚度与环槽的深度差来表示。

Ⅰ)气环

(1)气环的密封。气环可能发生漏气的通道有三条:环面与气缸壁间,环与环槽的侧面间,开口间隙处。前两处是可以密封的。

安装时相互按一定位置错开,形成迷宫式封气路线。

(2)气环的断面形状。为了提高压强和密封,加速磨合,减小泵油和改善润滑(布油和刮油),除合理选择材料及加工工艺外,在构造上出现了许多不同断面形状的气环,常见的有矩形环、锥形环、扭曲环、梯形环、桶形环等,如图 5-9 所示。

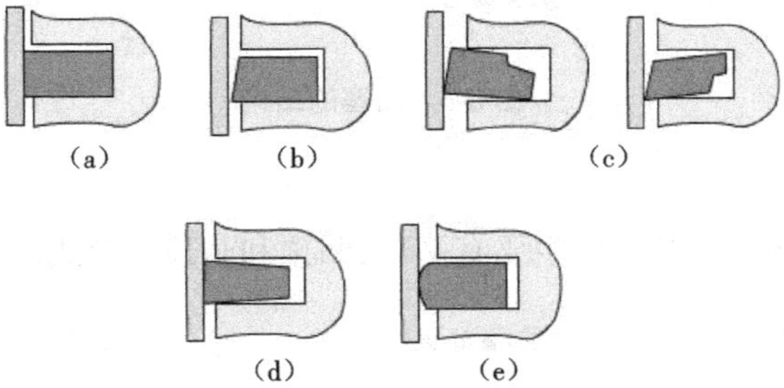


图 5-9 气环的形式

(a)矩形环 (b)锥形环 (c)扭曲环 (d)梯形环 (e)桶形环

Ⅱ)油环

油环分为整体式与组合式两种。

(1)整体式油环。整体式油环的外圆柱面中间加工有凹槽，槽中钻有小孔或开切槽，如图 5-10(a)所示。当活塞向下移动时，油环将缸壁上多余的机油刮下，通过小孔或切槽流回曲轴箱；当活塞向上移动时，刮下的机油仍通过回油孔流回曲轴箱。

(2)组合式油环。组合式油环由一个径向衬环、三个扁平环(上面两片，下面一片)和一个轴向波形环组成，如图 5-10(b)所示。其材料为弹簧钢，三个扁平环的外圆表面镀铬。轴向波形环使扁平环贴紧槽上下端面，形成端面密封，以防机油上窜；径向衬环使扁平环外围紧贴气缸壁，以便活塞下行时刮去气缸壁上多余的机油。由于扁平环较薄，径向衬环弹力较大，各扁平环独立工作，能很好地适应气缸壁不均匀磨损和活塞变形摆动的影响。组合环具有对缸壁接触压力高且均匀、刮油能力强、密封性良好等优点，应用日益增多。

(a)　(b)

图 5-10　油环

(a)整体式油环　(b)组合式油环

Ⅲ.活塞销

功用：连接活塞与连杆，并将活塞所受的燃气压力传给连杆。

活塞销与活塞销座的连接形式有全浮式和半浮式两种，如图 5-11 所示。

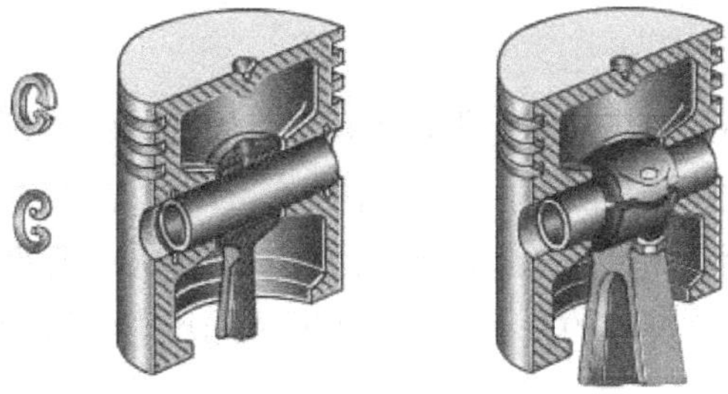

(a)　(b)

图 5-11　活塞销与活塞销座的连接形式

(a)全浮式　(b)半浮式

Ⅰ)全浮式

活塞销与活塞销座的连接大多采用全浮式连接，即在发动机运转过程中，活塞销不仅可以在连杆小头衬套孔内,还可以在销座孔内缓慢的转动,以使活塞销各部分的磨损比较均匀。在采用铝合金活塞时,由于销座的热膨胀量大于钢质活塞销,为了保证工作热状态下销与销座的正常工作间隙(0.01~0.02 mm),在冷态装配时,销与销座孔采用过渡配合。在装配时应把活塞放在 70~80 ℃的油中加热,然后把销用手轻推入销孔中。为了防止活塞销轴向窜动而刮伤气缸壁,在活塞销座孔两端用卡环嵌在销座环槽中加以轴向定位。

Ⅱ)半浮式

半浮式连接就是销与销座孔和连杆小头两处中,一处固定,一处浮动,其中大多采用活塞销与连杆小头固定的方式,即加热连杆小头后,将销压入,为过盈配合,销与座孔间有一定装配间隙。在这种连接方式中,销座孔内无卡簧,小头处无衬套,省去了衬套的作业内容,适用于轻型高速发动机。

2)连杆组

Ⅰ.连杆

连杆是活塞与曲轴连接的部件,其功用是将活塞承受的力传给曲轴,并将活塞的往复运动转换为曲轴的旋转运动。

连杆材料一般选用 45 号工具、40Cr、40MnB、40MnVB 合金钢等。

连杆分为大头、小头、杆身三部分,如图 5-12 所示。

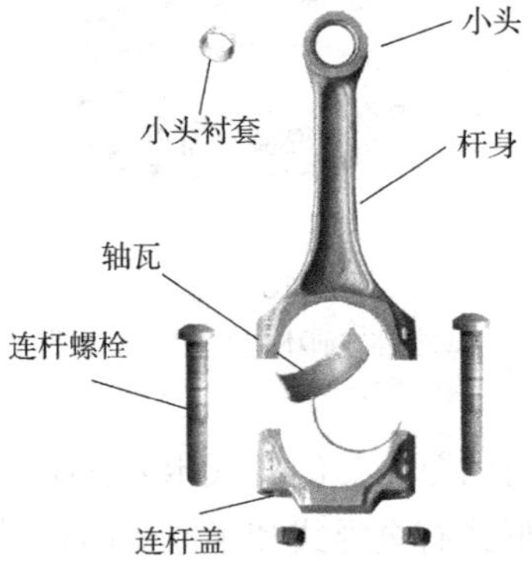


**图 5-12　连杆的结构**

Ⅰ)连杆小头

连杆小头除传力外还相对于活塞销做往复摆动。因此,在要求强度和刚度的同时还要求耐磨和减少摩擦力。为此,一般在连杆小头孔中压入减摩的青铜衬套。为了润滑活塞销与连杆衬套这对摩擦副,在连杆小头及衬套上会布置集油孔或铣出集油槽,收集发动机运转时飞溅上来的润滑油并进行润滑。有的发动机连杆小头采用压力润滑,即在连杆杆身内设置纵向压力油通道。

Ⅱ)连杆杆身

连杆杆身也受交变载荷的作用,因此杆身要具有足够的断面积。为了在较小的质量下得到较大的刚度,高速发动机的连杆杆身大都采用"工"字形断面,其长轴在连杆摆动平面内。为了使连杆从小头到大头传力比较均匀,杆身断面面积一般从小头到大头逐渐增大。

连杆体上有些布置有喷油孔，喷出的油润滑气缸、活塞销、活塞环、活塞等。

Ⅲ)连杆大头

连杆大头与曲轴上的连杆轴颈相连接，因此要求有足够的强度和刚度，以保证整机的可靠性。连杆大头与连杆盖的分开面大多垂直于连杆轴线，称为平切口连杆，这种结构应用较多。

Ⅱ. 连杆螺栓及轴瓦

连杆螺栓一般采用韧性较好的优质碳素钢或优质合金钢制成，并经热处理。连杆螺栓装配时要按规定的扭紧力矩上紧，使螺栓具有足够的预紧力以保证连杆轴瓦与大头孔良好的贴合，保证连杆体与连杆盖之间有足够的压紧力。安装连杆螺栓时，应用扭力扳手将两个螺栓分 2～3 次交替均匀地拧紧至规定力矩。

为防止螺纹连接自行松脱，连杆螺栓处设有防松装置，常用的有开口销、锁片、铁丝、自锁螺母、螺纹表面镀铜等方法。

3. 曲柄飞轮组

功用：发动机产生的动力由曲轴飞轮组向外传出。

组成：曲轴、飞轮、其他零件。

## 二、曲柄连杆机构的拆卸

### (一)曲轴、活塞的分解

曲轴、活塞的分解如图 5-13 和图 5-14 所示。

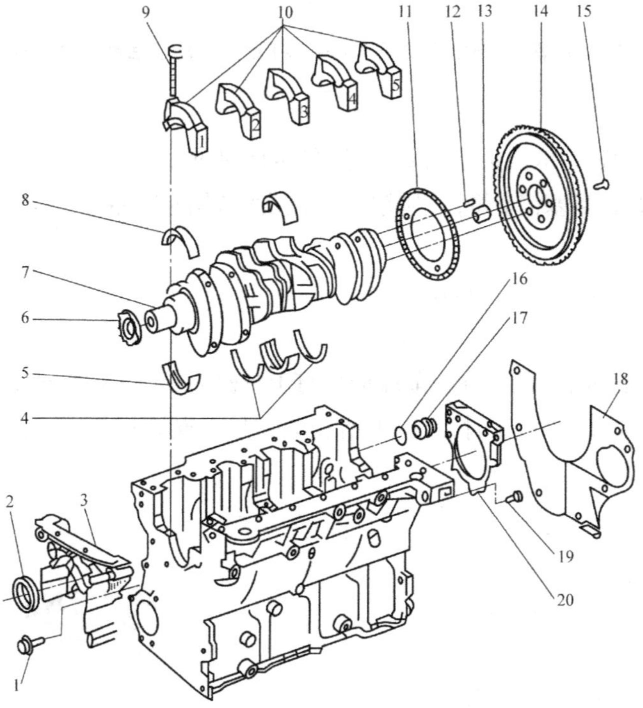


1—前密封凸缘螺栓；2—O 形密封圈；3—前密封凸缘；4—止推环；5—主轴承；6—链轮；7—曲轴；8—主轴承；9—主轴承盖螺栓；10—轴承盖；11—转速传感器脉冲轮；12—转速传感器螺栓；13—滚针轴承；14—飞轮；15—飞轮坚固螺栓；16—O 形密封圈；17—螺塞；18—中间支板；19—后密封凸缘螺栓；20—曲轴后密封凸缘

**图 5-13　桑塔纳 3000 GLS 型轿车的 AFE 型发动机曲轴飞轮组的分解**

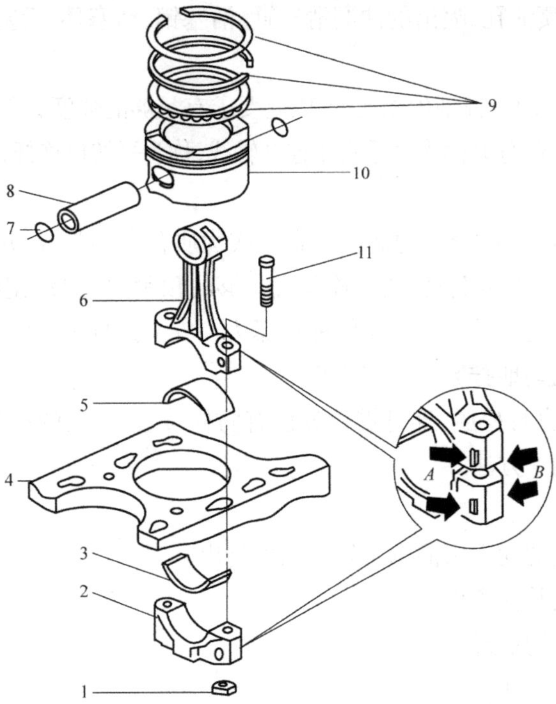


1—连杆螺母;2—连杆轴承盖;3—连杆下半轴承;4—缸体;5—连杆上半轴承;6—连杆;7—夹箍;8—活塞销;9—活塞环;10—活塞;11—连杆螺栓

**图 5-14　桑塔纳 3000 GLS 型轿车的 AFE 型发动机活塞连杆组的分解**

（二）活塞连杆组零件的拆卸

（1）用活塞环拆装钳依次拆下活塞环,如图 5-15 所示。

（2）用卡簧钳取出活塞销卡簧,用拇指压出活塞销,或用专用冲头将其冲出,如图 5-16 所示。

（3）取出连杆轴承。

（4）按相反顺序复装活塞连杆组。

（5）注意事项如下。

①对活塞做标记时,应从发动机前端向后打上气缸号,并打上指向发动机前端的箭头。

②拆卸连杆和连杆轴承盖时,应打上所属气缸号。安装连杆时,浇铸标记须朝 V 形带轮方向（发动机前方）。

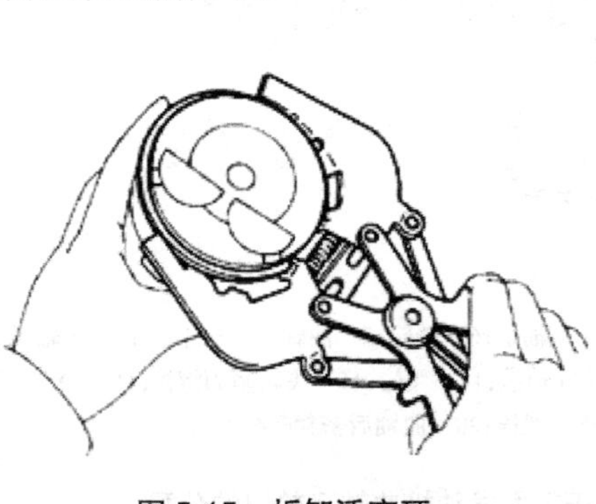

**图 5-15　拆卸活塞环**

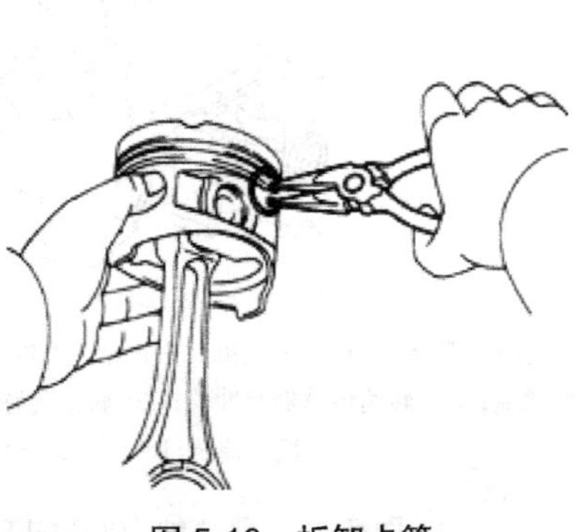

**图 5-16　拆卸卡簧**

1. 活塞环拆装

采用专用的活塞环拆装钳（图 5-17）进行拆装（图 5-18）。

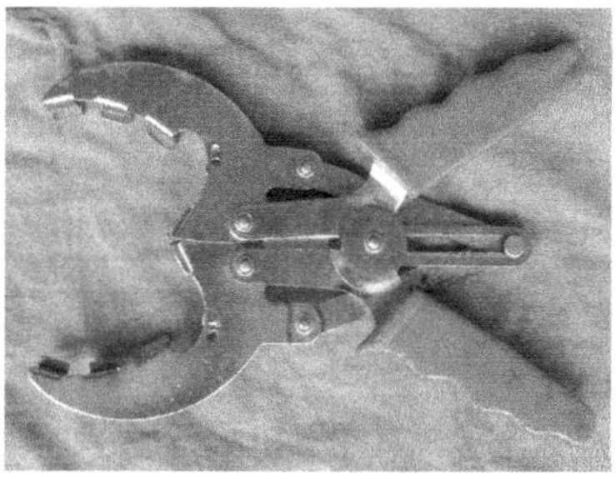

图 5-17　活塞环拆装钳

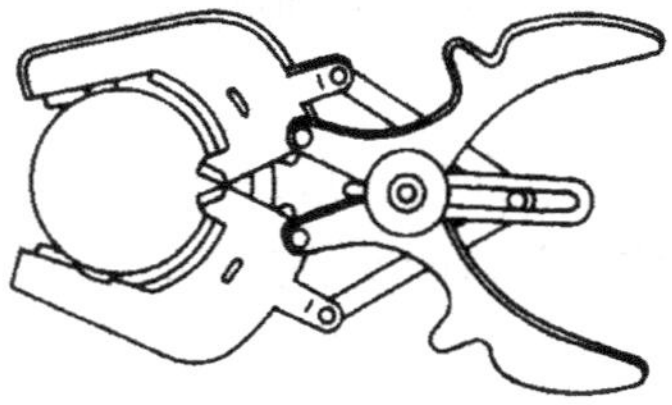

图 5-18　活塞环拆装

2. 活塞销拆装

采用卡簧钳拆装活塞销卡簧，半浮式则没有活塞销卡簧。

（三）拆卸和安装时的注意事项

（1）先放出发动机机油，拆下离合器防尘罩；然后拧下油底壳上的所有螺栓，拆下油底壳（必要时用橡胶锤轻轻敲击）。

（2）油封壳密封垫、曲轴密封圈、主轴承盖螺栓、脉冲传感器螺栓必须更换。

（3）安装时注意不要损坏和弯曲中间支板。

（4）在安装曲轴后、密封凸缘前，在密封圈的四周涂一薄层机油。

（5）安装活塞时应注意活塞的标记位置和所配对的气缸，活塞裙部的箭头必须朝向发动机前方。

（6）使用活塞环拆装钳进行拆卸和安装活塞环，安装活塞环时，其开口应错开 120°，活塞环上“TOP”标记必须朝向活塞顶部。

（7）活塞销应使用专用工具进行拆卸和安装，如果安装困难，可将活塞加热到 60 ℃。

（8）连杆螺栓、螺母在拆卸后应更换，安装时先润滑螺纹和接触表面，在测量连杆径向间隙时，螺栓拧紧力矩为 30 N·m。

（9）安装连杆轴承盖时，应注意安装位置，安装时不要使用密封剂。

（四）曲柄连杆机构的拆装操作步骤及工作要点

1. 活塞连杆组的拆卸

（1）转动曲轴使准备拆卸的连杆对应的活塞运动到下止点。

（2）拆卸连杆螺母，取下连杆轴承盖，并按顺序放好。

（3）用橡胶锤或手锤木柄推出活塞连杆组（应事先刮去气缸上的台阶，以免损坏活塞环），注意不要硬撬、硬敲，以免损伤气缸。

（4）取出活塞连杆组后，应将连杆轴承盖、螺栓螺母按原位装回，并注意连杆的装配标记。标记应朝向正时带盘，活塞、连杆和连杆轴承盖上打上对应缸号。

2. 曲轴飞轮组的拆卸

（1）将气缸体倒置在工作台上，拆卸中间轴密封凸缘。

（2）拆卸气缸体前端中间轴密封凸缘中的油封，装配时必须更换。

（3）拆卸中间轴、正时带盘端曲轴油封、前油封凸缘及衬垫。

（4）旋出飞轮固定螺栓，从曲轴凸缘拆下飞轮。

（5）拆下曲轴主轴承盖紧固螺栓，不能一次全部拧松，必须分次从两端到中间逐步拧松。

（6）抬下曲轴，再将轴承盖及垫片按原位装回，并将固定螺栓拧入少许。注意：推力轴承的定位及开口的安装方向，轴瓦不能互换。

3. 活塞连杆组的分解

（1）用活塞环拆装钳拆下活塞环，观察活塞环上的标记，“TOP”朝向活塞顶。

（2）将活塞连杆组浸入 60 ℃ 热水中，并在热状态下拆下活塞销和活塞。

## 相关技能

### 一、气缸磨损的测量

量缸表用于测量汽车发动机气缸的磨损程度。气缸的磨损程度一般用圆度和圆柱度两个指标来衡量。在气缸孔径同一平面内测量的最大直径和最小直径差的 1/2，叫作圆度误差；在气缸轴线方向测量的最大直径和最小直径之差的 1/2，叫作圆柱度误差。

1. 安装与校对量缸表

（1）压表：为了克服传动机构中可能存在的间隙，将表的芯轴插入表杆内孔时，使芯轴与凸轮推杆接触，控制芯轴插入深度，一般使表针转动 0.2~ 0.5 圈为好。

（2）选择接杆：按被测气缸的标准尺寸、选择合适的接杆，装上后，暂不拧紧固定螺母。

（3）确定基准尺寸：把外径千分尺调到被测气缸的标准尺寸，将装好的量缸表放入千分尺。

（4）校零：稍微旋动接杆，使量缸表指针转动约 2 mm，使指针对准刻度零处，扭紧接杆的固定螺母。为使测量正确，重复校零一次。

2. 读数方法

（1）百分表表盘刻度为 100，指针在圆表盘上转动一格为 0.01 mm，转动一圈为 1 mm；小指针移动一格为 1 mm。

（2）测量中，当表针顺时针方向离开“0”位时，表示缸径小于标准尺寸的缸径，取值为标准缸径与表针离开“0”位格数的差；当表针逆时针方向离开“0”位时，表示缸径大于标准尺寸的缸径，取值为标准缸径与表针离开“0”位格数之和。

（3）若测量时，小针移动超过 1 mm，则应在实际测量值中加上或减去 1 mm。

3. 操作方法

（1）使用量缸表，一只手拿住隔热套，另一只手托住管子下部靠近本体的地方。

（2）将校对后的量缸表活动测杆在平行于曲轴轴线方向和垂直于曲轴轴线方向沿气缸轴线方向上、中、下取三个位置，共测六个数值。最上面一个位置一般定在活塞上止点时，第一道活塞环所处气缸壁处，约距气缸上端 15 mm。下面一个位置一般取在气缸套下端以上 10 mm 左右处，该部位磨损最小。

(3)测量时,使量缸表的活动测杆同气缸轴线保持垂直,才能测量准确。当前后摆动量缸表表针指示到最小数字时,即表示活动测杆已垂直于气缸轴线。

注意事项:测量时,必须使量缸表与气缸的轴线保持垂直,应前后摆动量缸表,指针指示到最小数字时,即表示量杆与气缸轴线垂直,此读数为标准读数;当大指针顺时针方向离开"0"位时,表示气缸直径小于标准尺寸的缸径;当逆时针方向离开"0"位时,表示气缸直径大于标准尺寸的缸径。

**二、确定最大磨损气缸**

对各气缸的圆度和圆柱度进行比较,以具有最大的圆度或圆柱度的气缸作为最大磨损气缸,并以此气缸为确定发动机气缸修理尺寸的依据。气缸圆度公差:汽油机为 0.05 mm,柴油机为 0.065 mm。气缸圆柱度公差:汽油机为 0.20 mm,柴油机为 0.25 mm。如超出此范围,则应进行镗缸修理。

**三、确定发动机气缸修理尺寸**

以最大磨损气缸为依据,来确定发动机气缸的修理尺寸,并选配与气缸修理尺寸相对应的活塞、活塞环,以恢复气缸的正确几何形状和活塞与气缸的配合间隙。

## 知识与能力拓展

**一、活塞环早期磨损主要原因**

(一)活塞环原因

(1)活塞环材质组织不符合技术要求,组织疏松。

(2)活塞环的硬度低,不符合要求。

(3)活塞环热稳定差,金相组织变化大。

(二)缸套原因

(1)缸套内径不符合要求,过大或过小。

(2)缸套内孔表面结构不符合要求,不易形成油膜。

(3)缸套垂直度、圆度不符合要求。

(三)其他配件

(1)空滤、机滤质量不好,大量灰尘、机油或多杂质进入气缸体。

(2)摩擦副选配不当。

(四)油质方面

(1)机油质量低劣。

(2)燃油质量低劣,含铅量高,燃烧生成物形成了磨料,引起磨料磨损。

(五)修理方面

(1)修理时,清洁度不够,气缸内有砂粒或铁屑等杂质。

(2)活塞环或活塞的尺寸选择不当。

(3)装配运动件时,配合间隙、螺栓的扭矩不符合要求。

(六)使用方面

(1)发动机的温度不正常,过高、过低都会加剧机件的磨损。

（2）发动机怠速或高速运动时间过长，超负荷运转。

（3）大修后，发动机没有按规定正常磨合和保养。

（七）其他方面

（1）活塞环槽磨损呈喇叭形。

（2）燃烧不充分，气缸内、活塞槽上积炭严重。

（3）活塞槽表面结构不符合要求（侧面磨损）。

（4）受到燃烧剩余物的腐蚀。

**二、活塞环的失效**

活塞环在工作时，由于受高温、高压和润滑条件差的影响，其磨损失效往往要比气缸达到磨损极限快。由于活塞环最初不能与气缸壁表面完全密合，磨合磨损较快。经过磨合磨损后，形成光滑的镜面，活塞环转入运行磨损，则磨损速度减慢。随后，活塞与气缸壁的间隙逐渐增大，活塞倾斜也增大，活塞环形成不规则的磨损，弹性下降，密封性能减弱，润滑油膜不能防止漏窜气体的侵入，从而加速了磨损。

活塞环除正常磨损失效外，还有断裂损坏。除发动机大修时更换外，在两次大修之间，气缸最大磨损每 100 mm 缸径达到 0.18 mm 时，也应更换活塞环，以改善发动机的动力性能。

## 案例剖析

**案例 5-1**：活塞环早期异常磨损

故障现象：发动机行驶、加速无力，长时间行驶后排气管冒蓝烟。拆机后发现气缸套、活塞环出现异常磨损，活塞、活塞环外圆面及气缸套内表面有明显的轴向划痕，进一步检查发现进气道内存在明显的灰尘。

故障分析与排除：大量灰尘进入燃烧室，造成活塞、活塞环、气缸套间产生剧烈的磨料磨损。修理或更换空气滤清器，确保进气清洁。

**案例 5-2**：拉缸

故障现象：发动机有明显的敲击声和窜气声，行驶、加速无力，呼吸器冒油烟，排气管冒蓝烟。拆机后发现气缸套、活塞环出现异常磨损，活塞环外圆面有明显的块状烧伤黄斑。检查活塞顶部及内腔无黄斑，而机油黏度等级差。

故障分析与排除：机油黏度等级差，与该发动机运行工况要求不符。早期行驶即发生劣化，机油黏度减小，油膜承载能力下降，气缸套、活塞环发生干摩擦而导致拉缸。更换机油，选用适合该发动机运行工况的机油。

# 项目六　配气机构的认知

## 技能点

◇掌握发动机正时传动装置的拆装、更换方法与检修工艺。

◇掌握常用专用工具使用方法，文明、安全操作。

## 知识点

◇熟悉发动机配气机构的功用和基本组成。

◇熟悉发动机正时传动装置的种类与结构特点

## 任务引入

有一辆桑塔纳3000型轿车，经过较长时间的使用，发现发动机气门室有异响，需要对发动机进行检修。

## 任务载体

发动机正时传动装置检修、故障排除。

## 学习内容

### 一、发动机配气机构的功用和基本组成

（一）配气机构的功用

配气机构的功用是按照发动机的工作需要，定时地开启或关闭进气门、排气门，使混合气或空气（汽油机）、空气（柴油机）及时进入气缸，或使气缸内的废气及时排出。

（二）配气机构的基本组成

发动机配气机构的基本组成可分为气门组和气门传动组两部分，如图6-1所示。气门组的组成与配气机构的形式大致相同，主要零件包括气门、气门座、气门弹簧和气门导管等。气门传动组包括驱动气门动作的所有零件，其组成视配气机构的形式不同而异，主要零件包括正时齿轮（或正时链轮和正时链、或正时带轮和正时带）、凸轮轴、气门挺杆、推杆、摇臂轴和摇臂等。

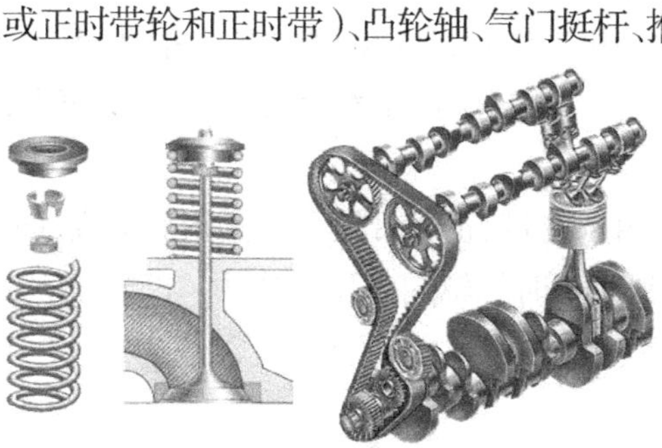

（a）　　　　（b）

**图6-1　配气机构**

（a）气门组　（b）气门传动组

## 二、正时传动装置的结构

凸轮轴靠曲轴来驱动，传动方式有齿轮传动、链传动和带传动三种。气门的开启和关闭时刻，凸轮轴与曲轴的传动比均靠传动装置来保证。

（一）正时齿轮传动装置

正时齿轮传动具有传动平稳、可靠、不需调整等优点，下置凸轮轴式配气机构一般采用此种传动装置。正时齿轮分别安装在曲轴和凸轮轴的前端，用螺栓或螺母固定，齿轮和轴靠键传动。凸轮轴正时齿轮的齿数为曲轴正时齿轮的两倍，以实现传动比为 2 ∶ 1 。为保证气门的开启和关闭时刻正确，装配时，应对正两正时齿轮上的正时标记，如图 6-2 所示。

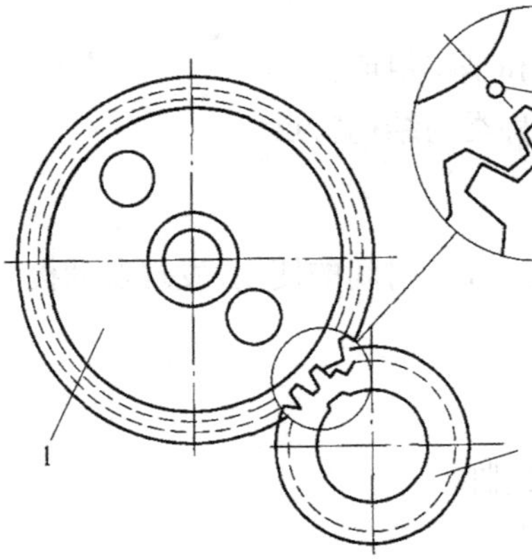


1 —凸轮轴正时齿轮；2—曲轴正时齿轮；3—正时标记。

**图 6-2 齿轮传动及正时标记**

（二）正时链传动装置

侧置凸轮轴式配气机构或顶置凸轮轴式配气机构均可采用正时链传动装置。正时链传动装置的组成如图 6-3 所示，主要由正时链、正时链轮、正时链张紧装置等组成。凸轮轴正时链轮的齿数为曲轴正时链轮的两倍，以实现传动比为 2 ∶ 1 。为防止正时链抖动，正时链传动装置设有导链板和张紧装置。导链板采用橡胶导向面为链导向，一般应与正时链一起更换。张紧装置使正时链保持一定的紧度，可分为机械式和液压式两种，应用较多的是液压式正时链张紧装置。当发动机工作时，利用润滑油压力推动液压缸活塞，使张紧轮压紧正时链。正时链传动装置特点是工作可靠、使用寿命长，但工作噪声大，润滑、维修较麻烦。

（三）正时带传动装置

正时带传动装置主要由正时带、正时带轮和张紧轮等组成，如图 6-4 所示。张紧轮靠弹簧压紧正时带张紧轮，起到对正时带轴向定位的作用。凸轮轴正时带轮的直径等于曲轴正时带轮直径的两倍，以实现传动比为 2 ∶ 1 。

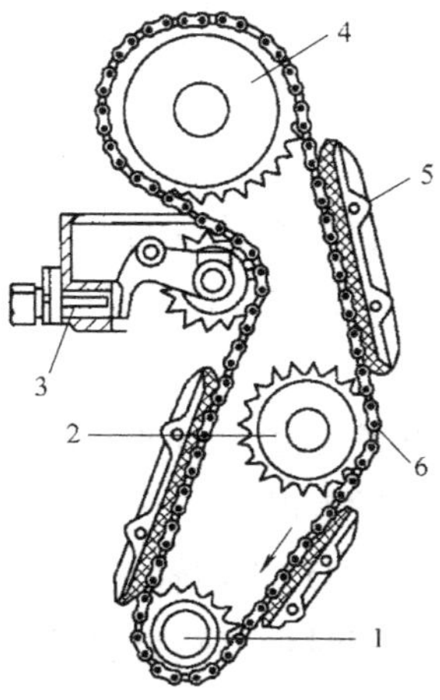


1—曲轴正时链轮;2—油泵驱动链轮;3—液压张紧装置;4—凸轮轴正时链轮;5—导链板;6—正时链

**图 6-3　正时链传动装置**

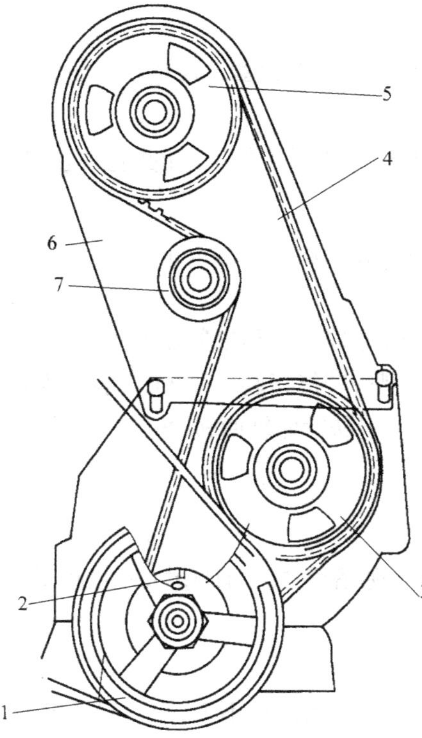


1—曲轴 V 带轮;2—曲轴正时带轮;3—中间轴正时带轮;4—正时带;5—凸轮轴正时带轮;6—发动机机体;7—张紧轮

**图 6-4　桑塔纳 2000 型轿车 AFE 型发动机正时带和正时带轮示意图**

## 知识与能力拓展

配气机构的拆装操作步骤及工作要点如下。

1. 齿形正时带的拆卸

(1)旋下曲轴正时带轮的紧固螺栓,取下曲轴正时带轮。

（2）旋下加机油口盖，再从油底壳上旋下放油螺塞，放出发动机的润滑油。

（3）旋下螺栓，取下齿形带上罩和下罩。

（4）将发动机置于一缸压缩上止点位置，将曲轴正时带轮转至上方，对准中间轴上的记号，再将凸轮轴正时齿轮上的标记对准气缸盖罩的上边沿，此时为一缸压缩上止点，这时凸轮轴没有推压气门，可以保证拆卸气缸盖时即使曲轴转动，也不会使活塞与气门相撞而损坏气门。

（5）旋下张紧轮紧固螺栓，取下张紧轮，从曲轴正时齿轮、中间轴正时齿轮、凸轮轴正时齿轮上取下齿形正时带、齿形正时带后盖板。

（6）用工具固定住飞轮，用专用工具取下曲轴正时齿轮和中间轴正时齿轮。

（7）齿形正时带的检查，若齿形正时带有破裂、胶质部分显著磨损、缺齿、断裂、剥离及芯线显露，均应更换。

2. 齿形正时带的安装

（1）在曲轴和曲轴正时齿轮上放上斜切键后装在一起，旋上螺栓，并临时装上曲轴正时带轮（用于调整曲轴的上止点）。

（2）曲轴正时齿轮和中间轴正时齿轮套上齿形正时带，让曲轴正时带轮上的标记与中间轴正时齿轮上的标记对准。

（3）将齿形正时带套在凸轮轴正时齿轮上，让凸轮轴正时齿轮上的标记对准气缸盖的上边沿。

（4）装上张紧轮。旋转张紧轮使齿形正时带张紧，最后旋紧螺母，力矩为 45 N·m 。

3. 齿形正时带的检查与调整

用拇指和食指捏住凸轮轴正时齿轮和中间轴正时齿轮之间的齿形正时带，将其扭转 90° 。若不能扭转 90°，表示太紧；若能扭转大于 90°，表示太松。用扳手松开张紧轮螺母，再对张紧轮进行调整。调好后，要转动曲轴两转，再进行检查。

## 案例剖析

1. 故障现象

一辆东风牌汽车运行中发现，配气机构有响声，而且越来越大。停车观察，气门摇臂上几乎无油。

2. 故障原因

向气门摇臂供油的油道堵塞，润滑油供不上，而引起异响。

3. 故障诊断与排除

配气凸轮轴第二道、第四道凸轮轴套上各有一个油孔，是向气门摇臂上供油的通道。如果此孔因油过脏而堵死，或因凸轮轴套与套孔的过盈量小而转动，使油道逐渐变小，最后堵死，导致油供不上，气门摇臂与气门头处形成干磨，便出现了响声。

排除方法：①清洗油道，换机油；②将正时齿轮塞打开拆下凸轮轴，更换新套。要注意，一定要保证套与孔的过盈量，油道孔一定要与气缸体上的油孔对准。

# 项目七　发动机正时带的更换

## 技能点

◇ 掌握发动机正时带装置的拆装方法。

◇ 掌握发动机正时带的检查及更换方法。

◇ 掌握正时装置各部分零件的检测方法。

## 知识点

◇熟悉汽车发动机配气机构正时传动装置的种类及结构特点。

◇熟悉汽车正时带在使用中的注意事项。

## 任务引入

有一辆桑塔纳 2000 GLi 型轿车在行驶过程中出现突然熄火,经检查发现是正时带断裂造成的,要对发动机正时带进行检查及更换。

## 任务载体

如果正时带在超过厂家规定的里程或磨损量后没有更换,传动带通常会断裂。如果正时带因过度磨损而变得脆弱,在急加速的情况下也可能断裂。如果发生这种情况,凸轮轴和曲轴将完全不合拍。对于大多数发动机,当凸轮轴停止转动时,曲轴在发动机停止前还要转动很多圈。这样,气门就会被向上移动的活塞顶弯,启动时发动机就可能不能转动。这种故障需要更换正时带。

## 学习内容

### 一、发动机正时传动装置的拆装与检修(以桑塔纳 2000 GLi 型轿车的 AFE 型发动机为例)

(一)发动机正时传动装置的拆卸

AFE 型发动机正时带和正时带轮的示意图如图 6-4 所示,按操作工艺拆卸正时带和正时带轮。

(二)发动机正时传动装置的检修

1. 正时带的检修

检查正时带时,若发现有如图 7-1 所示的缺陷之一,必须更换同步带,注意事项如下。

(1)正时带由玻璃纤维绳抗拉体、橡胶齿带及覆盖有尼龙布的齿面组成,具有高的抗拉性和耐久性。但这种齿带在折曲时易破损,因而在拆卸修理时要注意避免折曲(如扭转 90°以上或盘起存放等)。

(2)勿使油、水接触正时带,避免由此引起的齿带橡胶膨胀和老化,这样容易造成正时带的损坏或引起跳齿。

（3）正时带安装、调整或保护不当时，会造成正时带磨损和损伤。安装时，正时带齿必须与带轮相吻合。

（4）正时带要求汽车每行驶 10 000 km 检查一次，以确保工作可靠。更换正时带时，新旧正时带规格必须完全相同。

2. 凸轮轴或曲轴正时带轮的检修

凸轮轴或曲轴正时带轮的常见故障是磨损，可用游标卡尺测量同步带轮直径，以检查其磨损量，如图 7-2 所示。其极限磨损量约为 0.1 mm 。

3. 惰轮、张紧轮或张力器的检修

（1）用游标卡尺测量惰轮、张紧轮外径，其极限磨损量约为 0.20 mm 。

（2）惰轮及张紧轮应转动灵活，当产生异常的声音或不平稳以及摇晃时，说明张力器已损坏，应予以更换。

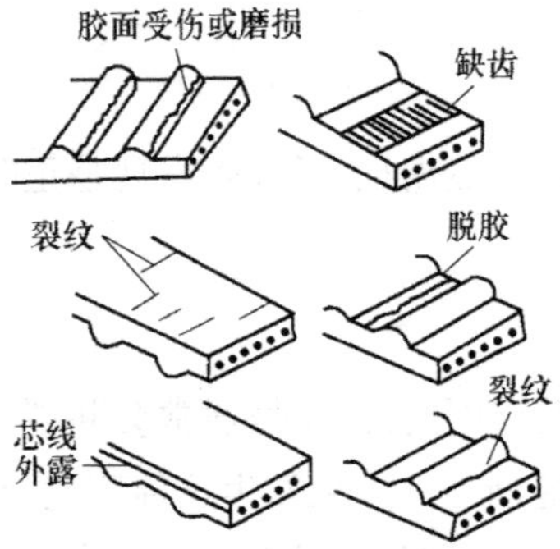


图 7-1 正时带常见缺陷

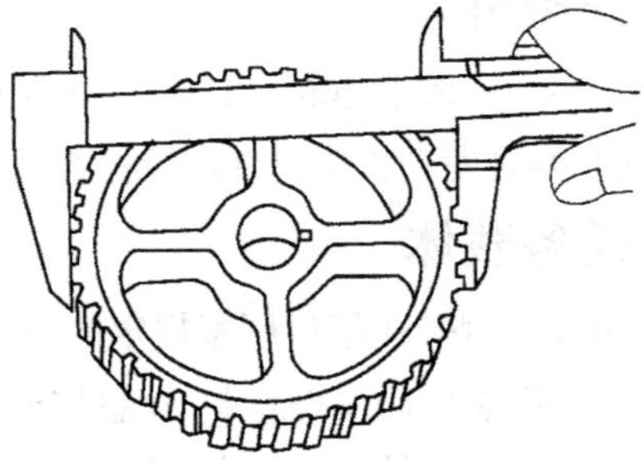

图 7-2 正时带轮磨损的检查

（三）发动机其他正时传动装置的检修

1. 正时链及链轮的检修

正时链传动装置的常见故障是链轮磨损或正时链变长，严重时会产生噪声和改变气门开闭时刻。

（1）将新正时链分别包住凸轮轴链轮和曲轴链轮，用游标卡尺测量其直径，如图 7-3 所示。其值不得小于允许值，否则应更换正时链或链轮。

（2）可测量正时链的全长或规定链节数的长度，用一定拉力（如 49 N ）拉紧链条后再用游标卡尺测量，如图 7-4 所示。其值不得大于允许值，否则应更换正时链条。

（3）用游标卡尺测量张紧器厚度，如图 7-5 所示。若厚度小于允许值，应更换。

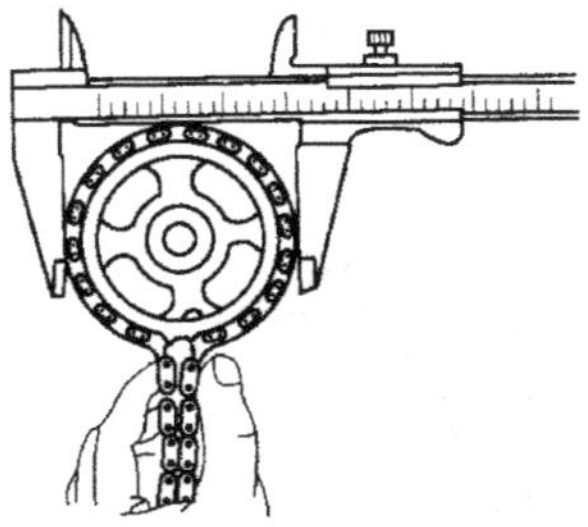

图 7-3　测量链轮直径

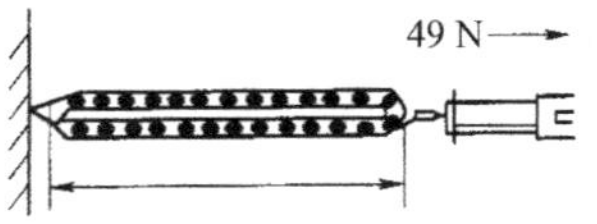


图 7-4　测量链条长度

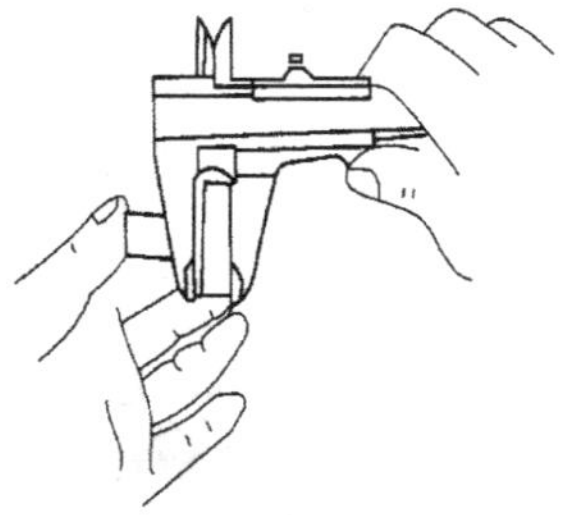

图 7-5　测量张紧器的厚度

2. 正时齿轮的检修

正时齿轮长期工作会产生磨损，增大啮合间隙，工作中容易产生噪声。

（1）齿轮配合松动，会造成配气相位出现误差。

（2）正时齿轮键与键槽磨损若超过 0.12 mm，可换用新键。

（3）凸轮轴安装正时齿轮固定螺母的螺纹损坏如多于 2 牙，应修复。

（4）如图 7-6 所示，通常是用塞尺插入两齿面间或用百分表抵在正时齿轮上进行检查。沿正时齿轮圆周互成 120° 位置分三点测量，其间隙差不应超过 0.10 mm，否则应更换正时齿轮。

（5）凸轮轴正时齿轮与曲轴正时齿轮的啮合间隙一般在 0.03~0.30 mm，使用限度为 0.40 mm。

（6）将带正时齿轮的凸轮轴装入轴承套内。凸轮轴正时齿轮记号应对正曲轴正时齿轮上的记号，两齿轮的间隙一般在 0.04~0.12 mm。

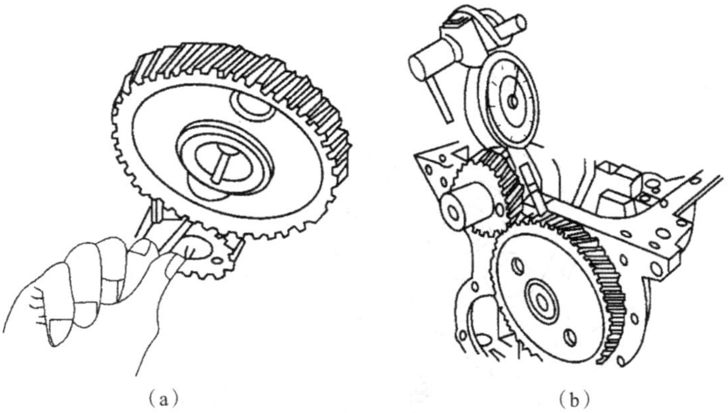

（a）　（b）

图 7-6　正时齿轮磨损的检查

（a）用塞尺检查　（b）用百分表检查

（四）发动机正时传动装置的安装

（1）安装顺序基本上与拆卸顺序相反。

（2）将正时带套在曲轴和中间轴正时带轮上。

（3）用一只螺栓固定曲轴 V 带轮，注意 V 带轮的定位。

（4）使凸轮轴正时带轮上的标记与气门罩盖平面对齐，如图 7-7 所示。

（5）使曲轴V形带轮上的上止点记号和中间轴正时带轮上的记号对齐，如图7-8所示。

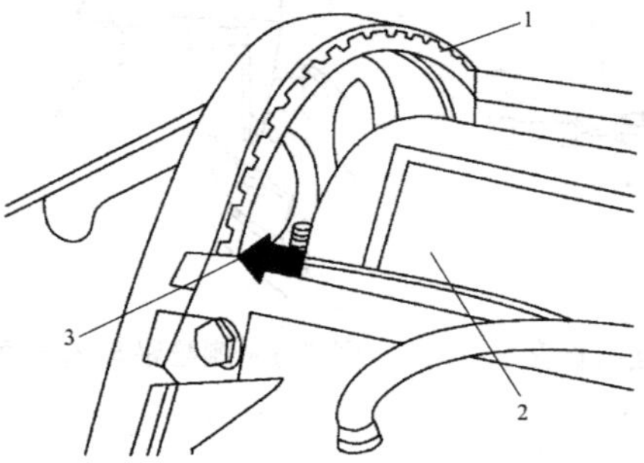


1—凸轮轴同步带轮；2—气门罩盖；3—对齐记号

**图7-7 凸轮轴正时带轮标记与气缸盖平面对齐**

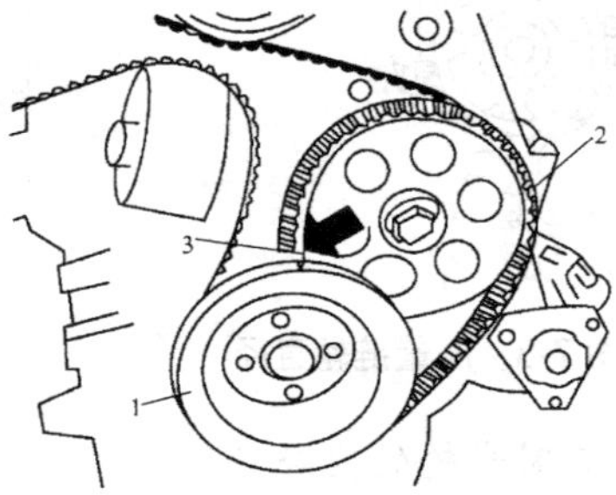


1—曲轴V带轮；2—中间轴齿轮；3—对齐记号

**图7-8 对齐中间轴同步带轮上的标记**

（6）将正时带装到凸轮轴正时带轮上。

（7）按图7-9所示箭头方向转动张紧轮，以张紧正时带。

（8）用拇指和食指捏住凸轮轴正时带轮和中间轴正时带轮之间的正时带中间部位，刚好可以转90°为合适。

（9）拧紧张紧轮的紧固螺母，拧紧力矩为45 N·m。

（10）把曲轴转动两圈，观察正时标记，检查正时带安装的正确性。

（11）拆下曲轴的V带轮，装上正时带上防护罩，其紧固螺栓的拧紧力矩为10 N·m。

（12）装上正时带下防护罩，其紧固螺栓的拧紧力矩为10 N·m，装上V带轮和V形带。

（13）检查V带的张紧度，用拇指按下水泵与发电机之间的V带，用100 N的力可按压10~15 mm。

（14）检查点火正时，必要时进行调整。

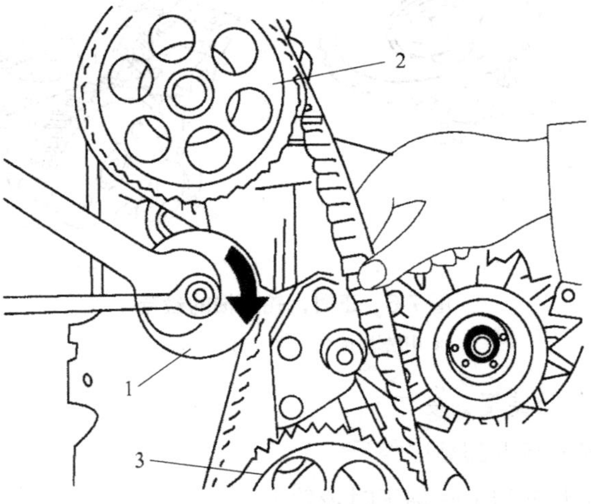


1—张紧轮；2—凸轮轴正时带轮；3—中间轴正时带轮

**图7-9 调整正时带张紧度**

## 二、更换正时带的操作步骤

（1）按照制造厂建议的步骤，拆下正时带外罩。

（2）松开所有的正时带张紧装置。

（3）拆下老化的正时带，检查是否断裂。正时带可能断了一半，或者可能只是带脊磨损。

（4）拆下气门罩，露出顶置凸轮轴，从气缸盖上拆下凸轮轴。

（5）按照制造厂的建议拆下气缸盖。

（6）检查各个气门是否弯曲，更换所有弯曲的气门。为了完成这个步骤，必需尽可能地将气门往回弯曲到其原始的状况。须用合适的工具拆下气门保持装置和弹簧。

（7）拆下气门。在拆卸过程中，注意不要让弯曲的气门刮到气门导管的内壁。弯曲的气门绝对不能再用，一定要用新的气门进行更换。

（8）在弯曲的气门被拆下和更换完毕后，按照制造厂的规范和步骤重新组装发动机。

（9）按照制造厂的规范对齐曲轴和凸轮轴的正时标记。注意：各个发动机可能不同。

（10）对齐正时时，曲轴要放在第 1 缸的上止点（TDC）位置。

（11）在曲轴正确对齐后，转动凸轮轴，直到正时标记正确对齐。

（12）安装正时带。

（13）按照制造厂建议的步骤重新组装发动机。

# 知识与能力拓展

### 汽车正时带更换的必要性

作为定期维护、全面检查的一项内容，正时带的维护应该列入定期维护的程序中。如果忽视了这一点，没有定期检查、及时更换有故障的正时带，可能会导致严重的后果。

正时带没有破裂，并不意味着它没有问题。随着正时带越用越旧，它拉伸的程度势必超过张紧装置能够补偿的范围，因而产生正时带轮打滑。而轮齿磨损、有润滑油附着等也会导致打滑。检查时，如果皮带有硬度降低、磨蚀、纤维断裂或者裂纹、裂缝的现象，就表明正时带已破损，不可以继续使用。接下来，检查带轮故障。损坏的带轮能“烧毁”正时带材料，并加剧正时带齿磨损。带轮故障还可能使气门机构对正时带产生更大的阻力。

在正时带检查过程中，第一项任务是检查正时带的松紧度。如今，大多数发动机都带有正时带张紧自动调节机构；有些发动机则带有手动调整装置，但调节器本身是自动的。为了测量准确，可以采用张力计。但是用工具测量时，首先要拆卸正时带外壳，再把张力计放在带轮之间进行测量，这种检查在许多传动舱内很不实际。因此，最好还是通过感觉来判断正时带的松紧度。

正时带齿受损，常常发生在正时带张力低（即使正时带没有明显的松弛）、带轮凹槽内有污物的时候。这时应再检查一下衬垫密封。但是，如果张紧装置提供的张力过大或者提供的张力适度而张紧装置未校准，那么都有可能使正时带齿和正时带背面破裂，但这种情况比较少见。张紧装置未校准将导致正时带齿不均匀磨损，并产生大量噪声。这虽不是正时带的典型故障，但它警示了张紧装置未校准这一问题。

## 案例剖析

**案例 7-1**:正时带松动

故障现象:一辆国Ⅲ排放标准的皮卡车在高速行驶时,突然熄火,发动机无法再次启动。

故障分析与排除:打开点火开关,发动机故障灯亮,说明电控系统有故障,用诊断仪读取故障码,显示“P0341”,即错误的相位传感器信号。

更换相位传感器,重新打开点火开关,故障灯仍亮,用诊断仪清除故障,又重新打开点火开关,故障灯还亮,诊断还是同一故障。再次重新更换另外一个新的相位传感器,故障一样,再从一辆能启动发动机的车上卸下一个相位传感器装上去,故障依然存在。

显然问题不在传感器本身。检查发动机线束(主要检查通往相位传感器线束),结果没有问题。

考虑正时带松动问题。拆开正时带外罩,发现正时带过于松动,重新拨动曲轴带轮进行标记对齐,发现对不上正时标记,相差 5~6 个齿。根据维修经验,此时必须检查配气机构,因而拆开气门室罩,逐一检查气门间隙,发现推杆弯曲变形。检查气门挺柱、摇臂、气门均正常。

更换气门推杆,装配好气门室罩,然后重新根据正时标记号对位。更换新的正时带,装配好外罩,然后用诊断仪清除故障,重新打开点火开关,故障灯熄灭,启动发动机,检查各项数据均正常,故障排除。

# 项目八　气门拆装与气门间隙的检查调整

## 技能点

◇掌握气门组拆装工艺。

◇掌握气门间隙的检查与调整工艺。

◇掌握相关工具的使用,文明、安全操作。

## 知识点

◇熟悉气门组的组成、功用。

◇熟悉气门间隙的含义。

◇熟悉汽车舒适系统总线的工作原理。

## 任务引入

现有一台汽油发动机在怠速运转时,发出连续不断的、有节奏的“嗒、嗒、嗒”响声;转速升高时,响声也随之升高;检查发动机温度变化或做断火试验后,响声无变化。经初步诊断为发动机气门间隙过大,要求对该发动机气门间隙进行调整与检修。

## 任务载体

气门间隙的检查,对于维护发动机的正常工况至关重要。汽车发动机在使用过程中,由于配气机构某些零件的磨损或松动,会导致原有气门间隙的变化,因此一般行驶 10 000 km 左右维护时,应检查和调整气门间隙,使之符合技术规范。

### 学习内容

### 一、气门组

(一)气门

1. 气门的功用

气门的功用是开关进、排气通道。气门分为进气门和排气门两种。

2. 气门的构造

气门由头部和杆部两部分组成,如图 8-1 所示。

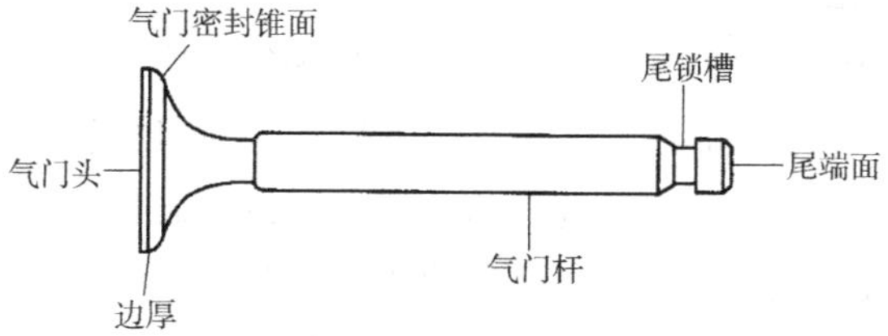


图 8-1　气门的结构

1)气门头部

(1)气门头部的形状。气门头部的形状有平顶、球面顶(凸顶)和喇叭形顶(凹顶)三种

(2)气门密封锥面。气门密封锥面是与杆身同心的圆锥面,用来与气门座接触,起到密封气道的作用。气门密封锥面与气门顶平面之间的夹角,称为气门锥角。气门锥角有30°和45°两种,一般排气门采用45°以保证受高温的排气门头部有足够的刚度;进气门可采用30°或45°,采用30°时气门开启时通道断面较大,而采用45°时维修方便。

(3)气门头部直径。通常进气门头部直径大于排气门头部直径。气门顶部边缘与气门密封锥面之间应有一定的厚度,一般为1~3 mm,以防止在工作中受冲击损坏或被高温气体烧坏。

2)气门杆部

(1)气门杆的作用与结构。气门杆与气门导管的配合,应有利于气门运动导向和传热。气门杆身为圆柱形,气门杆的尾部结构随气门弹簧座的固定方式不同而不同。

(2)气门弹簧座的固定。气门杆的尾部用来固定气门弹簧座,其结构随气门弹簧座的固定方式不同而不同。常用的固定方式有锥形锁片式和锁销式两种。

(3)气门机油防漏装置。适量的机油进入气门导管与气门之间的间隙,对于气门杆的润滑是必要的。但如果进入的机油过多,将会在气缸内造成积炭和在气门上产生沉积物,使机油消耗增加。需要指出的是,进气管中有一定的真空度,机油会从气门杆与导管之间的间隙被吸入进气管并进入气缸。因此,有的发动机在气门杆上设有机油防漏罩。常见的几种防漏装置的结构形式如图8-2所示。

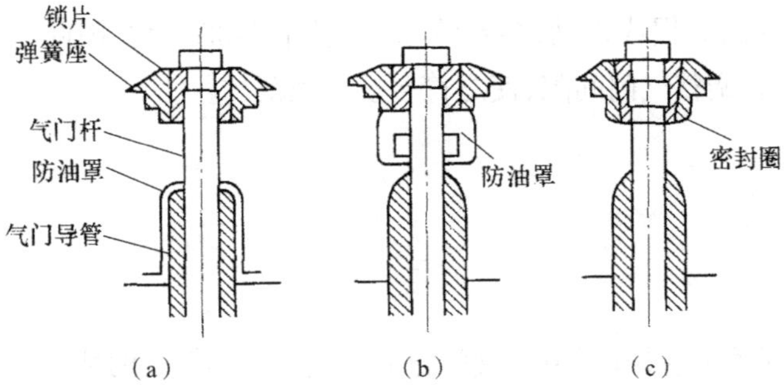


**图8-2 气门机油防漏装置**

(a)气门导管防油罩 (b)气门杆防油罩 (c)气门杆密封圈

(二)气门座与气门座圈

进、排气道口与气门密封锥面直接贴合的部位称为气门座。

气门座与气门头部密封锥面配合对气缸起密封作用,同时气门头部的热量也经过气门座导出,起到对气门散热的作用。气门座可以在气缸盖或气缸体上直接镗出,也可以单独制成气门座圈,镶嵌在气缸盖或气缸体上。气门座圈用耐热合金钢或耐热合金铸铁制成。

（三）气门导管

1. 气门导管的功用

气门导管的功用主要是为气门运动导向，以保证气门上下运动时不发生径向摆动而准确落座，同时起导热作用。

2. 气门导管的结构

如图 8-3 所示，气门导管外圆与气缸盖承孔为过盈配合，内孔与气门杆相配合。为了防止气门导管在使用过程中松脱，有的发动机对气门导管用卡环定位。气门杆与气门导管孔的配合间隙必须适当，一般为 0.05~0.12 mm 。间隙过大，导向不好，散热不良；而间隙过小，热状态下可能卡死。

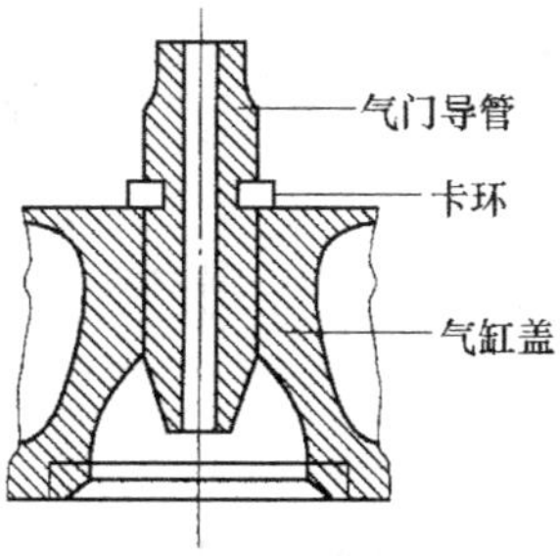


图 8-3　气门导管

（四）气门弹簧

1. 气门弹簧的功用

气门弹簧的功用是使气门与气门座紧密贴合，克服气门和气门驱动件所产生的惯性力的干扰，避免各零件彼此脱离而破坏配气机构的正常工作。

2. 气门弹簧的结构

当气门弹簧的工作频率与其固有的振动频率相等或为整数倍时，气门弹簧就会发生共振。共振时，配气相位将遭到破坏，使气门发生反跳和冲击，甚至使弹簧折断。为防止共振的发生，常采取以下结构措施：

（1）采用双气门弹簧；

（2）采用变螺距气门弹簧；

（3）采用锥形气门弹簧；

（4）采用气门弹簧振动阻尼器。

（五）气门间隙

1. 气门间隙的含义

通常在发动机冷态装配（气门完全关闭）时，在气门与其传动机构中留有适当的间隙，以补偿气门受热后的膨胀量，这一间隙通常称为气门间隙，如图 8-4 所示。在凸轮轴通过摇臂间接驱动气门开启的配气机构中，气门间隙指摇臂与气门杆尾部之间的间隙；在凸轮轴直接驱动气门开启的配气机构（如上海桑塔纳轿车发动机装用普通挺柱的配气机构）中气门间隙指凸轮与挺柱之间的间隙。

2. 气门间隙的大小

气门间隙的大小由发动机制造厂根据试验确定。一般在冷态时，进气门间隙为0.25~0.35 mm，排气门间隙为0.30~0.35 mm。在使用和维修中，必须将气门间隙调整到合乎标准值范围。不同型号的发动机，气门间隙的部位和大小不同。对采用液压挺柱的发动机，由于挺柱的长度能自动变化，以随时补偿气门的热膨胀量，故不需要预留气门间隙，也不需要调整气门间隙。如奥迪、别克、本田和大众桑塔纳等轿车的发动机。

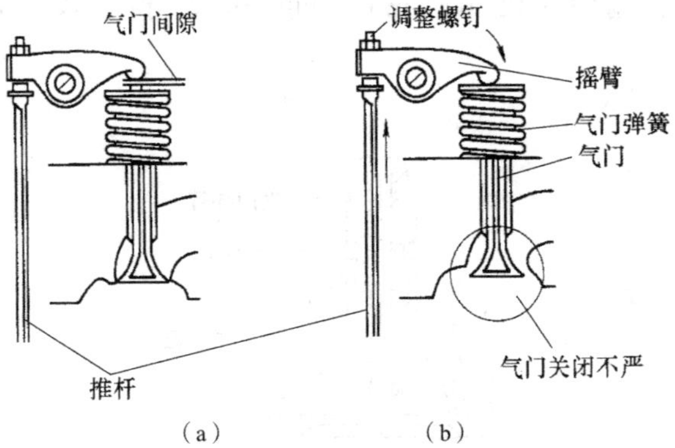


**图 8-4 气门间隙**

(a)气门关闭 (b)气门打开

3. 气门间隙过大、过小的危害

气门间隙的大小，对发动机的工作和性能影响很大。如果气门间隙过小，发动机在热态下可能因气门关闭不严而发生漏气，导致功率下降，甚至烧坏气门；如果气门间隙过大，则使传动零件之间以及气门和气门座之间产生撞击响声，并加速磨损，同时也会使气门开启的持续时间缩短，气缸的充气以及排气情况恶化。

## 二、气门间隙的检查与调整

### (一)气门拆装

拆卸完气缸盖后，取出液压挺柱，用气门弹簧拆装钳拆卸气门组，取出气门锁片、气门弹簧座、气门弹簧、气门油封及气门，各组件按拆卸顺序摆放好，不得错乱，如图 8-5 所示。

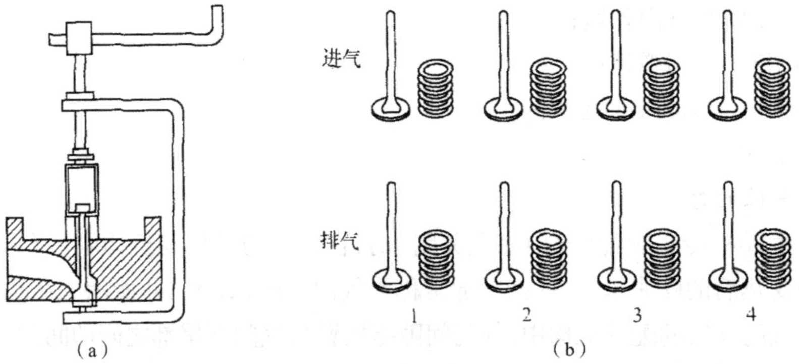


**图 8-5 气门的拆卸**

(a)专用拆装工具 (b)将气门组件按拆卸顺序摆放整齐

安装顺序与拆卸顺序相反。注意:装入气门组件时要注意配对标记,不得装错。

(二)气门间隙检查与调整的基本原则

气门间隙的检查与调整必须在气门处于完全关闭状态下进行。根据发动机的工作循环和点火顺序,结合配气相位分析确定各缸气门的工作状态,以确定可调气门,其基本原则是:处于压缩上止点的气缸,进气门和排气门均可调;处于排气行程上止点的气缸,进气门和排气门均不可调;处于进气行程和压缩行程的气缸,排气门可调;处于做功行程和排气行程的气缸,进气门可调。几种工作状态下的气缸,其气门间隙是不可调的,即气门开着、将要打开、刚关不久等。气门间隙必须在规定的冷机或热机状态下调整到标准值。

(三)气门间隙的检查与调整

下面以四缸直列、做功顺序为1—3—4—2的发动机为例进行讲解。

1. 采用逐缸法

第一步:打开气门室罩盖。

第二步:摇转曲轴,直至飞轮(或曲轴带轮)的正时标记与气缸体上固定的正时标记对正,这时,1缸和4缸活塞均处于上止点位置。

第三步:判断1缸是压缩上止点还是排气上止点。用手摇1缸的气门摇臂,如果进、排气门的摇臂均可摇动,则表明此时1缸处于压缩上止点。如果进、排气门的摇臂均摇不动,则表明此时1缸处于排气上止点,再转动曲轴一周,使1缸处于压缩上止点。或用其他方法使1缸处于压缩上止点。

第四步:气门间隙检查。用规定厚度的塞尺插入气门杆与摇臂之间,来回抽动塞尺,如果过紧或过松,都表明气门间隙不合适,需要进行调整。

第五步:调整气门间隙。松开锁紧螺母,旋出调整螺钉,在气门杆与摇臂之间插入厚度与气门间隙相等的塞尺,一边拧进调整螺钉,一边不停地来回抽动塞尺,直到抽动塞尺有阻力又能抽出时为止,锁紧螺母,在锁紧螺母时,不能让调整螺钉转动,最后再复查一遍。

第六步:按做功顺序,分别摇转曲轴180°,依次使下一缸处于压缩上止点,用同样的方法,检查与调整各缸的气门间隙。如做功顺序为1—3—4—2,则摇转曲轴180°,检查调整3缸的气门间隙。用同样的方法再检查调整4缸和2缸的气门间隙。

2. 两次调整法("双排不进"法)

第一步:打开气门室罩盖。

第二步:摇转曲轴至1缸处于压缩上止点。(可用多种方法)

第三步:检查与调整1缸两个气门的间隙、3缸的排气门间隙、2缸的进气门间隙,方法与逐缸法相同。

调整时,如图8-6所示。先松开锁紧螺母1,用螺丝刀旋动调整螺母2,将规定厚度的塞尺插入气门杆端部与摇臂之间。当抽动塞尺有阻力感时,拧紧锁紧螺母,再复查一次,符合规定值即可。

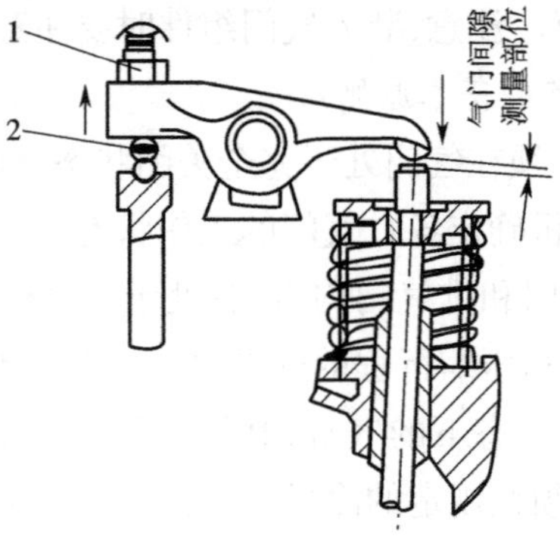


1—固定螺母；2—调整螺钉

**图 8-6 气门间隙的检查与调整**

## 知识与能力拓展

### 一、气门间隙两遍调整法操作步骤（以 462Q 型四缸直列发动机为例）

（1）将点火开关转到 OFF 位置，拔出点火开关锁匙。

（2）从气门室罩盖上拆下曲轴箱通风软管后，再拆下气门室罩盖。

（3）从离合器外壳上拆下点火正时检查窗橡胶塞。

（4）拆下分电器盖，顺时针方向转动曲轴（从发动机前端看），当分火头将要指向分电器盖 1 缸高压线位置时，再慢转曲轴，使飞轮上的冲印标记“ T ”处的直线 2 与离合器外壳上的直线标记 1 对齐，如图 8-7 所示。此即 1 缸压缩行程上止点位置。

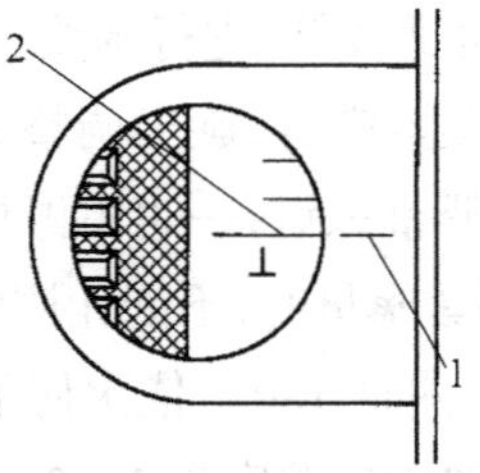


1—离合器外壳上的直线标记；2—飞轮上的冲印标记“T”

**图 8-7 对标记，使 1 缸处在压缩行程上止点位置**

（5）将气门编号。如将气门按如图 8-8 所示的顺序编号，则此时可检查调整气门 1、2、5 和 7 的气门间隙。即 1 缸进、排气门均可检查调整，2 缸可检查调整进气门，3 缸可检查调整排气门。

（6）检查气门间隙时，可将塞尺片塞入气门间隙中进行，如图 8-9 所示。

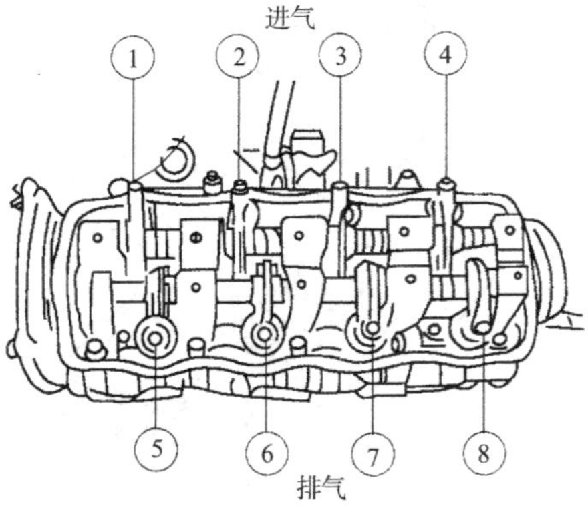


图 8-8　气门编号

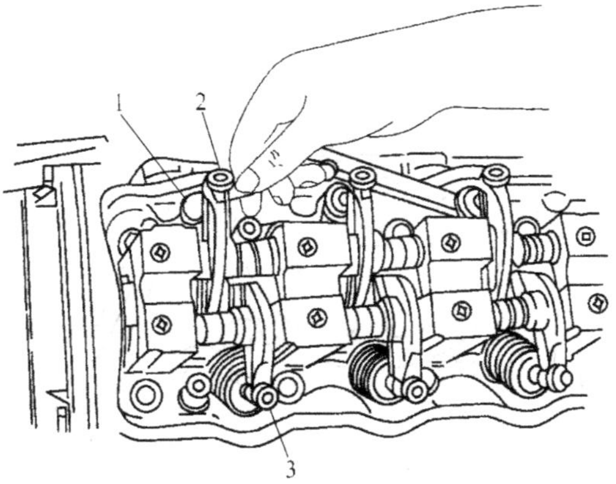


1—塞尺;2—进气门;3—排气门

图 8-9　检查气门间隙

(7)经检查,如果气门间隙不符合规定,则应进行调整。调整时,应先用扳手松开锁紧螺母,再利用螺钉旋具调整螺钉。旋入调整螺钉时,气门间隙减小;反之,旋出调整螺钉时,气门间隙增大。气门间隙值调整至规定值后,应一面用螺钉旋具固定住调整螺钉,一面将锁紧螺母以 15~19 N·m 的力矩拧紧。

(8)旋转曲轴 360°,未调整的气门 3、4、6 和 8,这时均可检查调整。2 缸可检查调整排气门,3 缸可检查调整进气门,4 缸进、排气门均可检查调整。

(9)用塞尺复查气门间隙值,如不合格,应重新进行调整。

(10)装上气门室罩盖,并按规定力矩拧紧其固定螺栓,再装上曲轴箱通风软管。

## 二、气门间隙逐缸调整法操作步骤(以广州本田雅阁型轿车的 VTEC 16 气门四缸直列发动机为例)

广州本田的 VTEC 16 气门四缸直列发动机仅在气缸盖温度低于 38 ℃时才可对气门进行调整。调整完毕后,重新将曲轴带轮螺栓以 245 N·m 扭矩拧紧。

气门间隙逐缸调整法的步骤如下。

(1)将点火开关转到 OFF 位置,拔出点火开关锁匙。

(2)检查和调整 1 缸气门间隙。

①拆下气门室罩盖。

②使 1 缸活塞运动至上止点(TDC)位置,即凸轮轴带轮上的“UP”标志应在顶部,带轮上的上止点凹槽与气缸盖平面对齐的位置,如图 8-10 所示。

③检查 1 缸进、排气门的间隙,如图 8-11 所示。进气门的间隙为(0.26 ± 0.02)mm,排气门的间隙为(0.30 ± 0.02)mm 。

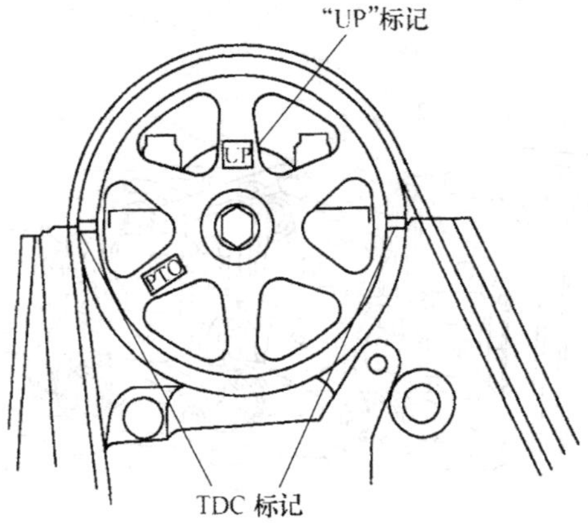


图 8-10　1 缸活塞压缩行程上止点位置

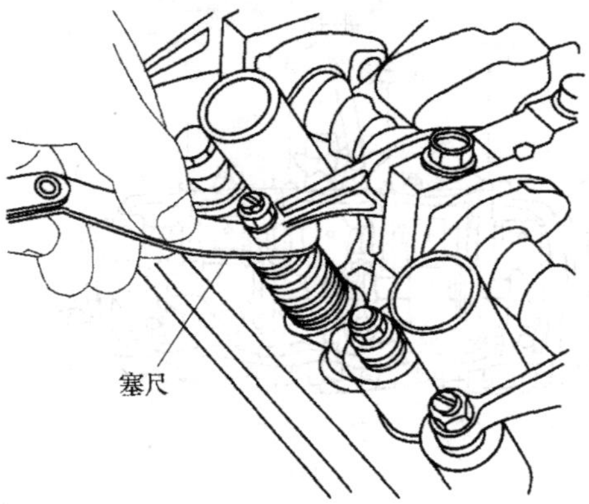


图 8-11　检查气门间隙

④调整 1 缸气门的间隙。松开锁止螺母，转动调整螺钉，直到用规定厚度的塞尺前后移动时仅有极小的阻力为止。

⑤拧紧锁止螺母，并再次检查气门间隙，如图 8-12 所示。如有必要，再次调整气门间隙。各缸的气门间隙调整螺钉位置如图 8-13 所示。

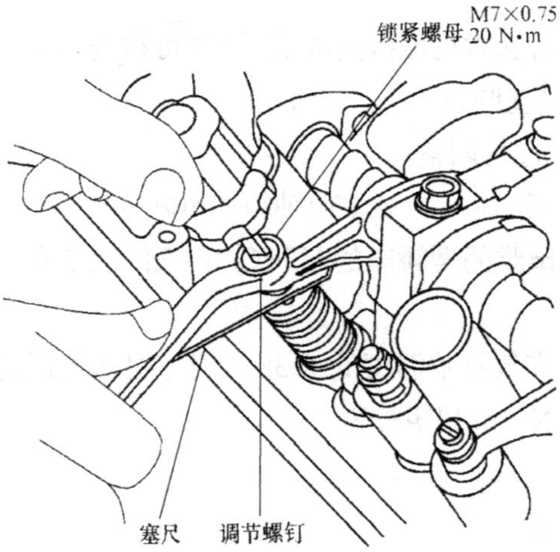


图 8-12　调整气门间隙

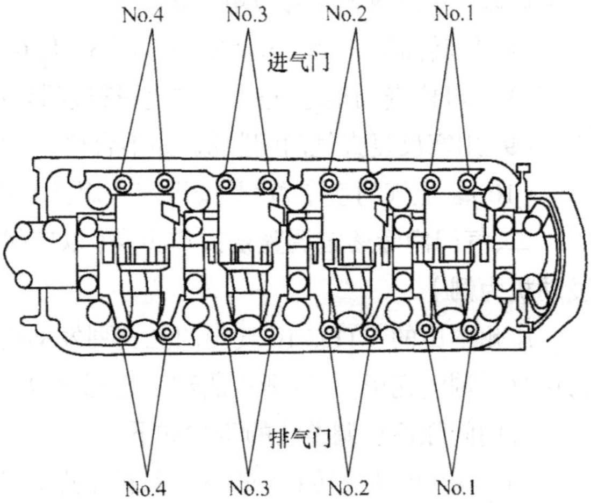


图 8-13　各缸气门间隙调整螺钉的位置

(3)检查和调整 3 缸气门间隙。按逆时针方向转动曲轴 180°(凸轮轴转动 90°)，"UP"标记在排气侧时，检查和调整 3 缸进、排气门间隙。

(4)检查和调整 4 缸气门间隙，如图 8-14 所示。按逆时针方向再转动曲轴 180°，"UP"标记在下方时，检查和调整 4 缸进、排气门间隙。

(5)检查和调整第二缸气门间隙，如图 8-15 所示。按逆时针方向再转动曲轴 180°，"UP"标记在进气侧时，检查和调整 2 缸进、排气门间隙。

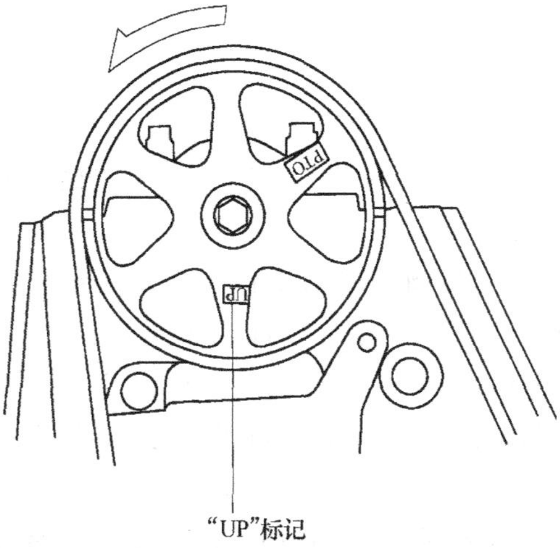


图 8-14　4 缸活塞压缩行程上止点位置

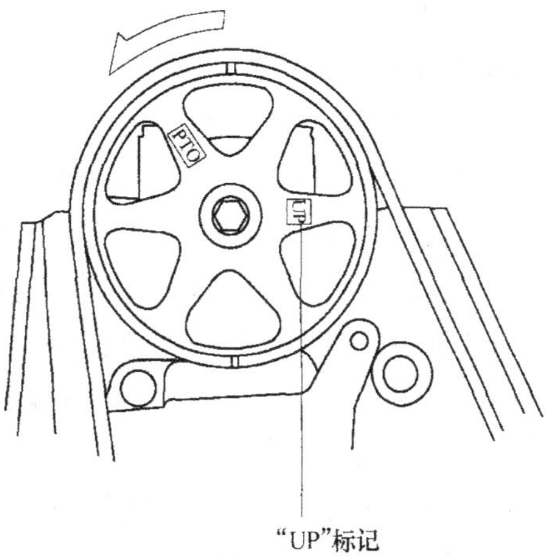


图 8-15　3 缸活塞压缩行程上止点位置

（6）安装气门室罩盖密封，如图 8-16 所示。在安装气门室罩盖密封之前，应彻底清洁密封件和槽口，在安装时，确认气门室罩盖密封垫紧密贴合，与槽口之间无缝隙。

（7）在气门室盖垫凹槽的四角处涂上一层液体密封剂，如图 8-17 所示。在涂抹密封剂前，应检查配合表面是否清洁干燥；涂抹密封剂后，应在规定的时间内安装，否则应清除密封剂后重新涂上密封剂；安装后应在 30 min 以后再向发动机添加润滑油。

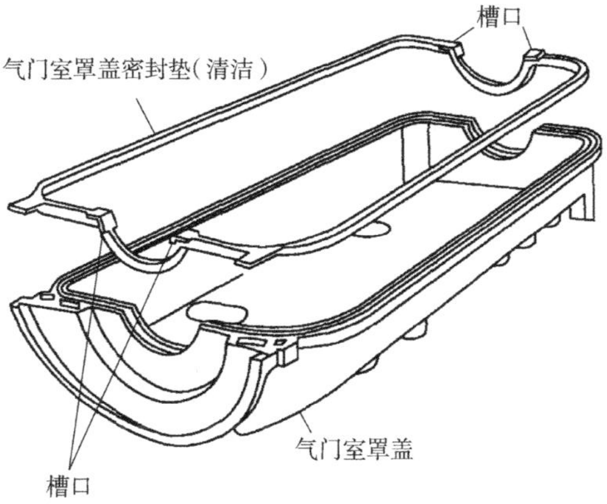


图 8-16　安装气门室盖垫

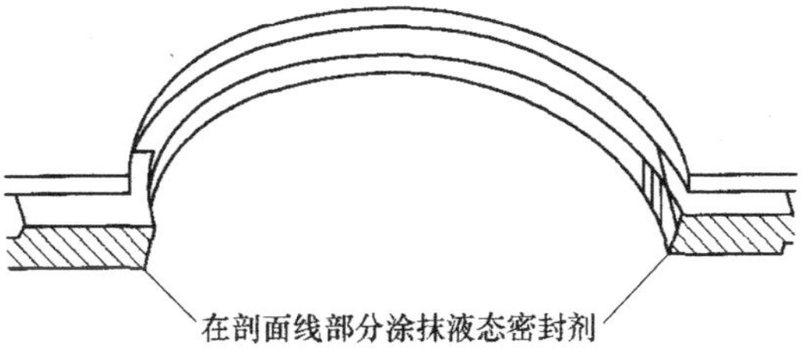


图 8-17　气门室罩盖垫片涂抹密封剂

（8）安装气门室罩盖。用手指按住凸轮轴盖托架的接触表面（半圆顶部），以便把气门室罩盖密封垫放入凹槽内。注意：安装气门室罩盖之前，应清洁接触表面；不要触摸涂抹了密封剂的零件表面。在安装气门室罩盖时，应注意不要损坏火花塞密封件，如果火花塞密封件有损坏或老化，则应更换。

（9）按顺序分 2~3 次将螺母拧紧，拧紧力矩为 9.5 N · m 。

（10）安装完毕后，检查所有气管、各类软管和插头是否安装正确。

## 案例剖析

**案例 8-1**:气门异响

故障现象:某奥迪 100 型轿车,在使用过程中出现了“开锅”现象。由于对该现象的处理不合理,使气门座及气门烧坏。修理人员更换了气门,并铰修了气门座,接着又研磨了气门和气门座。但是,在发动机修理后,汽车运行不到半个月,气门便产生了异响。

故障分析与排除:气门出现异响的主要原因有 4 种:液压挺柱磨损严重、液压挺柱有故障、凸轮轴表面出现点状剥落、气门杆与气门导管的间隙过大。进行以下检验。首先,更换一组气门挺柱,但异响依旧;然后,在解体气气门室罩盖后检测液压挺柱与气缸盖上挺柱孔的配合间隙,该间隙为 0.02~0.03 mm,符合标准(0.02~0.03 mm),该间隙过大会导致机油泄漏,使气门挺柱失去自调气门间隙的作用,从而产生异响;接着,对凸轮轴进行检查,凸轮轴表面无点状剥落现象;最后,检查油底壳中的机油,发现机油中有铁屑。我们认为,只有气门与气门导管间磨损才会有铁屑,所以又将铁屑放入少量汽油中进行观察,这时观察到铁屑中混有气门砂粒,这说明气门与气门导管之间产生了磨料磨损。进一步的检查表明:气门杆有刮伤的痕迹,气门导管的圆度较大,气门杆与气门导管的最大间隙达 0.40 mm,更换气门导管和气门后,气门异响消失,故障排除。

# 项目九　传感器的拆卸与检测

## 技能点

◇掌握各类传感器的故障判断原因。

◇掌握温度传感器、氧传感器、空气流量传感器的检测方法。

## 知识点

◇熟悉各种传感器的功用与安装位置。

## 任务引入

有一台桑塔纳3000型轿车的AJR型发动机,对各类传感器进行检查,判断运行情况。

## 任务载体

识别各种传感器的安装位置,对各类传感器进行拆装、检查,并对故障传感器进行判断、维修、更换。

## 学习内容

### 一、传感器的拆卸

传感器的拆卸的具体学习内容见表9-1。

表9-1　传感器的拆卸

| 1. 操作前准备工作 | |
|---|---|
|  | (1)学生将工位清理干净,准备好相关的工具、物品等。<br>(2)将发动机拆装翻转台架准备好,并安全固定。<br>提示:<br>培养良好的工作习惯,做好事前准备,有利于安全操作和提高工作效率 |

续表

| 2. 更换冷却液温度传感器 | |
|---|---|
|  | (1)关闭点火开关,拆下蓄电池负极导线 |
| 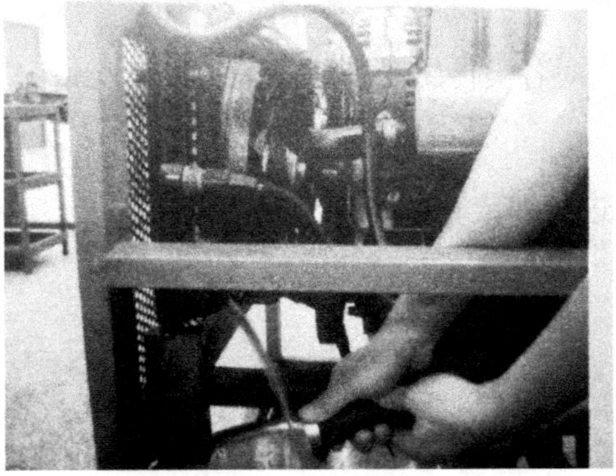 | (2)将发动机的冷却液排净。<br>注意:<br>本操作必须在发动机冷却后进行,以防烫伤 |
| 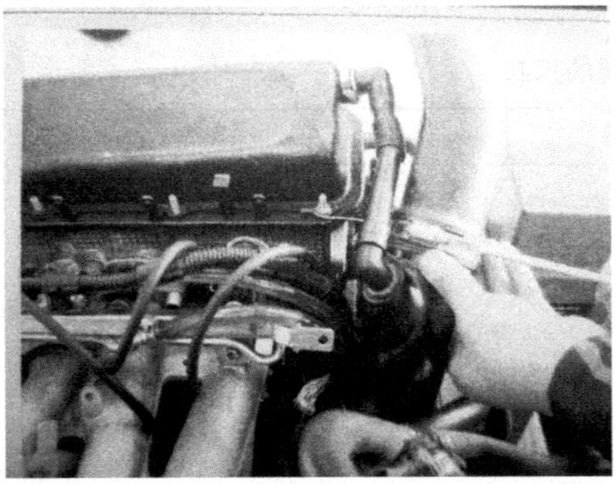 | (3)拆下进气总管软管。<br>提示:<br>松开进气总管软管上,节气门一端的卡箍,并取下进气总管软管 |

**续表**

| | |
|---|---|
|  | (4)拔下冷却液温度传感器插头。<br>提示：<br>①该插头为4针式；<br>②用手捏住插头后端卡子，拔出插头 |
|  | (5)用尖嘴钳拔出冷却液温度传感器的U形卡 |
|  | (6)取出冷却液温度传感器 |
| (7)更换冷却液温度传感器后，按与拆卸步骤相反的顺序安装其他部件。<br>提示：<br>①启动发动机前，必须检查冷却液液面高度；<br>②运行发动机10 min后，检查冷却液温度传感器安装部位是否泄漏冷却液 | |

续表

| 3. 更换节气门体 | |
|---|---|
| 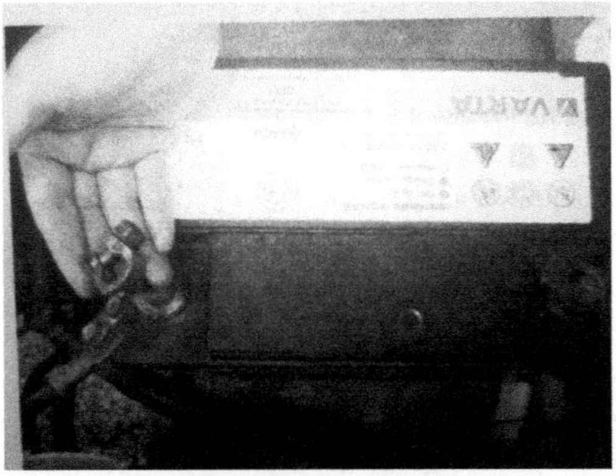 | (1)关闭点火开关，拆下蓄电池负极导线 |
| 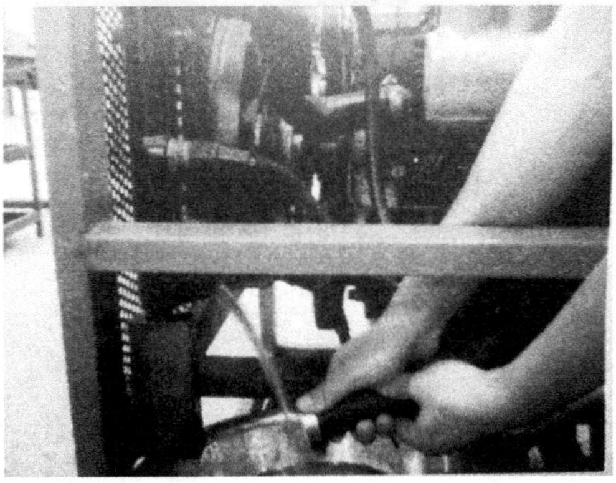 | (2)将发动机的冷却液排尽。<br>注意：<br>本项操作必须在发动机冷却后进行，以防烫伤 |
| 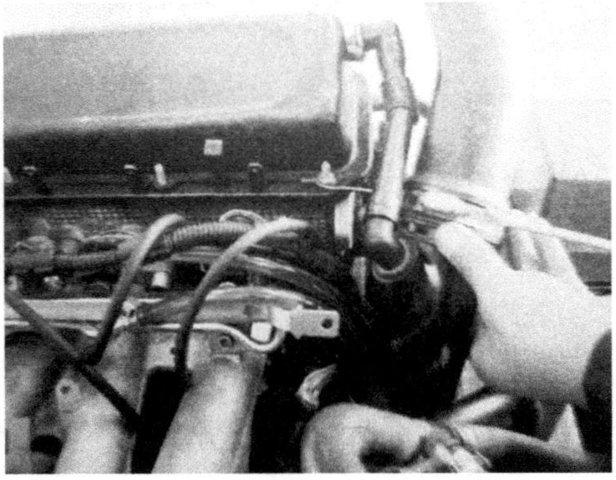 | (3)拆下进气总管软管。<br>提示：<br>松开进气总管软管上，节气门一端的卡箍，并取下进气总管软管 |

续表

| | |
|---|---|
| 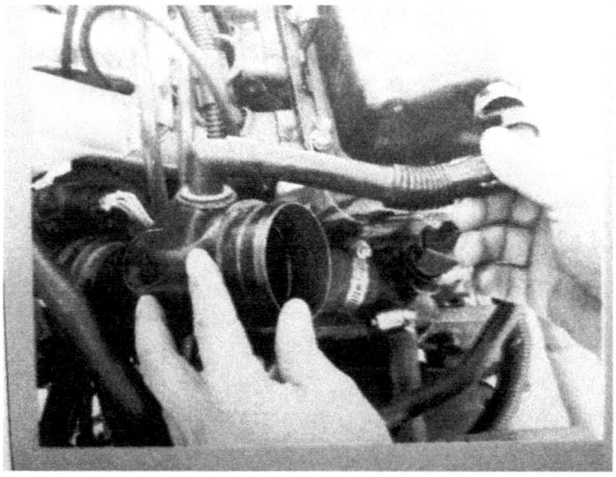 | (4)拔下曲轴箱通风管 |
| 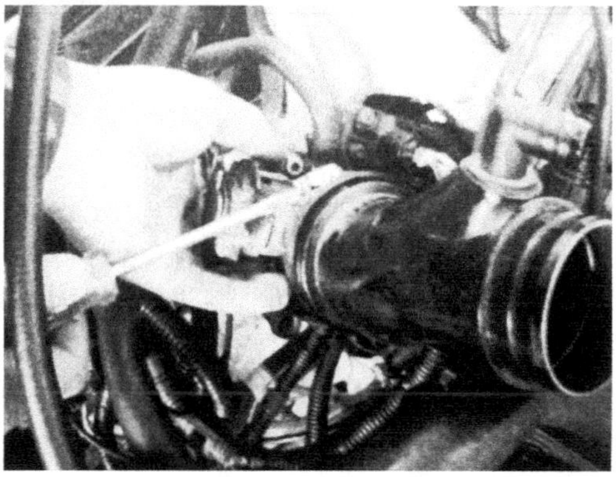 | (5)松开进气总管上的卡箍 |

续表

| | |
|---|---|
| 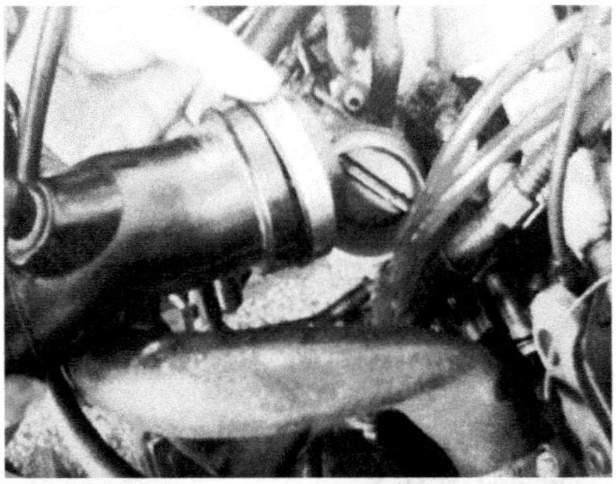 | (6)取出进气总管 |
| 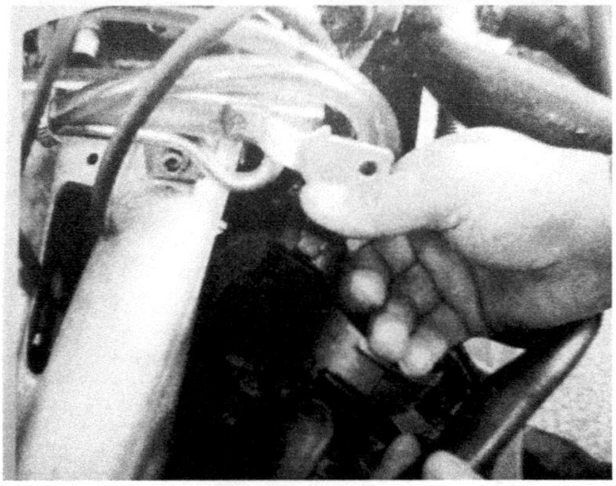 | (7)拔下节气门位置传感器插头。<br>用手捏住插头卡子,拔下节气门位置传感器插头。<br>提示:<br>节气门位置传感器插头共有7个针脚,位于节气门体上 |
| 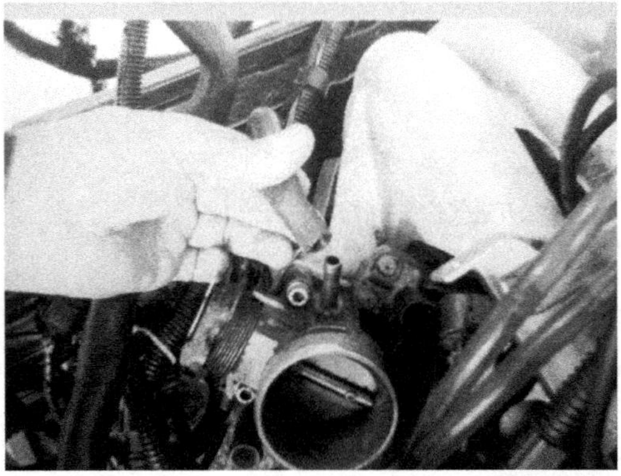 | (8)拆下节气门体上的加热水管、真空管。<br>提示:<br>①节气门体上共有2根加热水管和2根真空管;<br>②较细的真空管连接燃油压力调节器,较粗的真空管连接碳罐电磁阀 |

续表

| | |
|---|---|
|  | (9)拆卸节气门体的固定螺栓。<br>提示:<br>①共有 4 个固定螺栓;<br>②拆卸螺栓时,对角分 2~3 次拆卸 |
| 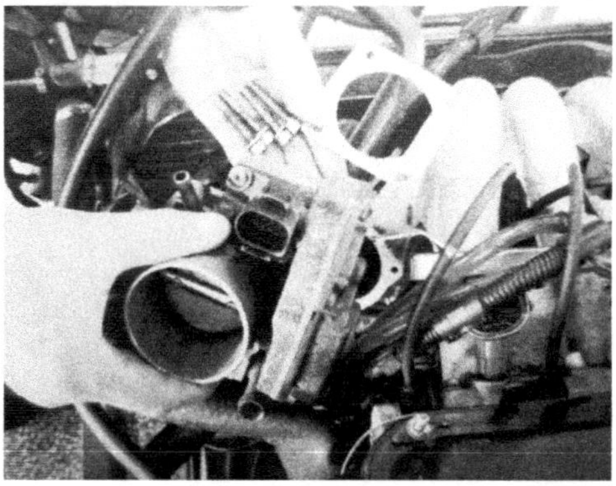 | (10)取出节气门体和密封垫 |
| (11)更换节气门体后,按与拆卸步骤相反的顺序安装其他部件。<br>提示:<br>①安装节气门体固定螺栓时,应对角分 2~3 次拧紧,拧紧力矩为 20 N·m;<br>②启动发动机前,必须检查冷却液液面高度;<br>③发动机运行前,需用解码仪对新的节气门体进行匹配;<br>④发动机运行 10 min 后,检查节气门体加热水管安装部位是否泄漏冷却液 | |
| 4. 更换进气温度传感器 | |
| 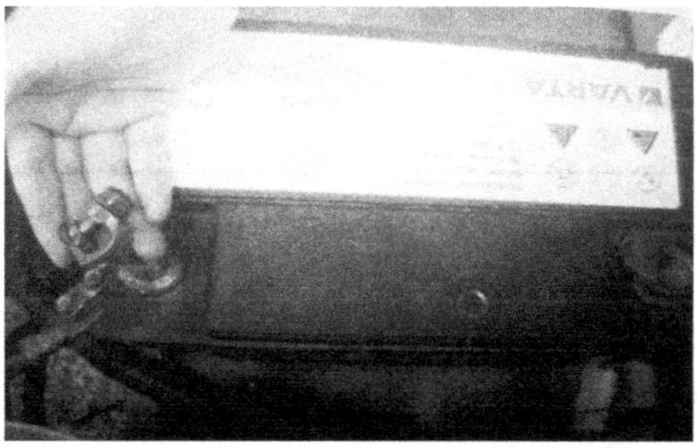 | (1)关闭点火开关,拆下蓄电池负极导线 |

**续表**

<table>
<tr><td>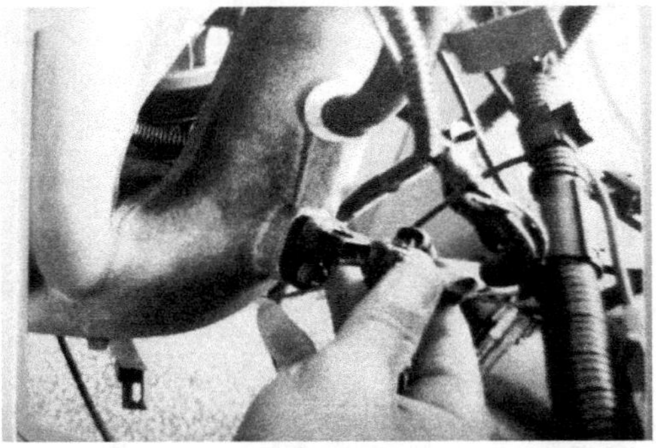</td><td>(2)拔下进气温度传感器插头</td></tr>
<tr><td>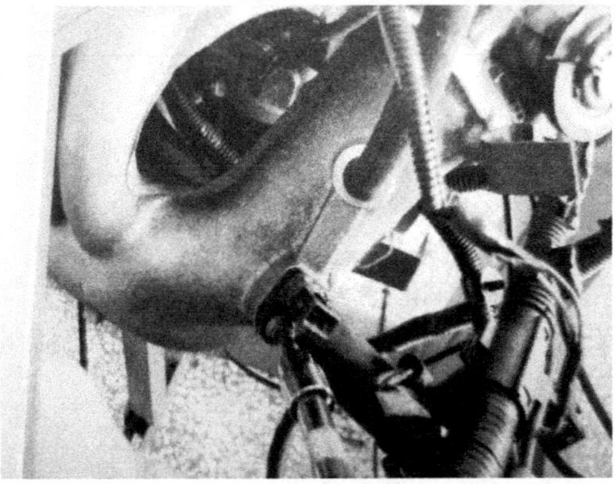</td><td>(3)拆卸进气温度传感器的固定螺栓</td></tr>
<tr><td>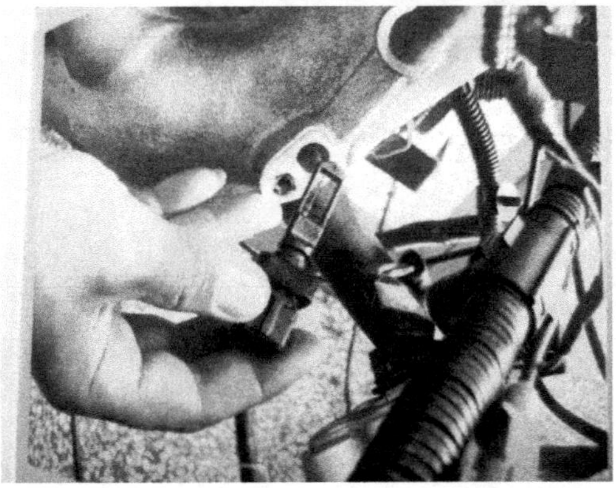</td><td>(4)取出进气温度传感器</td></tr>
<tr><td colspan="2">(5)更换进气温度传感器后,按与拆卸步骤相反的顺序安装其他部件。<br>提示:<br>①进气温度传感器固定螺栓的拧紧力矩为 15 N·m;<br>②安装新的进气温度传感器时,注意不要将油污沾到传感器的热敏电阻上</td></tr>
</table>

**续表**

| 5. 更换氧传感器 | |
|---|---|
| 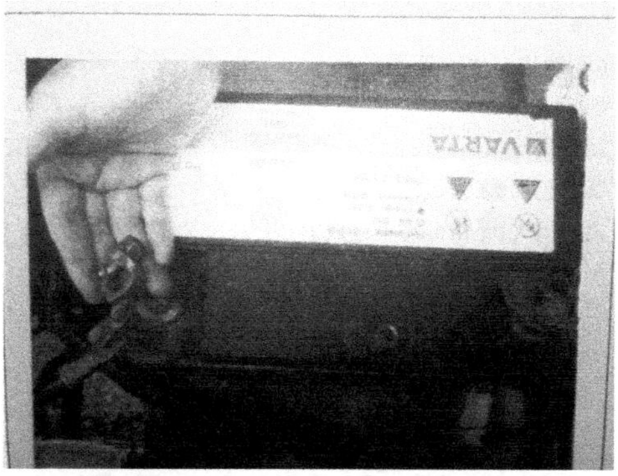 | (1)关闭点火开关,拆下蓄电池负极导线 |
| 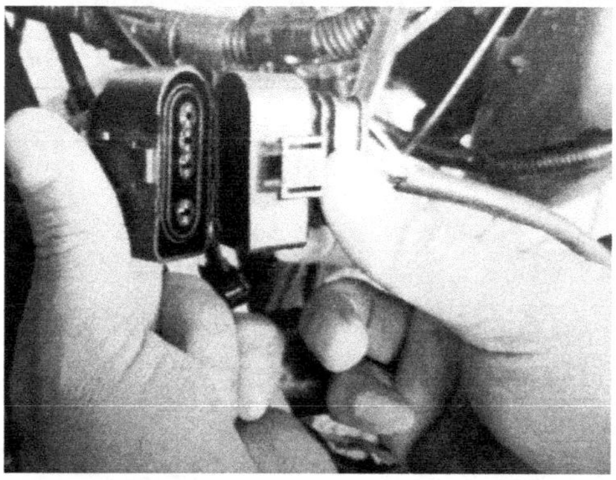 | (2)拔下氧传感器插头 |
|  | (3)用呆扳手拆卸氧传感器。<br>注意:<br>待排气管冷却后方可拆卸,以防烫伤 |

续表

<table>
<tr><td>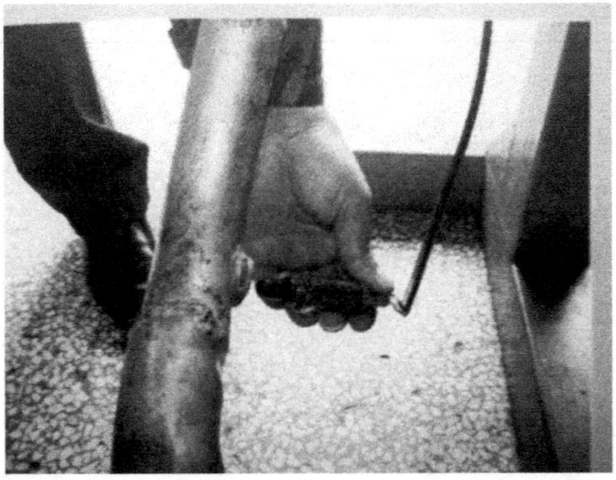</td><td>(4)取出氧传感器。<br>提示:<br>观察氧传感器的顶尖:<br>淡灰色顶尖,是氧传感器的正常颜色;<br>白色顶尖,是由硅污染造成的;<br>棕色顶尖,是由铅污染造成的;<br>黑色顶尖,是由积炭造成的</td></tr>
<tr><td colspan="2">(5)更换氧传感器后,按与拆卸步骤相反的顺序安装其他部件。<br>提示:<br>氧传感器的拧紧力矩为 50 N·m</td></tr>
<tr><td colspan="2">6. 更换爆震传感器</td></tr>
<tr><td>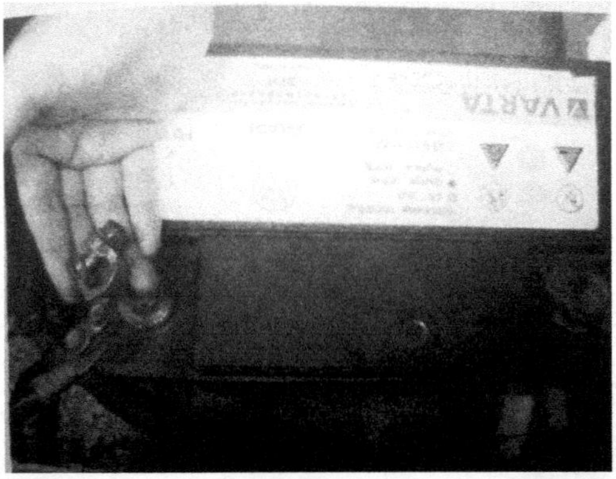</td><td>(1)关闭点火开关,拆下蓄电池负极导线</td></tr>
<tr><td>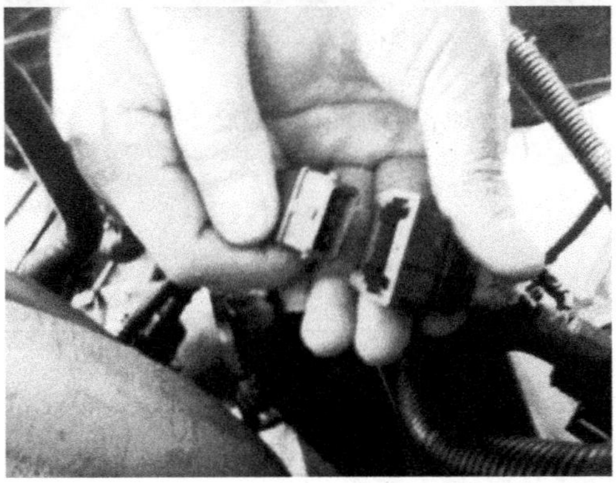</td><td>(2)拔下爆震传感器插头</td></tr>
</table>

续表

<table>
<tr><td></td><td>(3)拆卸爆震传感器的固定螺栓。<br>提示：<br>① AJR 型发动机上装有 2 个爆震传感器；<br>②爆震传感器安装在发动机左侧缸体上；<br>③安装在 1 缸和 2 缸之间的为 1 号爆震传感器，安装在 3 号和 4 号之间的为 2 号爆震传感器。<br>注意：<br>待发动机冷却后方可拆卸，以防烫伤</td></tr>
<tr><td colspan="2">(4)更换爆震传感器后，按与拆卸步骤相反的顺序安装其他部件。<br>提示：<br>爆震传感器固定螺栓的拧紧力矩为 20 N·m。<br>注意：<br>若不按规定力矩拧紧爆震传感器，将导致传感器不能正常工作</td></tr>
<tr><td colspan="2">7. 更换空气流量传感器</td></tr>
<tr><td>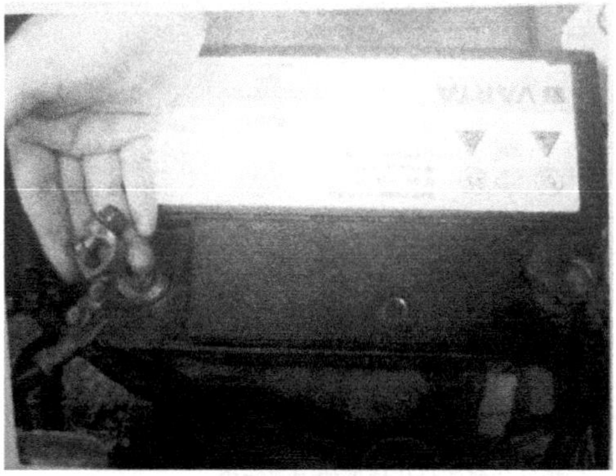</td><td>(1)关闭点火开关，拆下蓄电池负极导线</td></tr>
<tr><td>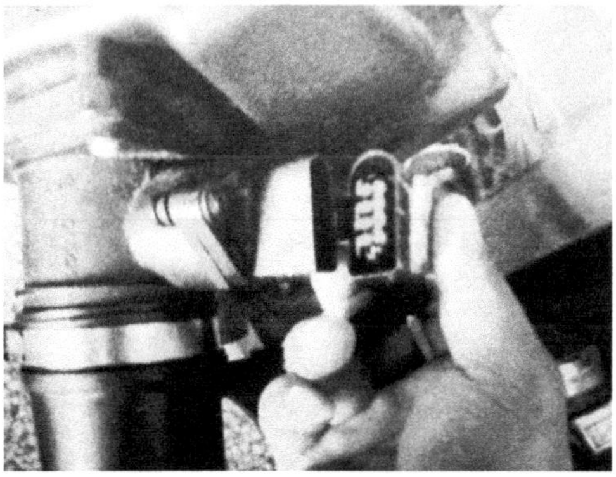</td><td>(2)拔下空气流量传感器插头</td></tr>
</table>

**续表**

| | |
|---|---|
| 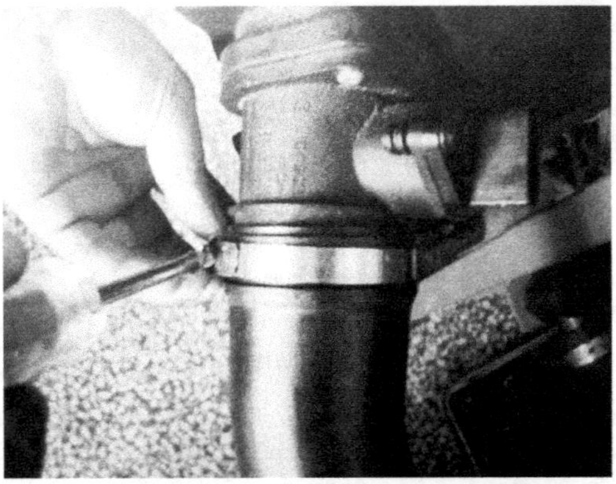 | (3)松开进气总管软管上空气流量传感器端的卡箍 |
|  | (4)拔下进气总管软管 |
| 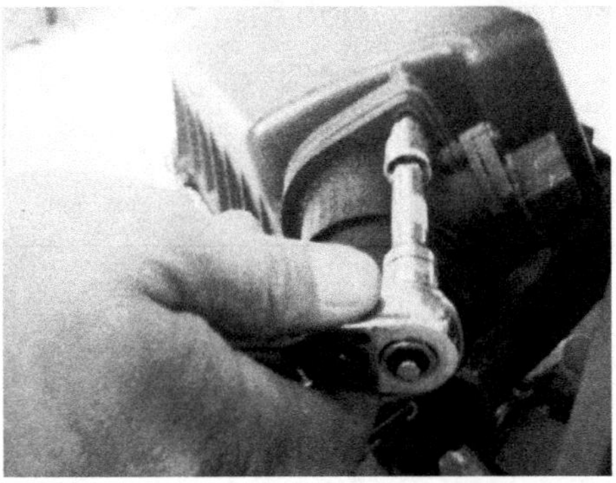 | (5)拆卸空气流量传感器的固定螺栓 |
| 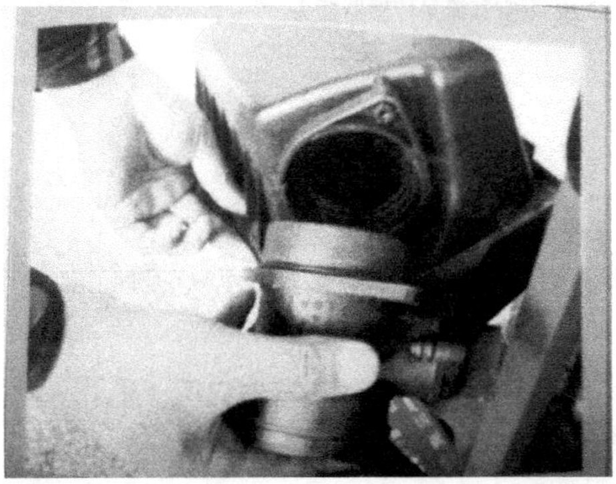 | (6)取下空气流量传感器 |

续表

| |
|---|
| (7)更换空气流量传感器后，按与拆卸步骤相反的顺序安装其他部件。<br>提示：<br>空气流量传感器固定螺栓的拧紧力矩为 10 N·m. |

## 二、传感器的检测

传感器的检测的具体学习内容见表 9-2。

表 9-2　传感器的检测

| 1. 冷却液温度传感器的检测 | |
|---|---|
|  | (1)准备冷却液温度传感器。<br>提示：<br>①冷却液温度传感器内部是 2 个半导体热敏电阻；<br>②热敏电阻的阻值随冷却液温度的升高而降低，且呈指数关系。<br>注意：<br>冷却液温度传感器的作用是检测发动机冷却液的温度，向电子控制单元(Electronic Control Unit，ECU)输入温度信号，作为燃油喷射和点火正时的修正信号，同时也是其他控制系统的控制信号 |
|  | (2)检查数字万用表，确保其状态良好。<br>(3)将数字万用表调至电阻挡，量程选择 20 kΩ |

续表

<table>
<tr>
<td>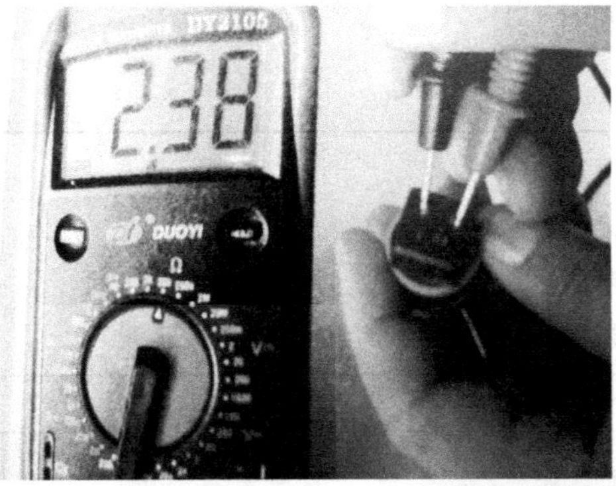
</td>
<td>（4）测量冷却液温度传感器 1 号和 3 号针脚间的电阻。<br>提示：<br>冷却液温度传感器共有 4 个针脚，1 号和 3 号针脚接仪表，2 号和 4 号针脚接 ECU</td>
</tr>
<tr>
<td>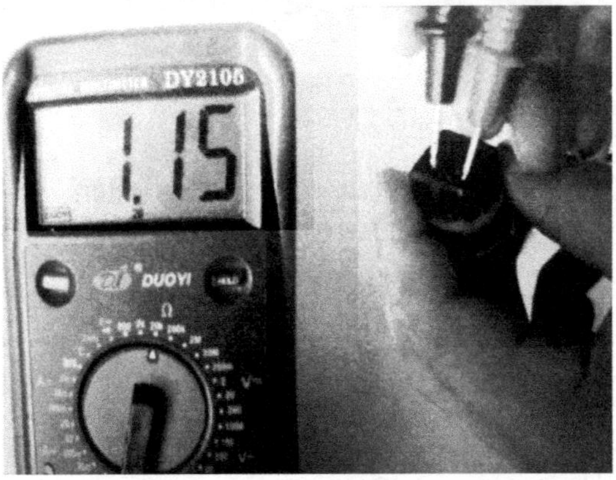
</td>
<td>（5）测量冷却液温度传感器 2 号和 4 号针脚间的电阻。<br>提示：<br>该信号通入 ECU，标准值如下
<table>
<tr><th>温度 /℃</th><th>电阻值 /Ω</th></tr>
<tr><td>0</td><td>6.0</td></tr>
<tr><td>20</td><td>2.2</td></tr>
<tr><td>40</td><td>1.1</td></tr>
<tr><td>60</td><td>0.6</td></tr>
<tr><td>80</td><td>0.25</td></tr>
</table></td>
</tr>
<tr>
<td colspan="2">2. 进气温度传感器的检测</td>
</tr>
<tr>
<td></td>
<td>（1）准备进气温度传感器。<br>提示：<br>①进气温度传感器内部是一个具有负温度电阻系数的热敏电阻，外部均被环氧树脂密封；<br>②热敏电阻的阻值随空气温度的升高而降低，且呈指数关系<br>注意：<br>进气温度传感器的作用是检测进气温度，向 ECU 输入进气温度信号，并作为燃油喷射和点火正时的修正信号</td>
</tr>
</table>

**续表**

（2）检查数字万用表，确保其状态良好。

（3）将数字万用表调至电阻挡，量程选择为 20 kΩ

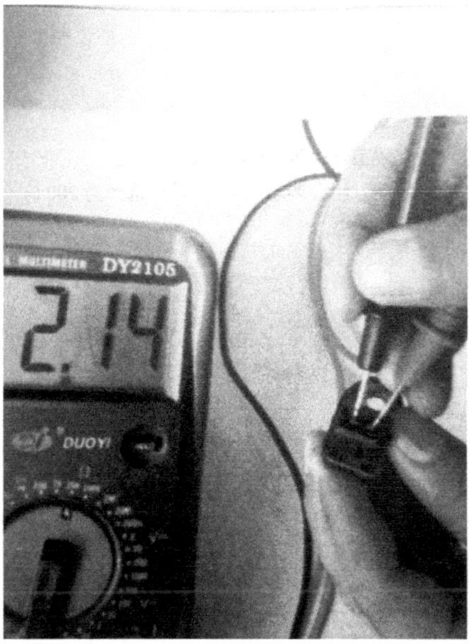


（4）测量进气温度传感器 1 号和 2 号针脚间的电阻。

提示：

该信号通入 ECU，标准值如下

| 温度 /℃ | 电阻值 /Ω |
| --- | --- |
| 0 | 6.0 |
| 20 | 2.2 |
| 40 | 1.1 |
| 60 | 0.6 |
| 80 | 0.25 |

**续表**

<table>
<tr><td colspan="2">3. 氧传感器的检测</td></tr>
<tr><td>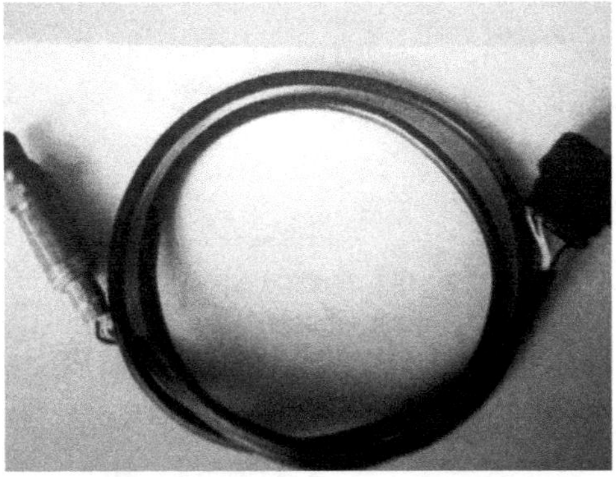</td><td>（1）准备氧传感器。<br>注意：<br>氧传感器可检测空燃比与排气中的氧浓度，在发动机内进行理论空燃比（14.7）燃烧的监控，并向 ECU 反馈信号</td></tr>
<tr><td>
</td><td>（2）检查数字万用表，确保其状态良好。<br>（3）将数字万用表调至电阻挡，量程选择为 200 Ω</td></tr>
<tr><td>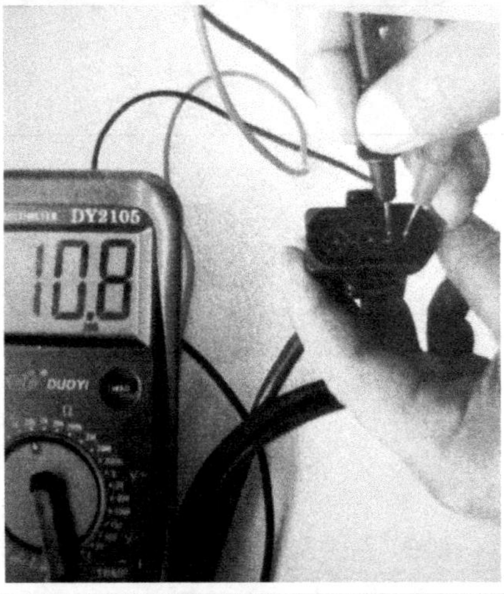
</td><td>（4）测量氧传感器插头 1 号和 2 号针脚间的电阻。<br>提示：<br>该数值为氧传感器加热电阻的阻值</td></tr>
</table>

**续表**

<table>
<tr><th colspan="2">4. 曲轴位置传感器的检测</th></tr>
<tr><td>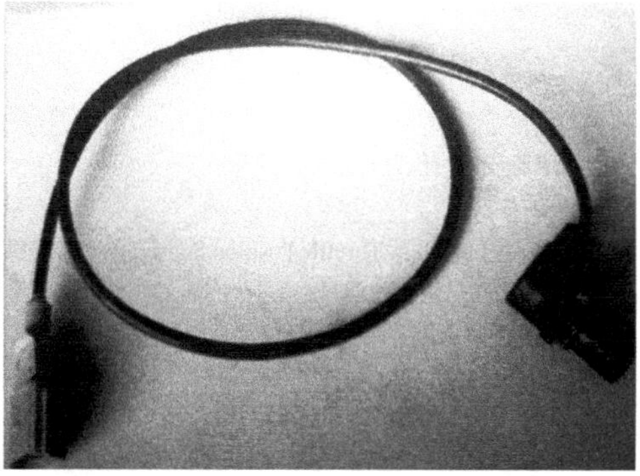</td><td>（1）准备曲轴位置传感器。<br>注意：<br>曲轴位置传感器用于检测活塞上止点信号和曲轴转角信号，是控制点火时刻、确认曲轴位置的信号源</td></tr>
<tr><td></td><td>（2）检查数字万用表，确保其状态良好。<br>（3）将数字万用表调至电阻挡，量程选择为 2 kΩ。</td></tr>
<tr><td>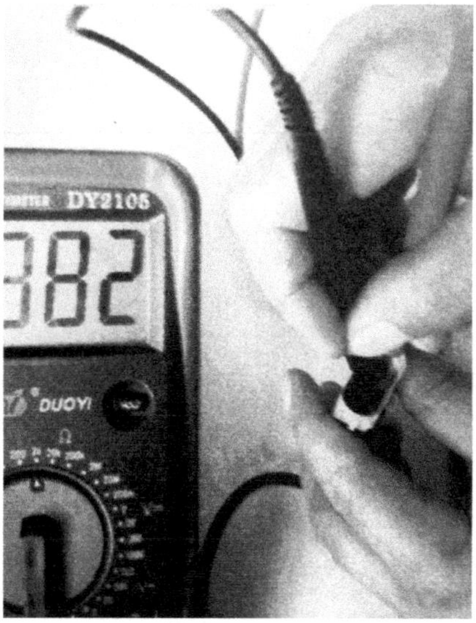</td><td>（4）测量 2 号和 3 号针脚间的电阻。<br>提示：<br>①该测量值为曲轴位置传感器的线圈电阻；<br>② 1 号针脚连接传感器的屏蔽线；<br>③ 2 号与 3 号针脚间电阻的标准值为 480~1 000 Ω</td></tr>
</table>

**续表**

| 5. 节气门位置传感器的检测 | |
|---|---|
|  | （1）准备节气门位置传感器。<br>注意：<br>节气门位置传感器（Throttle Position Senser，TPS）提供给ECU有关节气门位置的信号，通过TPS，ECU可以知道节气门开度、是否开启或关闭节气门以及开闭的速度 |
|  | （2）检查数字万用表，确保其状态良好。<br>（3）将数字万用表调至电阻挡，量程选择为200 Ω |
|  | （4）用延长线将待测端子引出。<br>提示：<br>因节气门位置传感器插头针脚较多（共7针）、较小，需用延长线将待测端子引出 |

续表

| | |
|---|---|
|  | (5)测量3号与7号针脚间的电阻(节气门全关)。<br>提示:<br>①该测量值为怠速开关的电阻;<br>②节气门全关时的标准值小于1.5 Ω |
| 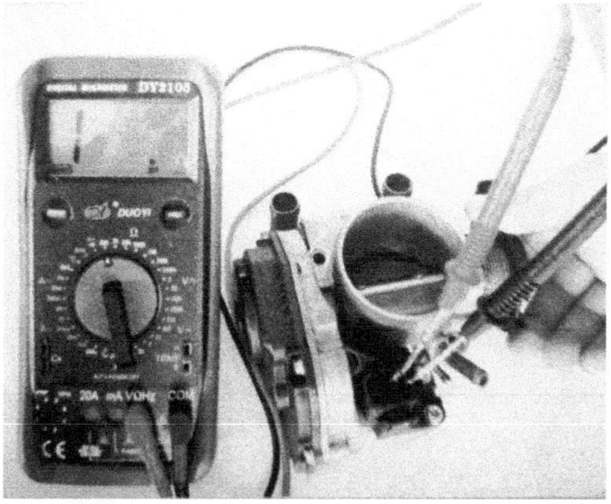 | (6)测量3号与7号针脚间的电阻(节气门打开)。<br>提示:<br>节气门打开时其电阻应无穷大 |
| 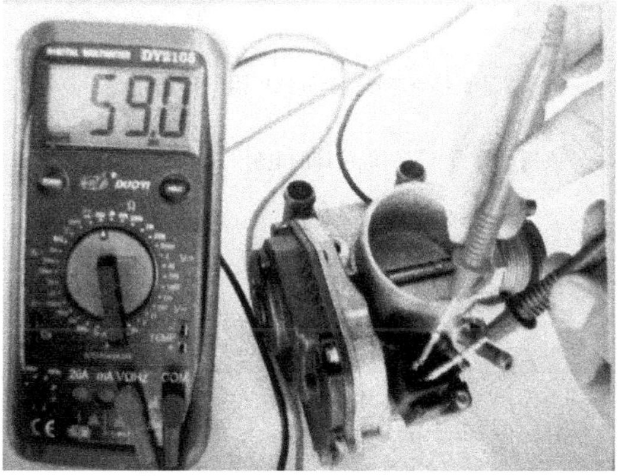 | (7)测量1号与2号针脚间的电阻。<br>提示:<br>①该测量值为怠速电动机的电阻;<br>②标准值为3~200 Ω |

**续表**

| | |
|---|---|
|  | (8)将数字万用表的量程调到 2 kΩ |
|  | (9)测量 5 号与 7 号针脚间的电阻(节气门全关)。<br>提示:<br>该测量值为节气门电位计的电阻 |
| 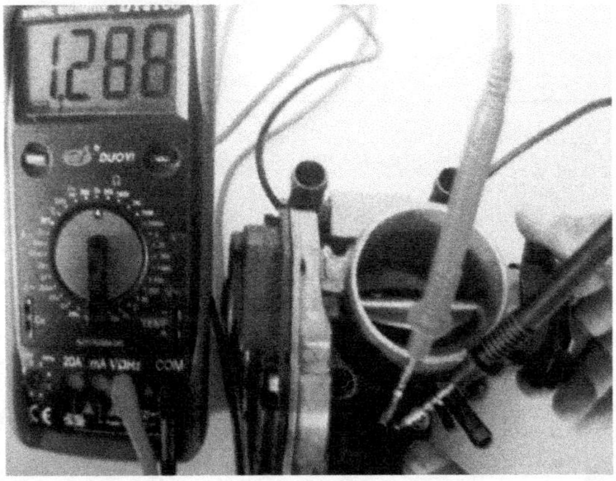 | (10)一边打开节气门,一边观察电阻值的变化 |

续表

| | |
|---|---|
|  | 提示：<br>随着节气门开度的增大，其电阻值应该逐渐变小 |
| 6. 活性炭罐电磁阀的检测 | |
| 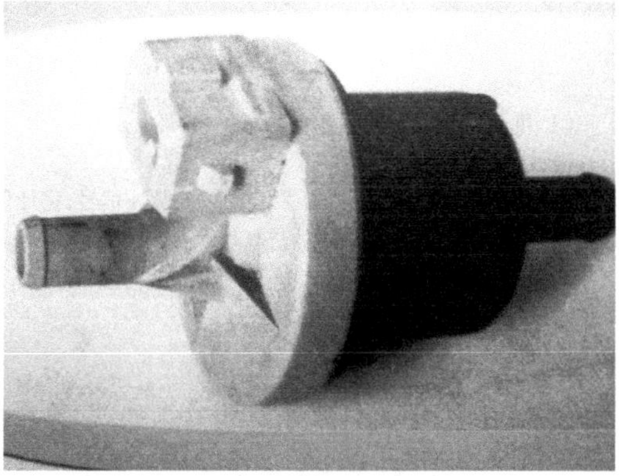 | （1）准备活性炭罐电磁阀。<br>注意：<br>活性炭罐电磁阀的作用是接收 ECU 的指令，根据发动机工况调节控制燃油蒸发系统 |
|  | （2）检查数字万用表，确保其状态良好。<br>（3）将数字万用表调至电阻挡，量程选择为 200 kΩ |

**续表**

| | |
|---|---|
| 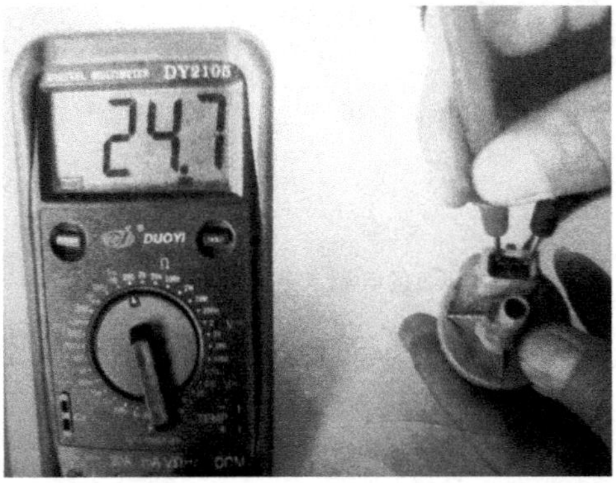  | （4）测量活性炭罐电磁阀插头 2 个端子之间的电阻。<br>提示：<br>①该元件为执行器，受 ECU 控制；<br>②标准值为 20~50 Ω |
| 7. 喷油器的检测 | |
|  | （1）准备喷油器。<br>提示：<br>喷油器的作用是根据 ECU 发出的喷油脉冲信号，将计量精确的燃油喷入节气门附近的进气歧管中，以供发动机燃烧 |
| 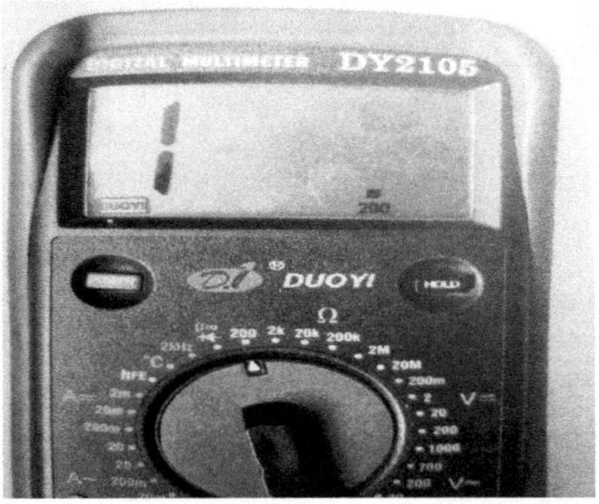  | （2）检查数字万用表，确保其状态良好。<br>（3）将数字万用表调至电阻挡，量程选择为 200 Ω |
| 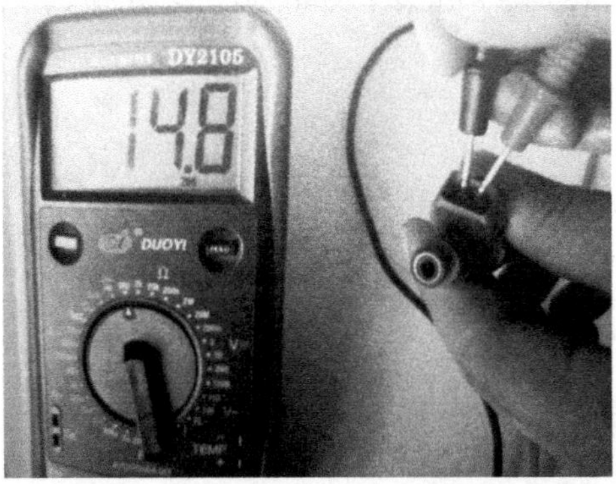  | （4）测量喷油器插头 2 个端子之间的电阻。<br>提示：<br>①该元件为执行器，受 ECU 控制；<br>②标准值为 13~18 Ω |

## 知识与技能拓展

（1）通过查阅资料，识别怠速控制阀的各种传感信号，如图 9-1 所示。

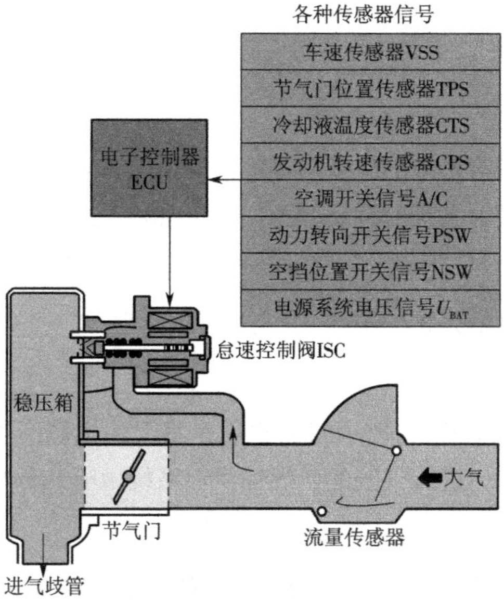


图 9-1　怠速控制阀的传感信号

（2）查阅资料，了解发动机怠速状态判别的方法，如图 9-2 所示。

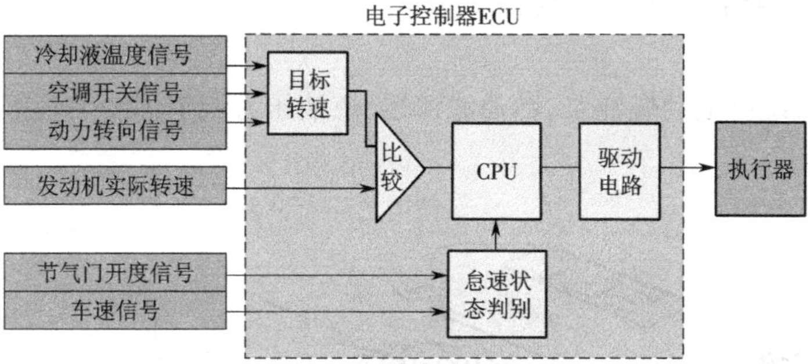


图 9-2　怠速状态判别框图

# 项目十　燃油供给系统结构与原理的认知

## 技能点

◇掌握汽油机燃油供给系统的组成与零部件的位置及名称。

◇掌握汽油机燃油供给系统的拆装、清洗、维护、检修方法。

## 知识点

◇熟悉汽油机燃油供给系统的结构、组成及工作原理。

## 任务引入

发动机是将热能转化为机械能的机器，也就是将燃油燃烧产生的热能转化为机械能并对外输出动力。燃油是如何进入气缸的？燃油供给系统由哪几部分组成？

## 任务载体

燃烧做功需要供给一定数量的燃料和空气。利用汽油具有的良好挥发性，在气流的作用下与空气充分混合，由电火花适时点燃而燃烧做功，将热能转化为机械能。

## 学习内容

### 一、电控燃油供给系统的检测内容及步骤

(一)组成

燃油供给系统由电动燃油泵、燃油滤清器、燃油压力调节器及油管等组成，如图 10-1 所示。

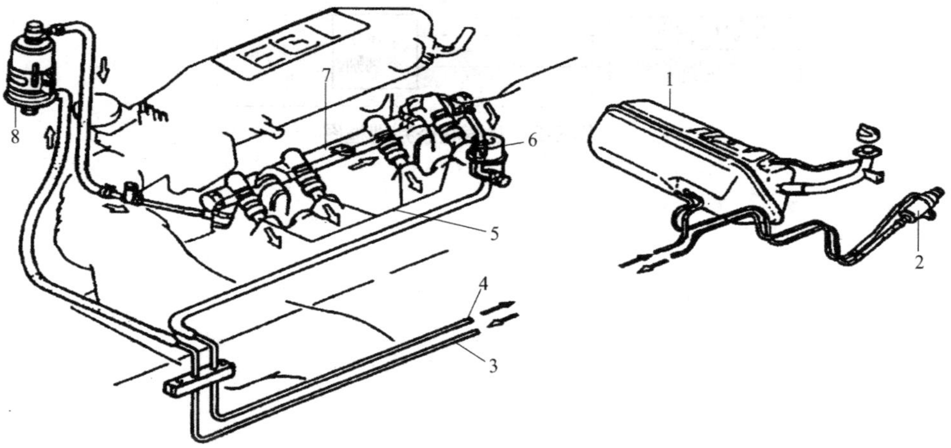


1—油箱；2—电动燃油泵；3—输油管；4—回油管；5—喷油器；6—燃油压力调节器；7—燃油分配管；8—燃油滤清器

图 10-1　多点喷射发动机燃油供给系统的结构

1. 电动燃油泵的功用与类型

1)功用

给电控燃油喷射系统提供具有一定压力的燃油。电动燃油泵的电动机和燃油泵制成一体,密封在同一壳体内。

2)类型

(1)按安装位置分为内置式和外置式。

内置式:安装在油箱中,具有噪声小、不易产生气阻、不易泄漏、管路安装较简单等优点。

外置式:串接在油箱外部的输油管路中,优点是容易布置、安装自由度大,但噪声大,易产生气阻。

(2)按结构形式分为涡轮式、滚柱式、转子式和侧槽式。

2. 涡轮式电动燃油泵

1)结构

涡轮式电动燃油泵主要由燃油泵、叶轮、单向阀、泄压阀、泵壳、泵盖等组成,如图 10-2 所示。

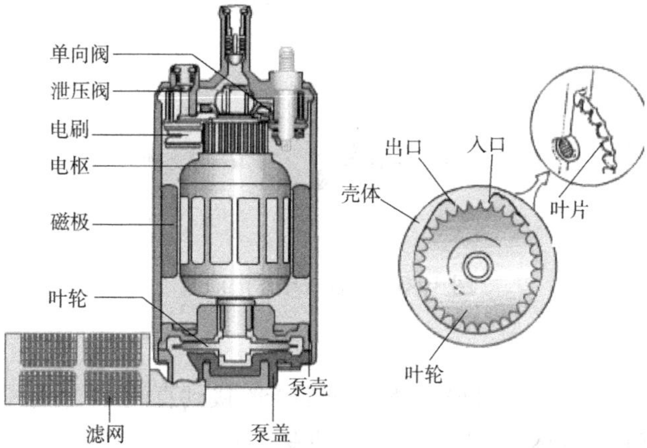


图 10-2　涡轮式电动燃油泵

2)工作原理

燃油泵电动机通电时,其驱动涡轮泵叶轮旋转,由于离心力的作用,使叶轮周围小槽内的叶片贴紧泵壳,将燃油从进油室带往出油室。由于进油室的燃油不断被带走,所以形成一定的真空度,将燃油从进油口吸入;而出油室燃油不断增多,燃油压力升高,当达到一定值时,则顶开出油阀经出油口输出。出油阀还可在油泵不工作时阻止燃油流回油箱,保持油路中有一定的残余压力,便于下次启动。

3)优点

涡轮式电动燃油泵具有泵油量大、泵油压力较高、供油压力稳定、运转噪声小、使用寿命长等优点。

3. 滚柱式电动燃油泵

1)结构

滚柱式电动燃油泵主要由燃油泵泵体、转子、滚柱、阻尼器、出油阀、安全阀等组成，如图10-3所示。

2)工作原理

当转子旋转时，位于转子槽内的滚柱在离心力的作用下，紧压在泵体内表面上，对周围起密封作用，在相邻两个滚柱之间形成工作腔。在燃油泵运转过程中，工作腔转过出油口后，其容积不断增大，形成一定的真空度，当转到与进油口连通时，将燃油吸入；而吸满燃油的工作腔转过进油口后，容积不断减小，使燃油压力提高，受压燃油流过电动机，从出油口输出。

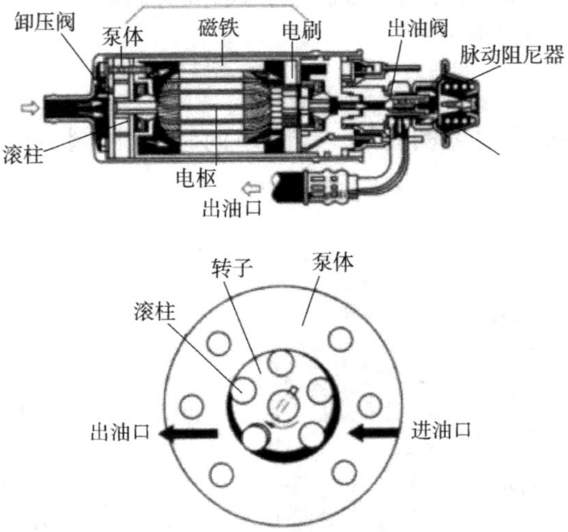


**图 10-3 滚柱式电动燃油泵**

4. 燃油泵的就车检查

(1)用专用导线将诊断座上的燃油泵测试端子跨接到直流12 V电源上。

(2)将点火开关转至ON位置，但不要启动发动机。

(3)旋开油箱盖能听到燃油泵工作的声音，或用手捏进油软管应感觉有压力。

(4)若听不到燃油泵的工作声音或进油管无压力，应检修或更换燃油泵。

(5)若有燃油泵不工作故障，且上述检查正常，应检查燃油泵电路导线、继电器、易熔线和熔丝有无断路。

5. 电动燃油泵电阻检测

拔下电动燃油泵的导线连接器，从车上拆下电动燃油泵进行检查。

1)电动燃油泵电阻的检测

用万用表电阻挡测量电动燃油泵上两个接线端子间的电阻，即为电动燃油泵直流电动机线圈的电阻，其电阻值应为2~3 Ω(20 ℃时)，标准值见表10-1，如电阻值不符，则须更换电动燃油泵。

表 10-1　电动燃油泵 ECU 上各端子的检测值

| 检测项目 | 端子 | 条件 | 标准值 /Ω |
|---|---|---|---|
| 导通性 | E- 接地 | — | 导通 |
| 导通性 | D1- 接地 | — | 导通 |
| 电压值 | FP- 接地 | 突然加速 | 12 ~ 14 |
| 电压值 | FP- 接地 | 怠速 | 8 ~ 10 |
| 电压值 | +B- 接地 | 点火开关 ON 位置 | 9 ~ 14 |
| 电压值 | FPC- 接地 | 突然加速到 6 000 r/min 或更高 | 4 ~ 6 |
| 电压值 | FPC- 接地 | 怠速 | 2.5 |

2）电动燃油泵工作状态的检查

将电动燃油泵与蓄电池连接（正负极不能接错），并使电动燃油泵尽量远离蓄电池，每次接通不超过 10 s（时间过长会烧坏电动燃油泵电动机的线圈）。如果电动燃油泵不工作，则应更换电动燃油泵。

6. 燃油泵的拆装

拆装燃油泵时注意：应释放燃油系统压力，并关闭用电设备。拆下燃油泵后，测量燃油泵两端子之间电阻，应为 2~3 Ω。

（二）燃油供给系统的检修

1. 燃油系统压力释放

燃油系统压力释放的目的是防止在拆卸时，系统内的压力油喷出，造成人身伤害和火灾。压力释放的方法如下：

（1）启动发动机，维持怠速运转；

（2）在发动机运转时，拔下油泵继电器或电动燃油泵电源接线，使发动机熄火；

（3）再启动发动机 2 ~ 3 次，就可完全释放燃油系统压力；

（4）关闭点火开关，装上油泵继电器或电动燃油泵电源接线。

2. 燃油系统压力预置

燃油系统压力预置的目的是为避免首次启动发动机时，因系统内无压力而导致启动时间过长。压力预置的方法如下。

方法一：通过反复打开和关闭点火开关数次。

方法二：（1）检查燃油系统元件和油管接头是否安装好；

（2）用专用导线将诊断座上的燃油泵测试端子跨接到直流 12 V 电源上；

（3）将点火开关转至 ON 位置，使电动燃油泵工作约 10 s；

（4）关闭点火开关，拆下诊断座上的专用导线。

3. 燃油系统压力测试

（1）检查油箱中的燃油应足够，释放燃油系统压力。

（2）检查蓄电池电压在 12 V 左右，拆下蓄电池负极导线。

（3）将专用油压表（图 10-4）接到燃油系统中。

（4）接上蓄电池负极导线，启动发动机使其维持怠速运转。

（5）拆下燃油压力调节器上的真空软管，用手堵住进气管一侧，检查油压表指示的油压，多点喷射系统应为 0.25~0.35 MPa，单点喷射系统应为 0.07~0.10 MPa。

（6）接上燃油压力调节器的真空软管，检查油压表的指示应有所下降（约为 0.05 MPa），否则检查真空管是否有堵塞和漏气，若正常，说明燃油压力调节器有故障，应更换。

（7）将发动机熄火，等待 10 min 后观察油压表指示的油压，多点喷射系统不低于 0.20 MPa，单点喷射系统不低于 0.05 MPa。

（8）检查完毕后，应释放燃油系统压力，拆下油压表，复原燃油系统。

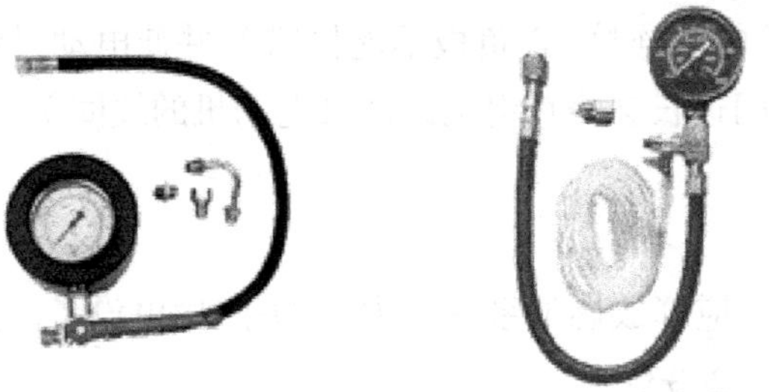

图 10-4　油压表

## 知识链接

### 电喷燃油系统的拆装

1. 燃油滤清器拆卸与安装

（1）拆下蓄电池负极导线。

（2）清除燃油滤清器进、出口端接口处的污物，为燃油系统卸压。

（3）脱开燃油滤清器出口端上的金属快速连接接头和进口端的塑料快速连接接头。

（4）盖好两个快速连接接头防止燃油系统受污染，拆下燃油滤清器支架并拆下滤清器。

（5）为了正确安装，在滤清器进口和出口端做出记号。安装滤清器使其进口端对着油箱。将滤清器放在支架上并装到支架导轨上。拧紧安装螺栓，拧紧力矩为 12 N·m。

（6）安装滤清器盖并重新接上蓄电池负极导线。

（7）在点火开关处于 ON 位置时，连接 DRB Ⅱ，并接近 ASD 燃油系统，对燃油系统做加压试验。检查是否泄漏（注意：当采用 ASD 燃油系统试验时，ASD 继电器将维持通电增能达 7 min 或直到试验工作结束为止或到点火开关转至 OFF 位置为止）。

2. 燃油泵拆卸与安装

（1）拆下燃油箱滤清器顶盖，使燃油系统卸压，拆下蓄电池负极导线。

（2）从燃油泵组件上脱开电气连接器，从压力释放 / 翻转阀上拆下软管。

（3）松开带式夹紧装置直到将燃油泵组件从油箱中取出为止。

（4）注意燃油泵组件和燃油箱对准记号。

（5）推组件的顶部使其进入油箱中，保证衬垫不被移动。

（6）当安装燃油系组件时，在燃油泵组件的边和油箱的唇部安装并拧紧夹紧器。拧紧夹紧器至 4 N·m 。注意不要使夹紧器拧得过紧。

（7）将燃油管装到组件上的加油和回油管接头上，在燃油管上推动快速连接接头直到紧固装置销到位为止，且听到一种“咔嗒”声，一定要通过快速连接接头窗口检查是否能看到紧固装置的锁耳和燃油管肩部。

（8）将泄出管重新接到压力释放／翻转阀上，将电气连接器重新接至燃油泵组件上，重新连接蓄电池负极导线。

（9）转动点火开关至 ON 位置，但不启动发动机。用 DRB Ⅱ进行 ASD 燃油系统试验，试验中将启动燃油泵并对燃油系统加压，检查是否漏油。

3. 喷油器拆卸与安装

（1）拆下蓄电池负极导线，将燃油系统卸压。

（2）拆下空气滤清器、进气管等发动机上部装置。

（3）拆下燃油导管安装螺栓并将燃油导管垂直地提上来，使其脱离发动机。

（4）拆下喷油器紧固夹并轻轻地将喷油器从燃油导管上的杯口中拉出来。

（5）在 O 形圈上涂抹一薄层清洁的发动机润滑油。

（6）将喷油器装入燃油导管上的杯中，用紧固夹紧固。

（7）装复燃油导管和其他元件。

（8）重新连接蓄电池负极导线。

## 知识与能力拓展

### 一、汽油机燃油喷射系统

汽油是由石油提炼而得的密度小又易于挥发的液体燃料。汽油由多种碳氢化合物组成，其基本成分是：碳的体积分数为 85%，氢的体积分数为 15%。按照提炼方法，汽油可分为直馏汽油和裂化汽油等。

将石油加热，在 40~50 ℃至 175~210 ℃的温度范围内蒸发出来的轻馏分蒸气冷凝后即为直馏汽油。汽油的裂化法有热裂化、催化裂化等，目前使用较多的是催化裂化法。催化裂化汽油是在催化剂的作用下使石油中的大分子烃受热裂化为小分子烃并改变其分子结构而得的。利用催化裂化法可以从石油中获得更多的优质汽油。

### 二、汽油直接喷射

（一）汽油喷射系统的组成

现代轿车的燃料喷射系统组成如图 10-5 和图 10-6 所示。

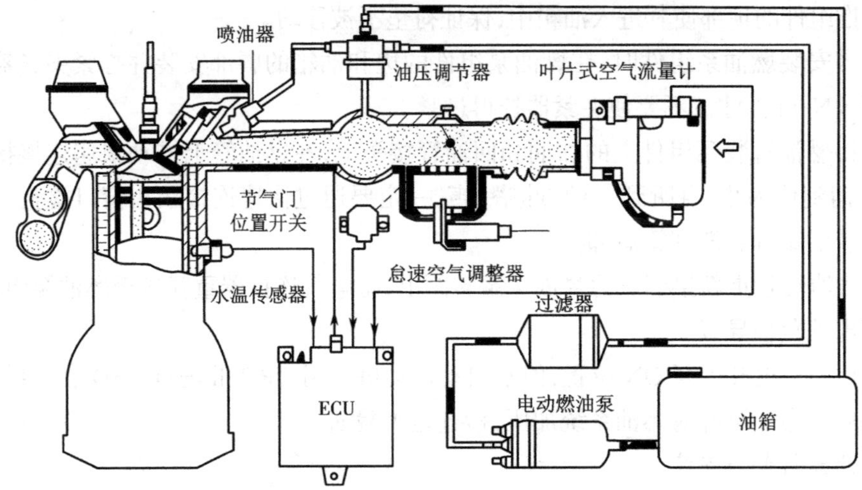


图 10-5 叶片式汽油机燃油喷射系统

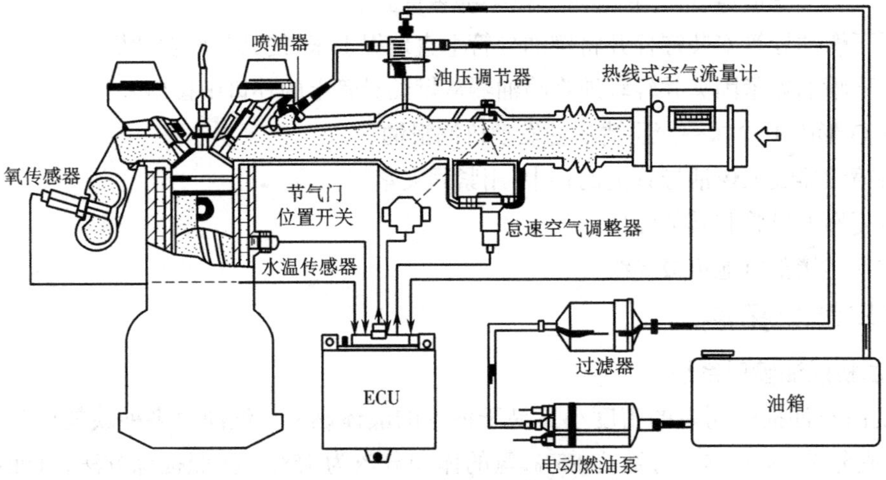


图 10-6 热线式汽油机燃油喷射系统

电子控制燃料喷射系统的组成一般分为三个子系统，即空气系统、燃料系统和控制系统。

(二)汽油喷射的特点

(1)燃油供给系统设计灵活。

(2)空燃比控制精度高。

(3)燃料消耗低。

(三)喷射方式

汽油的喷射方式分类

(1)按汽油的喷射方式来分，电控汽油喷射系统可以分为缸内喷射、进气管喷射两大类。

①缸内喷射。该喷射方式是将喷油器安装在缸盖上直接向缸内喷油。因此，要求喷油器阀体能承受燃气产生的高温、高压。另外，发动机设计时需保留喷油器的安全位置。缸内

喷射是近几年来燃油喷射技术的发展趋势之一。

②进气管喷射。该喷射方式是目前普遍采用的喷射方式。根据喷油器和安装位置又可分为两种。

单点喷射方式:单点喷射(SPI)是把喷油器安装在化油器所在的节气门段,它的外形也有一点像化油器,通常用一个喷油器将燃油喷入进气流,形成的混合气进入进气歧管,再分配到各缸中。

多点喷射方式:多点喷射是在每缸进气口处装有一个喷油器,由ECU控制进行喷油,有分缸单独喷射或分组喷射,汽油直接喷射到各缸的进气门前方,再与空气一起进入气缸形成混合气。多点喷射是目前最普遍的喷射系统。

(2)按空气量的检测方式来分,电控汽油喷射方式可以分为直接式检测方式、间接式检测方式两大类。

①直接式检测方式。该方式是由空气流量计(MAF)直接测量进入进气歧管的空气量,这种方式称为质量流量控制型,K型和L型汽油喷射系统均属于这种类型。

②间接式检测方式。是根据发动机转速和其他参数,推算出吸入的空气量,现在采用的有两种方式:一种是根据测量进气管压力和发动机转速,推算出吸入的空气量,并计算出燃油流量的速度密度,这种方式也称为速度密度控制型;另一种是根据测量节气门开度和发动机转速,推算吸入的空气量,并计算出燃油流量的速度密度。

# 项目十一　空气及汽油滤清器的更换

## 技能点

◇掌握空气滤清器的检查、保养与更换方法。

◇掌握汽油滤清器的检查、保养与更换方法。

◇掌握相关工具的使用。

## 知识点

◇熟悉发动机进气系统、燃油供给系统的组成、结构及功用。

## 任务引入

一辆桑塔纳3000型轿车的发动机运转不正常，出现难以启动、功率损失、油耗增加。建议检查进气系统。

## 任务载体

燃油供给系统的检查方法，空气滤清器的检查、保养与更换方法。

## 学习内容

### 一、进气系统

(一)空气滤清器的用途

一般的汽油发动机每燃烧1 L汽油会吸入和排出大约10 000 L的空气。进气必须清洁，因为空气中的杂质会缩短发动机的使用寿命，甚至导致发动机过早损坏。例如，进入发动机的灰尘会导致活塞环、活塞、轴承和气门过度磨损。根据进入的灰尘量，发动机寿命会缩短1/3~1/2。

正确量的空气对于发动机的正常运转非常重要。发动机必须顺畅地吸入和排出空气以获得最大功率。发动机上使用空气滤清器来截获污染物，也使空气顺畅地流入发动机。脏污且没有更换的空气滤清器能使空气流动大大受限，这种情况会导致发动机中的油气过浓。脏的空气滤清器能使燃油车的行车里程严重缩短，废气排放物也会增加。

进入发动机的灰尘和污染物的类型取决于怎么样以及在什么地方使用发动机。最常见的污染物有树叶、昆虫、废气烟尘、灰尘和路尘。汽车所在的地理位置也影响空气中的污染物量。在开阔的乡下或没有铺柏油路的地区，灰尘可能比城市或路面铺有柏油的地区更多些。所有这些可变因素决定了所用滤清器的类型和建议的更换周期。

(二)干式空气滤清器

干式空气滤清器由纸制滤芯制成，如图11-1所示。这种滤清器使空气流入发动机，并且遇到较小的阻力，它们将污染物截获在纸上。当干式空气滤清器被灰尘堵塞时，用另一个滤清器将其替换即可。

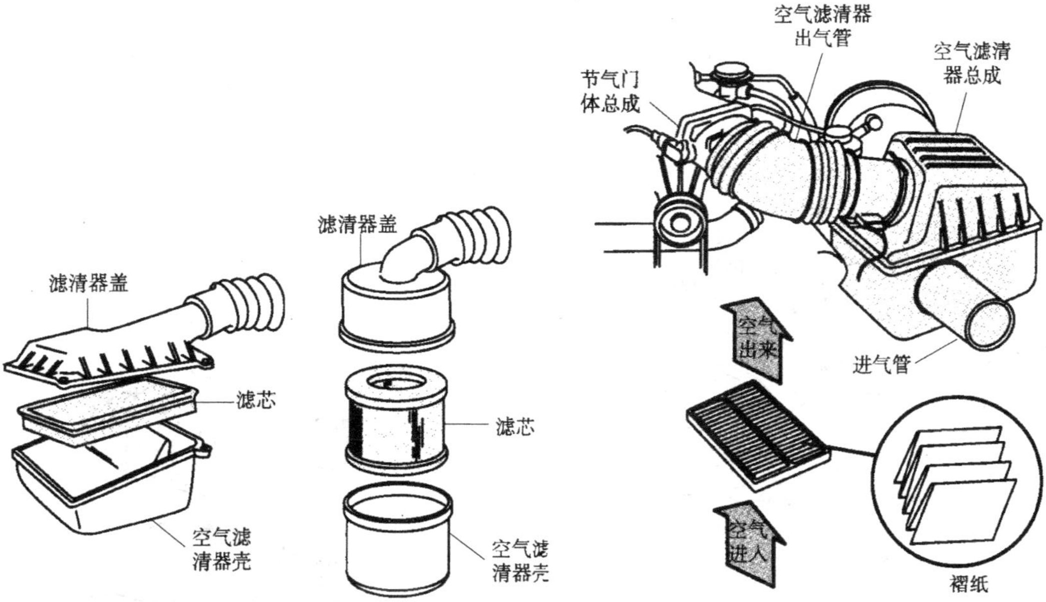


图 11-1　干式空气滤清器

(三)进气道

在 V 形发动机的汽车上,空气滤清器的典型位置是进气歧管顶部。新鲜空气被吸入进气管,通过温控阀,然后进入空气滤清器。空气从空气滤清器被直接吸入进气歧管。

当厂商开始在汽车上使用燃油喷射系统和其他结构形式时,进气道也会改变,如涡轮增压发动机上的进气道就有很大不同。图 11-2 显示了两种不同的进气道。空气滤清器使用轻型纸制滤芯位于便于保养和维修,进气道有几个卡夹和将空气导入发动机的橡胶气道。

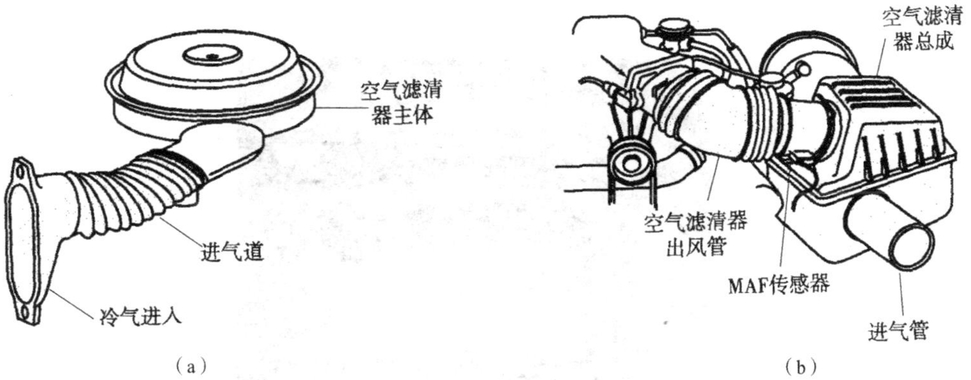


图 11-2　不同形式进气道

(a)V 形发动机进气道　(b)燃油喷射式发动机的进气道

(四)谐振腔

某些类型的发动机在进气道上使用了谐振腔。谐振腔的作用是减少进气系统中产生的进气噪声,如图 11-3 所示。

(五)进气歧管

进气歧管的作用是将空气或燃油或空燃混合物从空气滤清器输送至进气门。图 11-4 显示了 V6 型发动机的典型进气歧管。在 4 缸和 6 缸发动机上,进气歧管和排气歧管各构成一个总成。

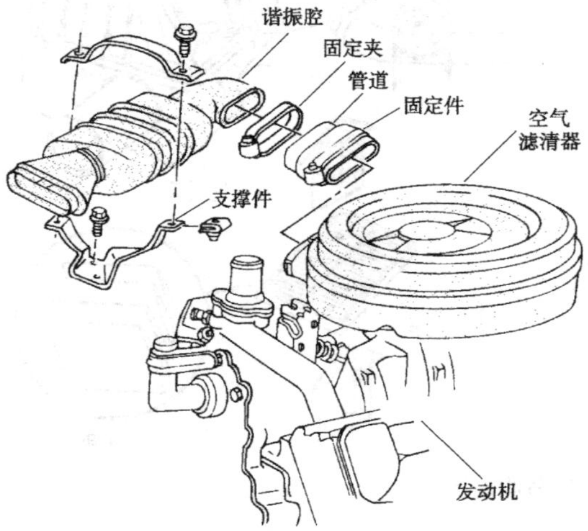


图 11-3 谐振腔位置

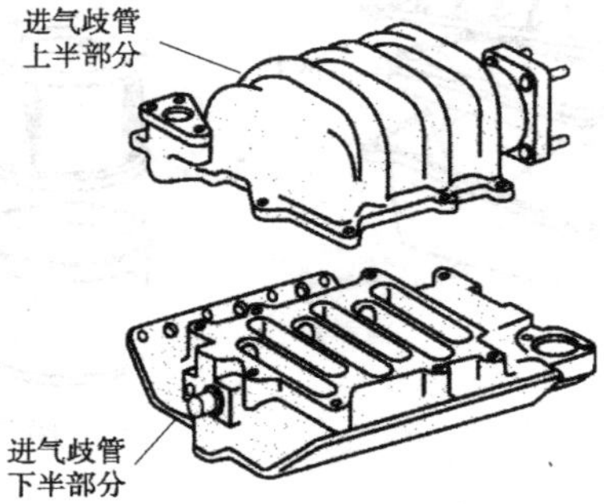


图 11-4 V6 型汽油发动机的典型进气歧管

进气歧管用来在所有行驶条件下将正确量的空气和燃油输送给每一个气缸。如果所有进气道长度相等(进行了调谐设计),那么效果是最好的。然而,为了节约成本,在许多发动机上,这种设计都做了妥协。最常见的进气歧管是由一整片铸铁或铸铝铸件制成。图 11-5 显示了使用一种铸铝进气歧管,其所有的气道长度都相等,这样每个气缸都获得相同量的空气和燃油。

图 11-5 使用谐波进气系统的进气歧管

在四缸发动机上,进气歧管有 4 段通道或 2 段通道(这 2 段通道在接近进气歧管的地方又被分成了 4 段)。在 6 缸直列发动机上有 6 段通道或 3 段气道(这 3 段通道在接近进气歧管的地方又被分成了 6 段)。在 V 形发动机(V6 和 V8)上,打开的进气歧管和封闭的进气歧管都被使用。打开的进气歧管在歧管和气门挺柱凹槽之间有一处空间。封闭的进气歧管充当进气门挺柱的盖子。

一些进气歧管由几部分组成。这种歧管相对于老式进气歧管可提高额定功率。通过设计进气歧管的形状和尺寸,使进入发动机的空气流量最大化,以达到增加功率的目的。还要注意各种排放控制装置和计算机传感器的位置。

(六)湿式进气歧管和干式进气歧管

进气歧管可以是干式或湿式的。湿式进气歧管的内部直接铸有冷却液通道,干式进气歧管内没有冷却液通道。

(七)排气连接进气歧管

在一些 V6 型和 V8 型发动机的进气歧管上有一根排气连接通道。这条通道使废气从发动机的一侧,横跨过进气歧管到达发动机的另一侧被排放。排气连接通道可为节气门体的底部提供热量以改善发动机暖机时的燃油雾化 ,废气的通过还能减少燃油结冰。

(八)进气温度传感器

大多数发动机都使用了进气温度传感器(Indicated Air Temperature, IAT),它的作用是感测或测量进入发动机的空气温度。传感器被螺钉固定在进气歧管的顶部或侧面。有时,IAT 安装在空气滤清器壳体上,如图 11-6 所示。IAT 向控制器输入信号。控制器,如自动变速器控制单元(Power Control Module, PCM)需要此数据用于计算,以调节喷油器脉冲宽度和点火提前角。IAT 提供给控制器一个电压信号,电压值根据传感器的电阻值变化而改变,而传感器的阻值与空气温度成反比。这表示,当输入的空气温度升高时,传感器的阻值反而降低。通常,IAT 产生的电压为 0.5~5 V。

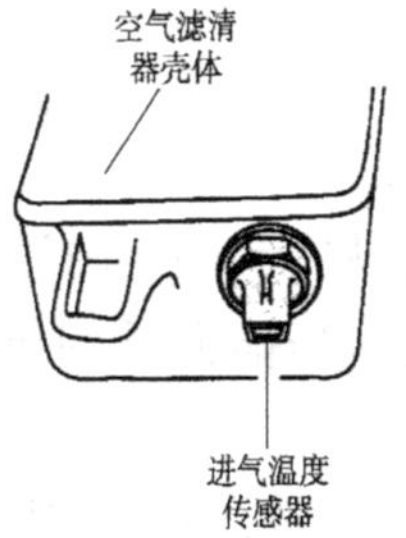


图 11-6　进气温度传感器

## 二、燃油滤清器

(一)燃油滤清器的用途

大多数内燃机都燃烧空气 - 燃油混合气来产生动力。任何内燃机运转的关键都是清洁。所有使用喷油器的燃油系统均有许多通道和精密的零件,污染物微粒会对它们造成损害。受污染的喷油器会造成性能不稳定或发动机完全熄火。

柴油机使用的喷油器工作在非常高的压力之下。如果污染物微粒进入燃油系统,那么喷油器顶端的许多小孔会被损坏。

(二)汽油污染的原因

污染物可以通过各种各样的途径进入燃油系统,包括未经过滤的燃油加入汽车油箱;油箱盖松动或密封垫损坏;从油箱和油管内脱落的强摩擦性铁锈;制造或组装时,污染物微粒留在了油箱或油管内。

(三)燃油滤清器

轿车和轻型卡车通常都有一个油箱内置粗滤器和一个汽油滤清器。粗滤器位于汽油箱内,由细纤维织物制成,粗滤器主要是防止引起燃油泵过量磨损或燃油计量装置堵塞的大颗粒杂质进入燃油系统,还可以防止燃油箱内的水分进入燃油管路。许多滤清器的进油管接头和出油管接头形状相同,因此必须正确安装;有些滤清器的壳体上标有箭头,指出了燃油流经滤清器的方向,如图 11-7 所示。

图 11-7 固定在汽车底部的燃油滤清器

## 三、空气滤清器的检查、保养与更换

(1)检查:滤芯上的密封垫必须确实安装在原位,以防止空气不经滤清器进入气缸,橡胶密封垫圈易脱落、老化变形,空气易从密封垫缝隙流过,把大量灰尘带进气缸。如密封垫老化变形、断裂,应更换新品。纸滤芯抗压能力低,不能装得过紧,否则易把纸滤芯压坏,影响过滤效果。

(2)保养:在使用中应按汽车维护规定,经常清洁空气滤清器集尘室和滤芯,以免滤芯上黏附灰尘过多而增大进气阻力,降低发动机功率,增加耗油量。按厂家规定的更换周期更换滤芯,如滤芯破损应及时更换,一般 5 000 km 应清洁一次滤芯;10 000 km 应更换滤芯。

(3)更换:一般可从外包装和外观上识别优质与劣质滤芯,也可在安装后检验,如装上新滤芯后,汽车排放的一氧化碳超标,不装滤芯时排放的一氧化碳达标,表示该滤芯透气性差,是不合格的滤芯。

## 四、汽油滤清器的检查、保养与更换

(1)检查:以桑塔纳 3000 型轿车为例,其汽油滤清器采用纸质滤芯,并且外壳封闭。实践证明,当汽车行驶 10 000 km 左右时,纸质滤芯凹槽内有 1/3~1/2 深度的胶质和油泥,被堵面积达 50 %~ 60 % ,严重影响供油,使汽车行驶无力,发动机运转不平稳,最高车速下降,最高车速仅能达到 60~70 km/h 。因此,当发现汽油滤清器堵塞后,应更换原厂的汽油滤清器。

(2)保养:汽车每行驶 5 000 km,应对汽油滤清器保养一次。对于可以分解的汽油滤清器,分解后应认真清洗,清洗后用高压空气吹干或更换滤芯。在装配汽油滤清器时,应注意对正位置,装好密封垫,以保持其良好的密封性。

(3)更换:更换汽油滤清器时,必须注意其方向,箭头应朝向汽油流动方向。更换汽油滤清器时,两侧的夹箍一定要同时更换。

**五、汽油滤清器的更换操作步骤**

(一)汽油滤清器的拆卸

(1)拆下蓄电池负极导线。

(2)汽油系统的卸压。

①启动发动机,维持怠速运转。

②在发动机运转时,拔下汽油泵继电器或电动汽油泵电线接线,使发动机熄火。

③再启动发动机 2~3 次,就可完全释放汽油系统压力。

④关闭点火开关,装上汽油泵继电器或电动汽油泵电源接线。注意:汽油喷射系统保持有压力,发动机熄火之后,在断开任何燃油管路之前,必须将汽油系统卸压,否则可能会引起着火或造成人身伤害。

(3)清除汽油滤清器进、出口端接口处的污物。

(4)在进、出口软管周围缠绕毛巾吸收溢出的汽油。

(5)脱开汽油滤清器出口端上的金属快速连接接头和进口端的塑料快速连接接头,拔下汽油滤清器的油管。注意:拆卸时,应使用一块抹布防止剩余的汽油滴落,同时应将紧固装置仍留在汽油管上。

(6)盖好两个快速连接接头防止汽油系统受污染。

(7)拆下汽油滤清器支架并拆下滤清器。

(二)汽油滤清器的装配

(1)为了正确安装,在汽油滤清器进口和出口端做上记号,安装汽油滤清器使其进口端对着汽油箱,将汽油滤清器放在支架上。

(2)在汽油滤清器接头上抹一层薄的 30WT 发动机机油,将汽油管装到汽油滤清器上。在快速连接接头上装上新的 O 形密封圈。

(3)安装汽油滤清器出口端上的金属快速连接接头和进口端的塑料快速连接接头,将汽油管装到汽油滤清器上。

(4)安装汽油滤清器盖,重新接上蓄电池负极导线。

(5)在点火开关处于 ON 位置时,使汽油泵工作 1~3 s ,对汽油系统预置油压,检查连接接头是否泄露。

## 知识与能力拓展

### 进气系统的保养与维护

现代汽车配置的发动机都是高功率、高压缩比发动机,其具有先进的性能与极低的故障率，越来越得到广大用户的认可。尽管如此，这样的发动机在使用过程中，仍然需要进行保养。它的进气系统也不例外，进气系统随着发动机的使用会出现变脏的情况，只有进行科学的保养才能保证高效进气以发挥发动机的动力性能。所以需要对发动机进气系统进行保养。

（1）空气滤清器的保养与维护。按保养手册定期更换滤清器。

（2）节气门体的保养与维护。

每 20 000~40 000 km 清洗一次节气门或怠速稳定阀。

使用电喷汽油发动机的汽车在行驶一定的里程后，在节气门或怠速稳定阀的表面会积累很多油泥，出现怠速不稳，特别是在打开空调、前照灯时更加明显，严重的时候在行驶过程中可能会出现熄火的现象。

主要原因是发动机的曲轴箱内的废气（含有油质）都要经过节气门或怠速稳定阀后才能进入进气歧管，然后进入气缸被燃烧掉；同时，经过空气滤清器后，空气中仍然含有少量的细微颗粒物（以尘土为主），这部分的颗粒物在经过节气门或怠速稳定阀时，极易和曲轴箱来的废气中的蒸气结合，附着在节气门或怠速稳定阀的表面，随着发动机的工作时间越来越长，积累的油泥就越来越多，到一定程度时就会直接影响到怠速，导致怠速不稳，同时也会增加油耗。

除了出现怠速不稳时，需要清洗节气门或怠速稳定阀外，未出现故障前也可以同正常维护一样，采取定期清洗，如果所在的使用环境比较恶劣，尘土较多，建议每 20 000 km 清洗一次；在使用环境比较洁静的地区，可以每 20 000~40 000 km 清洗一次。

节气门体的清洗步骤如下：

（1）将发动机暖机后熄火，拆卸节气门体，检查节气门体表面有无损伤；

（2）堵住节气门体旁通道的进气侧，不要让清洗剂进入旁通道内；

（3）把节气门阀体浸泡在清洗剂内 5 min；

（4）启动发动机使发动机怠速状态下运转 1 min；

（5）拆卸空气旁通道口；

（6）安装空气管；

（7）拆开蓄电池负极搭铁线 10 s 后连接；

（8）调整转速调整螺钉。

进气系统的养护注意事项

（1）进气系统中，空气滤清器的更换，到 10 000 km 时一定要更换，否则会使发动机动力下降。

（2）在清洁空气滤清器时，用气枪吹时注意方向，否则会将污染物颗粒吹到内部，会使过滤效果变差，因此清洁必须要讲求方法。

（3）在清洗电子节气门后需要做匹配，否则在装回后，发动机的转速可能过高，会影响发动机的正常使用。

## 案例剖析

**案例 11-1**:进气不畅

故障现象:发动机不易启动,冷却液温度降低,排气变黑,油耗明显增加。

故障分析与排除:进气不畅是汽车上的最常见故障之一。如果车主没有定期更换空气滤清器,脏的空气滤清器会在空气准备进入发动机时形成阻碍。以上现象为典型的症状,更换空气滤清器,故障即可排除。

**案例 11-2**:汽油滤清器故障

故障现象:发动机运转不稳定,易熄火,似乎燃油不足。

故障分析与排除:检查以上症状最快速的方法是检查汽油滤清器。通往喷油器的主油管路上的汽油滤清器在使用超过一段时间后,可能会被来自油箱的脏物堵塞。进行燃油压力检测,发现压力过低,更换燃油滤清器,故障排除。

# 项目十二　喷油器的检查与更换

## 技能点

◇掌握喷油器的拆装方法。

◇掌握喷油器的检测方法。

## 知识点

◇熟悉喷油器的种类、组成、功能和结构特点。

◇熟悉喷油器的工作原理。

## 任务引入

一辆桑塔纳 3000 型轿车，发动机不易启动，启动后怠速不稳，急加速时转速提高缓慢，同时进气道有回火“放炮”声。

## 任务载体

对喷油器进行拆装、检测、更换。

## 学习内容

### 一、喷油器

喷油器俗称喷油嘴，通过绝缘垫圈安装在进气管或进气管附近的气缸盖上，并由燃油分配管将其位置固定。支座为橡胶成型件，起到隔热作用，防止喷油器中的燃油产生气泡，有助于提高发动机的热启动性能，另外橡胶成型件可保护喷油器不受过高振动应力的作用。为了满足燃油喷射系统控制精度的要求，喷油器应具有抗堵塞性能好、抗污染能力强、燃油雾化性能好和动态流量范围大等优点，因此喷油器是一种对加工精度要求非常高的精密器件。在电控汽油喷射系统使用电磁喷油器，电磁喷油器是极其关键和重要的执行元件，其功用是在 ECU 的控制下，把汽油喷入进气管或气道。由于喷射系统不同，对喷油器性能的要求也不完全相同，因此喷油器在结构上存在差异。

（一）喷油器的检测

（1）当喷孔的断面、喷油压力一定时，喷油量的多少取决于喷油持续时间的长短，即电磁线圈中脉冲电流信号的宽度。这是衡量喷油控制电路好坏的重要依据。

（2）当脉冲电流宽度一定时，喷孔的端面、喷油压力是喷油量多少的关键因素。这是清洗喷油器和更换汽油泵的重要依据。

（3）喷油时，脉冲宽度的大小是多个高频喷油信号的组合，不是一次完成的，其叠加之和称为“喷油脉冲宽度”。

（二）喷油器的检测参数

喷油持续时间为 2~8 ms，稳定电流为 2 A，针阀的升程为 0.15 mm，电磁线圈的电阻值为 3~15 Ω，一般 15 s 的喷油量为 45~55 mL，各缸的差值应小于 5 mL。

## 二、喷油器常见的故障

（1）脏堵：碳化物和胶油是脏堵的主要物质，其会造成循环供油量减少，造成怠速不稳、加速不良等故障，应适时检查、清洗或更换脏堵的喷油器。

（2）针阀发卡，有四种症状。

①不喷油：单缸断电无降速症状。

②常喷油：不雾化、冒黑烟；不着火、冒白烟。

③滴漏：不雾化、不熄火；断电后 1 min 少于 1 滴为好。

④雾化不良：锥角、射程不良、怠速游车或冒黑烟，排气管中有不规则的“突噜”声。

（3）升程扩大：噪声大、喷油关断时间变化失常，喷油量失常。

（4）密封圈失效：漏油、漏气。

## 三、喷油器的检修

喷油器的就车检查可采用以下三种方法。

（1）喷油器工作声音的测听，如图 12-1 所示。

（2）断缸检查。

（3）喷油器电磁线圈电阻的测量，如图 12-2 所示。

图 12-1 喷油器工作声音测听

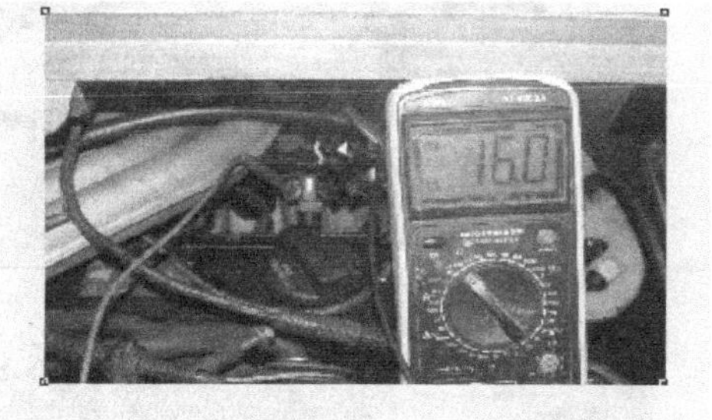


图 12-2 喷油器电磁线圈电阻的测量

## 四、喷油器控制电路故障的检修

喷油器控制电路的故障有三种类型：一是喷油器的电源电路断路；二是喷油器至 ECU 的线路断路；三是 ECU 的喷油控制功能失常。这三种类型故障的检修方法见表 12-1。

**表 12-1　故障的检修方法**

<table>
<tr><td colspan="2">1. 操作前准备工作</td></tr>
<tr><td></td><td>(1)学生将工位清理干净,准备好相关的工具、物品等。<br>(2)将发动机拆装翻转台架准备好,并安全固定。<br>(3)为燃油系统泄压。<br>提示:<br>培养良好的工作习惯,做好事前准备,有利于安全操作和提高工作效率</td></tr>
<tr><td colspan="2">2. 拆卸燃油分配管</td></tr>
<tr><td></td><td>(1)拔下凸轮轴位置传感器插头。<br>提示:<br>①该插头位于凸轮轴齿轮的外侧;<br>②拔插头时要注意技巧,不能乱拔乱拽</td></tr>
<tr><td></td><td>(2)依次拔下 4 个喷油器插头,取下整个线束。<br>提示:<br>拔插头时,先用手将两侧卡子捏住,然后往外拉,不得拉拽导线</td></tr>
</table>

续表

| | |
|---|---|
|  | （3）拔下火花塞高压线。<br>用火花塞高压线专用拆装钳依次拆下4根高压线。<br>提示：<br>AJR型发动机的4根高压线长度不同，对应不同的气缸 |
|  | （4）拆卸2根燃油分配管的固定螺栓 |
|  | （5）取下燃油分配管。<br>提示：<br>取出燃油分配管后需要用干净的布挡住进气歧管上的喷油器孔，以防灰尘掉入 |
| 3. 更换喷油器，装回其他部件 | |
|  | （1）用尖嘴钳拔出固定喷油器的卡子 |

续表

| | |
| --- | --- |
|  | (2)从燃油分配管上拔出喷油器 |
| 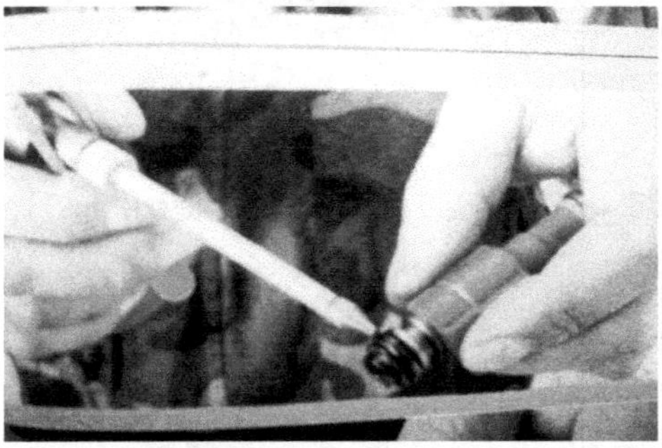 | (3)滑润待更换喷油器的O形密封圈。<br>提示:<br>①喷油器两端各有一个O形密封圈;<br>②在O形密封圈上涂抹滑润油,是为了防止安装喷油器时损坏密封圈 |
|  | (4)将更换的喷油器安装到燃油分配管上。<br>提示:<br>将喷油器对正后,安装到位 |
| 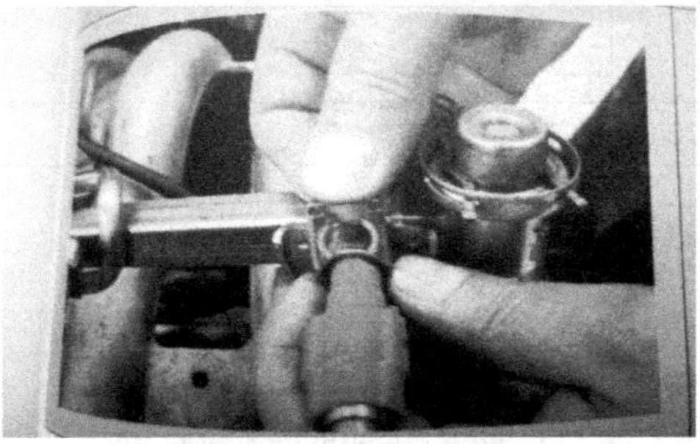 | (5)用卡子将喷油器固定 |

续表

| | |
|---|---|
| 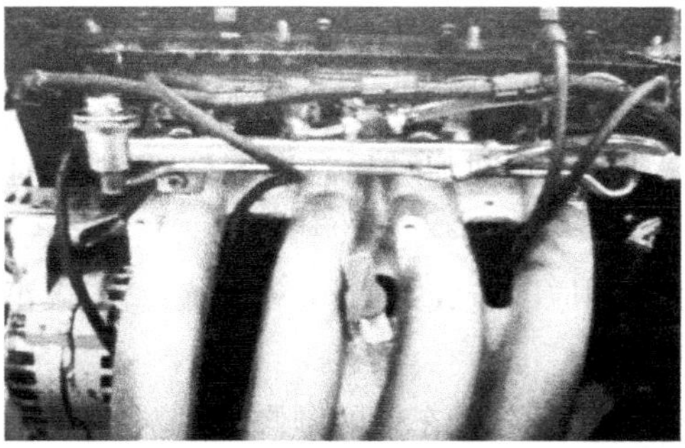 | （6）按与拆卸顺序相反的步骤安装其他部件。<br>提示：<br>①高压线的安装顺序是 1—3—4—2 缸；<br>②安装燃油分配管时，需仔细检查各个喷油器的位置是否对正，以防损坏喷油器；<br>③燃油分配管固定螺栓的拧紧力矩为 10 N·m |
| 4. 喷油器的检测 | |
| 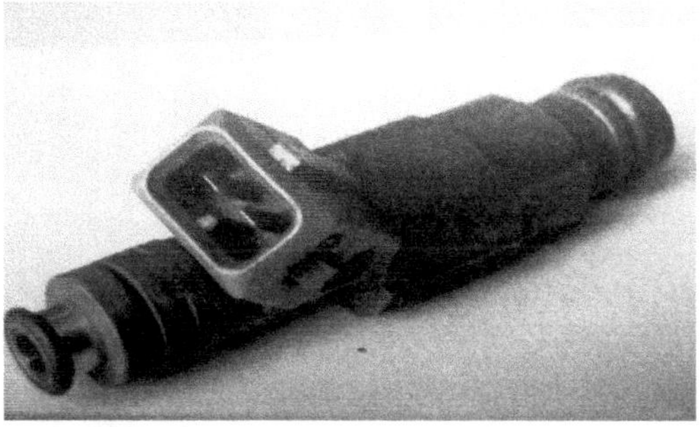 | （1）准备喷油器。<br>提示：<br>喷油器的作用是根据 ECU 发出的脉冲喷油信号，将计量精确的燃油喷入节气门附近的进气歧管中，以供发动机燃烧 |
|  | （2）检查数字万用表，确保其状态良好。<br>（3）将数字万用表调至电阻挡，量程选择 200 Ω |
| 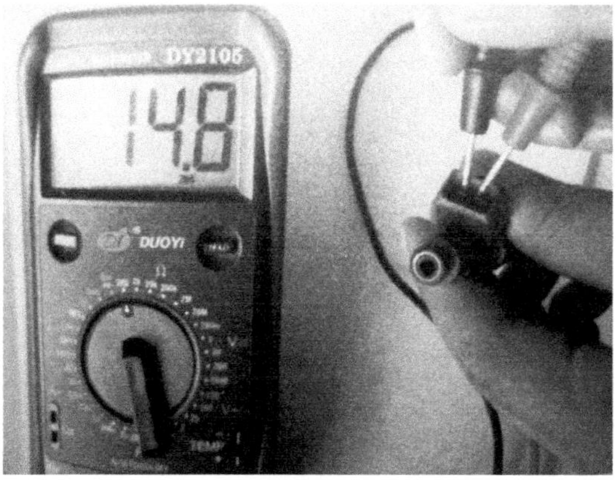 | （4）测量喷油器插头 2 个端子之间的电阻。<br>提示：<br>①该元件为执行器，受 ECU 控制；<br>②标准值为 13~18 Ω |

## 案例剖析

品牌车型:北京现代索纳塔。

维修主题:怠速不稳。

故障现象:一辆北京现代索纳塔型 2.0 L 轿车,发动机启动后怠速不稳,急加速时转速提高缓慢,同时进气道有回火“放炮”声。

故障排除:根据故障现象,初步分析可能由下列原因造成:①混合气过稀;②点火正时有问题;③ ECU 或传感器故障。

维修启示:通过此故障的排除,也提示大家,要掌握各种车辆的维修知识,在维护保养中一定要认真仔细,切不可装错或装反任一个部件,以免出现一些难以解决和排除的故障。

# 项目十三　发动机排气管的更换

## 技能点

◇掌握相关工具的使用。

◇掌握排气管的维修方法。

◇掌握排气管更换的方法。

◇掌握排气系统的检查方法。

## 知识点

◇熟悉排气系统的组成、结构和功用。

## 任务引入

用户反映其桑塔纳 2000 型轿车的发动机出现动力损失，发动机附近听到排气噪声，要求检查。

## 任务载体

排气管的检查、维修、更换方法 。

## 学习内容

排气系统的部件要承受物理和化学损害，排气系统部件的任何物理损坏都会引起排气系统部分或完全阻塞，从而导致功率损失或通过节气门回火，除了会导致发动机不能正常运转之外，排气系统的堵塞或阻力增大还会导致噪声增大和排放增多。物理或化学损害都会引起排气系统泄漏，导致废气引起的疾病、窒息，甚至死亡，要谨记汽车废气对人体健康非常有害。

排气系统的大多数部件，特别是排气管、消声器和尾管会发生锈蚀、腐蚀和裂纹，卡箍和悬吊的破坏和松动将使部件脱离或在汽车行驶时撞击路面。

注意：检查和维修排气系统时，一定要戴上安全眼镜或其他护眼装备。

检查中，注意倾听是否有排气系统泄漏发出的声响。将汽车举升起来，查明排气系统是否存在以下损坏：消声器穿孔、管路损伤、连接脱离和消声器焊缝鼓胀；排气管扭曲和凹陷、变色、生锈、腐蚀软化等。

排气阻力测试：排气系统泄漏是唯一可以目视发现的问题，还应检测排气系统的堵塞和阻碍。

检测排气阻力的方法有多种，其中最常用的是真空表。将真空表连接到进气管真空源上，使发动机保持中等转速，观察真空表。如果一切正常，当发动机维持在该转速时，真空表读数应该很高，而且会保持读数或读数略有增大。如果排气发生阻塞，一段时间以后真空度就会降低，因为气缸在排气行程中不能将气缸内的废气完全排出，导致气缸在进气行程中存留废气，所以，在进气行程中产生的真空度就会下降。

1. 排气系统部件

典型的排气系统包括以下部件：排气歧管、排气管及密封垫、催化转化器、消声器、谐振器、尾管、隔热罩、卡箍、支架和悬吊、排气氧传感器。

排气系统的所有部件都被设计得与汽车的底部空间相适应，并与道路保持一定的安全距离。

注意：检查和维修排气系统时，要谨记在发动机运转时，排气系统的零部件温度都很高，与其接触会导致严重烧伤，而且在汽车下方作业时一定要配戴安全眼镜或护目镜。

1)排气歧管

排气歧管收集从气缸排出的燃烧废气并将其送入排气管中，如图 13-1 所示。大多数汽车的排气歧管都由铸铁或球墨铸铁制成，许多新型汽车采用冲压的厚钢板或不锈钢板制成的排气歧管。

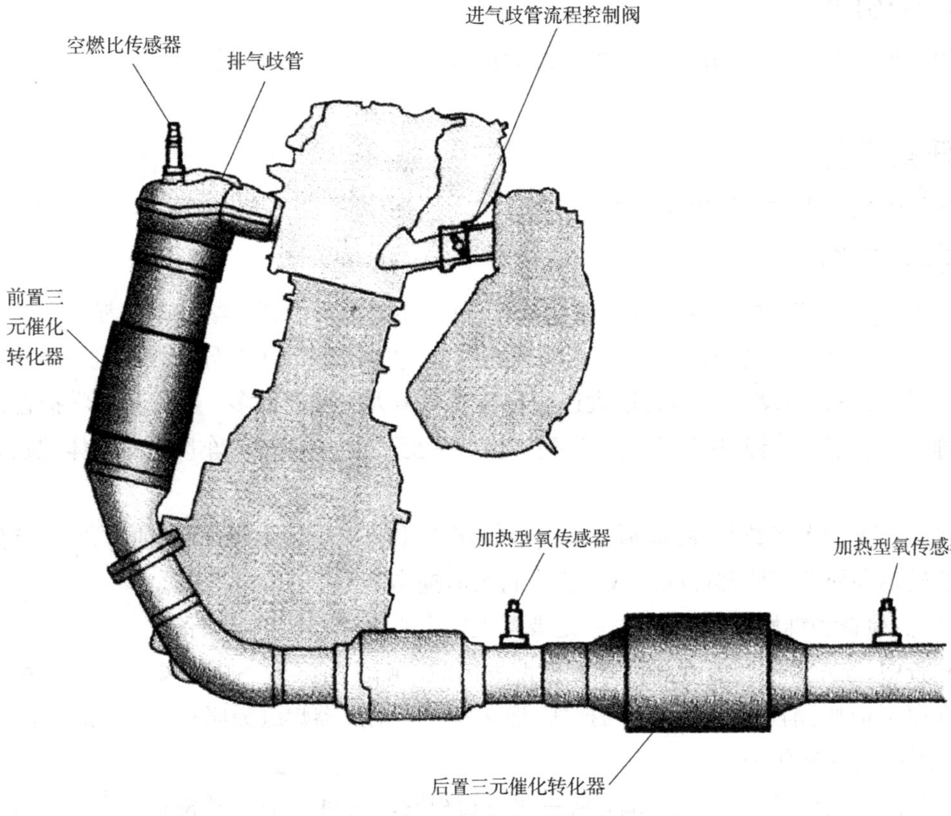


图 13-1 排气歧管

直列发动机有一个排气歧管，V 形发动机在发动机的每一侧各有一个排气歧管。根据发动机的类型，一个排气歧管可能有三、四或六个排气支管，这些支管在尾端汇集成单一通道，从此之后，废气将流过催化转化器、消声器和尾管，然后从汽车后部排出。

V 形发动机可能配用双排气管系统，这种系统在同一汽车上有两套几乎一样但彼此独立的排气系统。

排气系统还被设计作为特殊的发动机底盘燃烧器，排气系统的长度、管口尺寸和消声器尺寸使排气在排气系统内转折。排气歧管的适度转折实际上可以产生一定真空，从而有助于从气缸中吸出废气，独立的排气支管分离端口，如图 13-2 所示。可以避免各气缸的排气相互干扰，从而提高发动机的效率。

在排气歧管上可以安装空气喷射反应（Air Injection Reaction，AIR）管，如图 13-3 所示。该管将冷空气从 AIR 系统引入排气气流中。有些排气歧管具有为废气再循环（Exhaust Gas Recirculation, EGR）管预留的接口，可以从废气中取样，并将其供给 EGR 阀，排气歧管还设有安装氧传感器的安装孔。

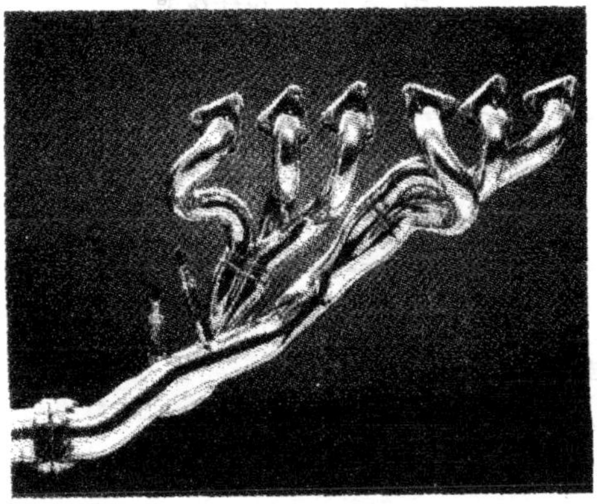

图 13-2　排气歧管的分离端口

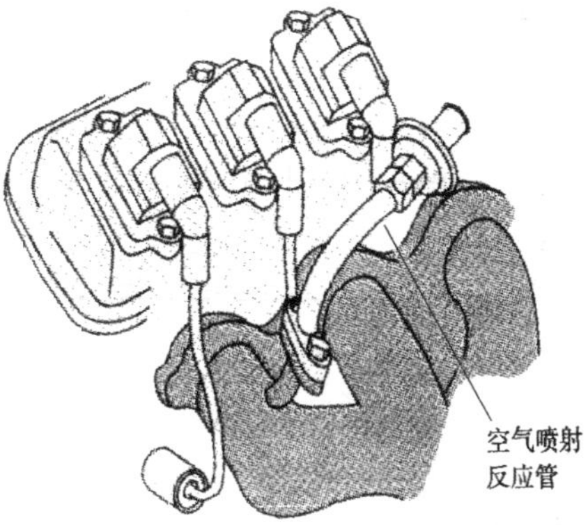


图 13-3　空气喷射反应管

2）排气管及衬垫

排气管是由渗铝钢或不锈钢或镀锌钢板制成的金属管件，安装在汽车下部排气歧管与催化转化器之间，如图 13-4 所示。

3）催化转化器

催化转化器是排气系统的一部分，而且是排放控制系统非常重要的部分，如图 13-5 所示。由于它是两个系统的共用部分，所以其角色也是双重的，作为排放控制装置，其责任是将有害废气转化为无害气体，而作为排气系统的一部分，希望它能减小排气噪声。催化转化器中有一个涂覆催化剂的陶瓷芯，催化剂能够引起化学反应，而本身不会成为化学变化的一部分，在化学反应过程中不会被耗尽或消耗掉。

4）消声器

消声器是一个圆柱形或椭圆形部件，一般约有 0.6 m 长，安装在排气系统的中间或靠近汽车后部的位置。消声器内部有一系列隔板、腔室、管道和孔口，以衰减、抵偿或抑制在排气门每次开启时出现的压力脉冲。

轿车经常采用的消声器有回流式和直通式，如图 13-6 所示。回流式消声器能够改变排气通过消声器内部时的流动方向，这是最常见的汽车消声器形式。直通式消声器允许废气通过一根直管，直管上的穿孔可以衰减压力脉冲，其消声效果不如回流式消声器好。

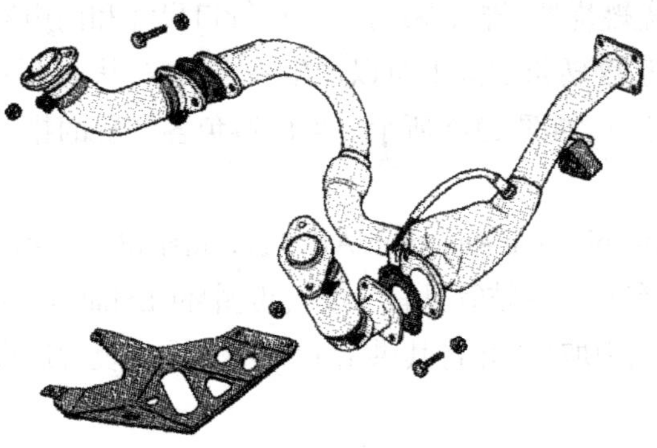

图 13-4 V6 型发动机配用的前段排气管

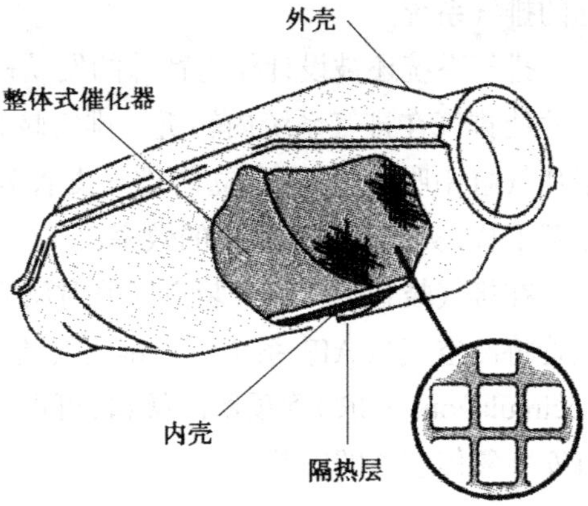


图 13-5 催化转化器

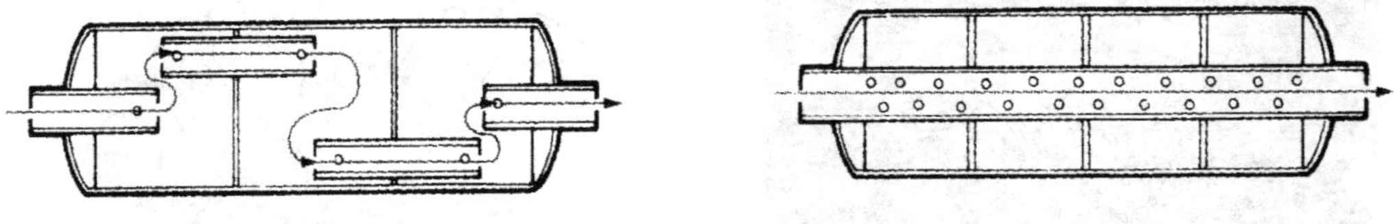


图 13-6 消声器

(a)回流式消声器 (b)直通式消声器

5)谐振器

在一些老式汽车上,有一个被称为谐振器的附加消声器。该装置用于进一步降低排气噪声,它位于排气系统的尾端,看起来像是一个更小的圆柱形消声器。

6)尾管

尾管是排气系统的最后一段,它将废气释放到汽车后方的大气中。

7)隔热罩

隔热罩用于阻挡排气系统和催化转化器向其他部件传热,如图 13-7 所示,它们一般用冲压或穿孔金属板制成。隔热罩将热封闭在排气系统中,对保持排气温度有直接影响。

8)卡箍、支架和悬吊

卡箍、支架和悬吊用于正确连接和支撑排气系统的各种部件,这些部件可以防止排气噪声通过车架(图 13-8、图 13-9)或车身传播到乘员室内,从而有助于隔离排气噪声。

2. 排气系统部件的更换

对排气系统进行作业之前,一定要确定排气系统已经冷却到可以接触的程度。有些技师在开始作业之前还会拆开蓄电池的负极导线,以防电路系统发生短路。用好的渗透油浸润生锈的螺栓、螺母和其他需要拆卸的部件,最后检查将要安装新部件的空间是否合适。

更换排气系统部件可能需要使用专用工具和焊接设备,如图 13-10 所示。

排气歧管自身很少出现问题,只是偶尔会由于过热出现变形,可用直尺和厚薄规检查排气歧管的机械加工面。

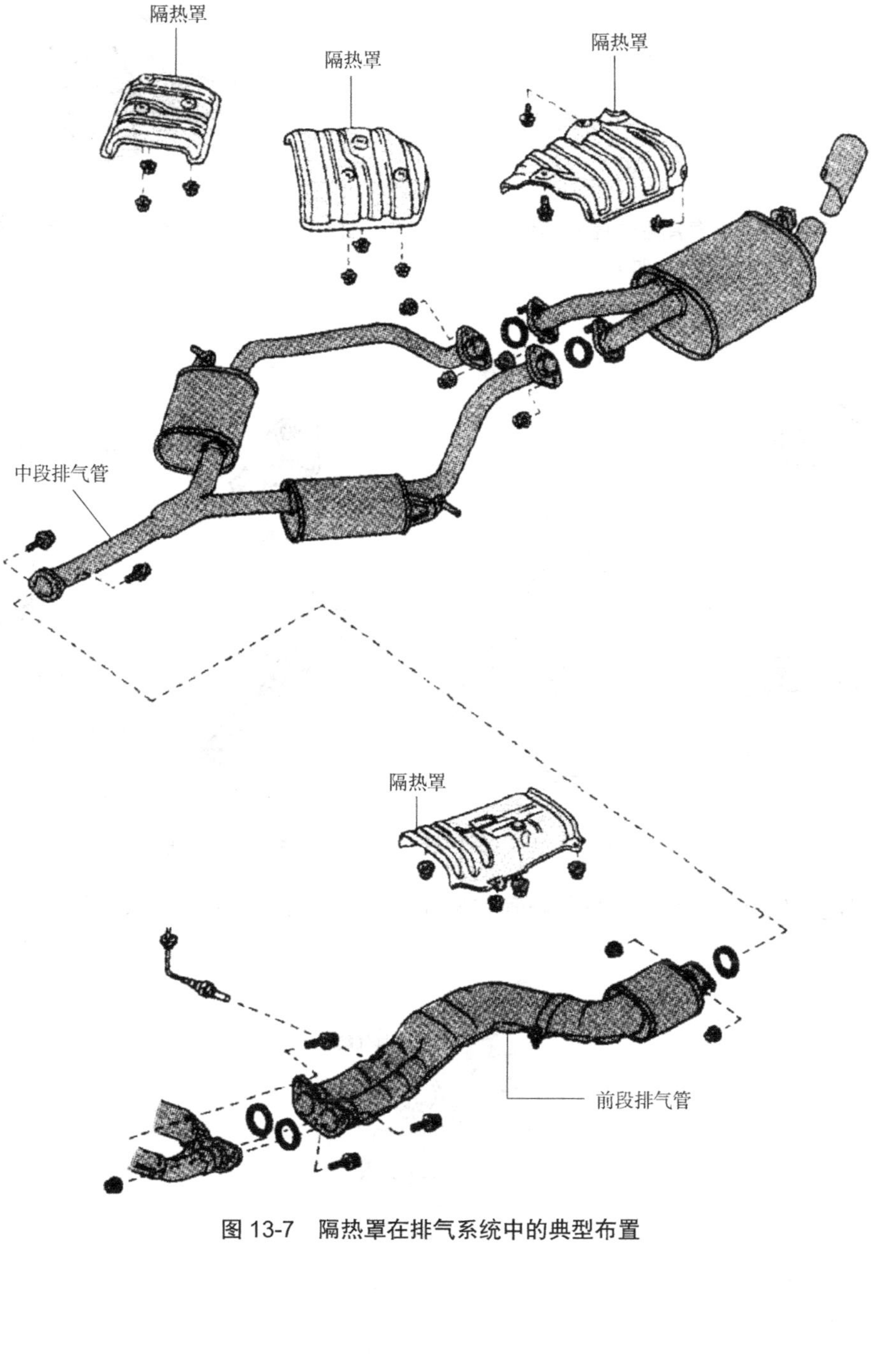


图 13-7　隔热罩在排气系统中的典型布置

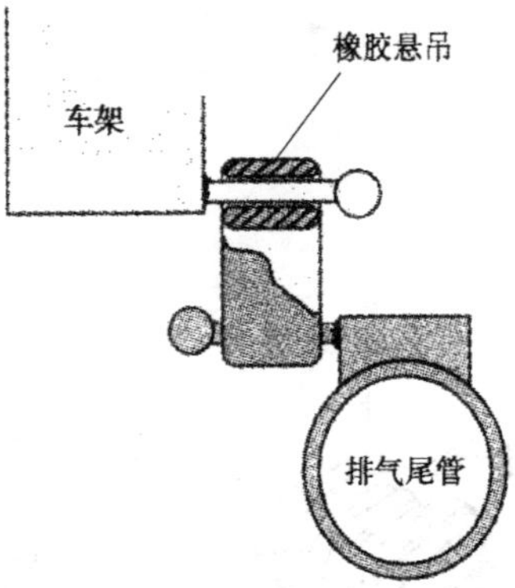


图 13-8 保持排气尾管位置使其不与车架接触的橡胶悬吊

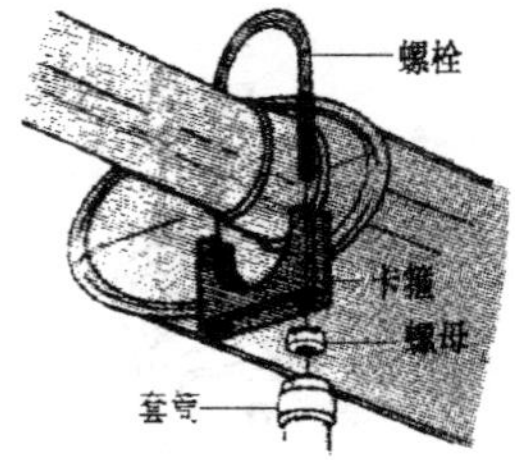


图 13-9 U 形卡箍常被用于加固插接管件

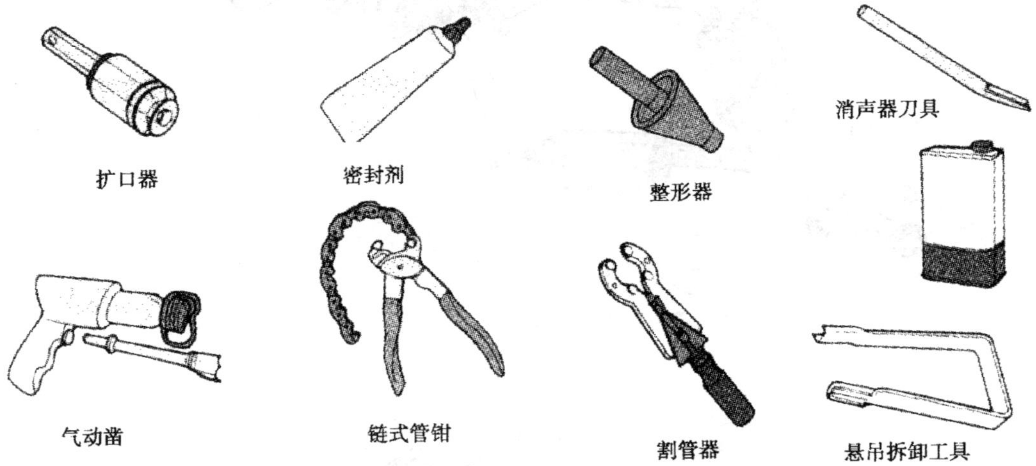


图 13-10 排气系统作业需要使用的专用工具

最可能发生泄漏的是位于排气歧管和排气管之间的衬垫和密封垫,如图 13-11 所示。

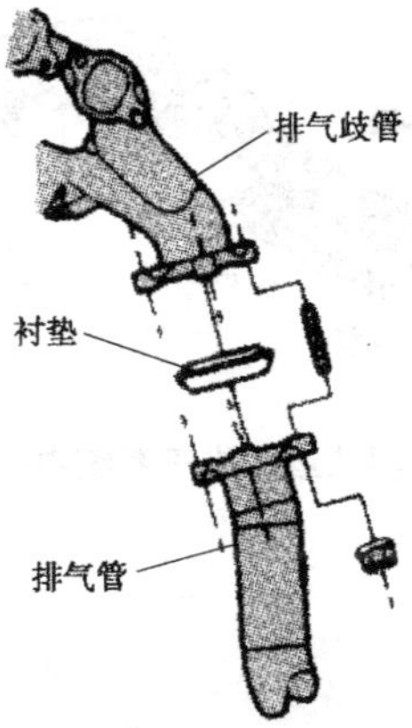


图 13-11 排气歧管与排气管之间的衬垫和密封垫常会发生泄漏

安装排气管衬垫时，要认真按照衬垫包装标签和说明书上的要求进行，开始安装之前要通读每一步的安装说明，要重视原厂维修手册中关于会影响发动机密封的建议和要求。如果在排气歧管还很热时，就进行拆卸很容易使其发生变形，金属受热膨胀后，会使固定螺栓很难拆卸，而且容易损坏。

更换损坏的排气管时，先将催化转化器支撑好，以免掉落。如果有氧传感器，应小心地将其拆下。拆卸将排气管固定在车架上的所有悬吊或卡箍，再将固定排气管与排气歧管的螺栓拆下。拆下排气管时，应检查是否有衬垫，如果有衬垫，将其丢弃并换用新衬垫。一旦将排气管与排气歧管分离，衬垫就失去了效用。将排气管从催化转化器上拆下，将前段排气管拉松。

注意：一定不要让排气系统的部件与车身、燃油管、燃油箱或制动管的任何部分直接接触。

## 案例剖析

**案例 13-1**：排气歧管故障

故障现象：一辆北京吉普排气异响，怀疑排气管漏气。

故障分析与排除：初步判断排气歧管接口垫处漏气，更换接口垫，故障仍存在。拆卸排气歧管仔细检查，发现接口部位已经变形出现凹凸不平的小坑。更换排气歧管、排气歧管接口垫，故障排除。

**案例 13-2**：排气背压高

故障现象：一辆柴油汽车出现怠速不稳、功率损失。

故障分析与排除：经仔细检查，发现此车还伴有发动机工作温度高、排气烟度变浓、机油被污染等症状，怀疑排气系统中有堵塞情况而导致排气背压变高。检查排气系统，分析排气尾管有堵塞现象，而且消声器严重生锈，这些都造成了排气背压的升高。更换消声器、排气尾管，故障消除。

# 项目十四　发动机冷却系统结构及功能的认知

## 技能点

◇掌握发动机冷却系统的正确拆装方法。

## 知识点

◇熟悉冷却系统的结构组成、作用及工作原理。

## 任务引入

一台桑塔纳 2000 GSi 型轿车的 AJR 型发动机在工作过程中水温容易过热,需要检修。

## 任务载体

桑塔纳 2000 GSi 型轿车的 AJR 型发动机在工作期间,最高燃烧温度可达 2 500 ℃,即使在怠速或中等转速下,燃烧室的平均温度也在 1 000 ℃以上。因此,与高温燃气接触的发动机零件受到强烈的热作用。在这种情况下,若不进行适当的冷却,会出现发动机过热,工作过程恶化,零件强度降低,机油变质,零件磨损加剧,最终导致发动机动力性、经济性、排气净化性、可靠性及耐久性的全面下降。但是冷却过度也是有害的,过度冷却会使发动机长时间在低温下工作,造成散热损失及摩擦损失增加、零件磨损加剧、排放恶化、发动机工作粗暴、发动机功率下降及燃油消耗率增加。

## 学习内容

冷却系统既要防止发动机过热,也要防止冬季发动机过冷。在冷发动机启动之后,冷却系统还要保证发动机迅速升温,尽快达到正常的工作温度。

### 一、冷却系统的类型及组成

(一)冷却系统的类型

发动机的冷却系统有两种类型:风冷系统和液冷系统。以空气为冷却介质的冷却系统称为风冷系统;以冷却液为冷却介质的冷却系统称为液冷系统。汽车发动机尤其是轿车发动机大都采用液冷系统,只有少数汽车发动机采用风冷系统。

汽车发动机的液冷系统均为强制循环液冷系统,即利用水泵提高冷却液的压力,强制冷却液在发动机中循环流动(冷却液工作温度一般为 80~105 ℃)

(二)冷却系统的组成

桑塔纳 2000 GSi 型轿车的 AJR 型发动机冷却系统的组成如图 14-1 所示,主要包括水泵、散热器、散热风扇、冷却水管、气缸体以及其他附加装置等。

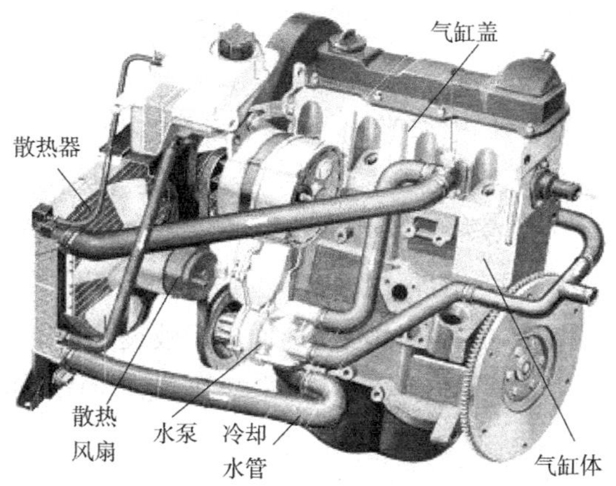


图 14-1　冷却系统的组成

水冷系统具有冷却可靠、布置紧凑、噪声小、使用方便等优点。在汽车发动机上应用较为广泛。水冷系统的主要部件是水套、水泵、散热风扇、散热器、水管等,如图 14-2 所示。

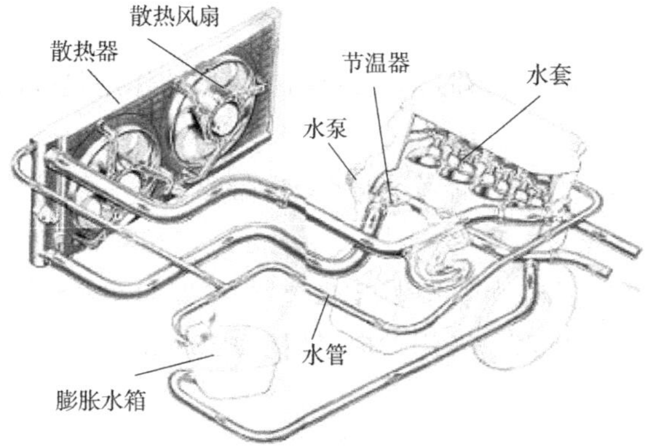


图 14-2　水冷系统主要零部件

(三)水冷系统主要零部件

1. 膨胀水箱

膨胀水箱,其上部有一根较细的软管与水箱的加水管相连,底部通过水管与水泵的进水管相连,通常水位至少高于散热器。膨胀水箱多为透明材料(如塑料)制成。

透过箱体可以直接方便地观察到液面的高度,无须打开散热器盖。

膨胀水箱的作用是把冷却系统变成永久封闭系统,减少冷却液的损失,避免空气不断地进入,在该系统内形成氧化、穴蚀,使冷却系统中的水、气分离,保持系统内压力稳定,提高水泵的泵水量。

2. 散热器

散热器用导热性好的材料制成,主要由上贮水室、下贮水室和散热器芯(包括冷却管和散热带)组成。上贮水室、下贮水室由散热器芯连接在一起,并装在框架内(框架固定在车架上)。框架上还设有护风圈,其目的是起到风向导流作用。下水箱的出水管接水泵的进水口,上水箱的进水管接气缸盖上的出水口。上水箱上设有加水口,并用加水口盖封闭。在下贮水室中一般还装有放水阀。

散热器芯的构造形式有管片式、管带式等,其最终目的是尽可能提高散热能力。

管片式散热器由许多冷却管和散热片组成。冷却管是焊接在上、下贮水室之间的直管,是冷却液的通道。当空气吹过冷却管的外表面时,使管内流动的冷却液得到冷却。冷却管大多采用扁圆形断面,因为扁管与圆管相比,在容积相同的情况下具有较大的散热面积;当管内的水冻结膨胀时,扁管可以借其横断面变形而免于破裂。为了进一步提高散热效果,在冷却管外面横向套装了很多金属薄片(散热片)来增加散热面积,同时增加了整个散热器的刚度和强度。

常见水冷系统的散热器盖具有自动阀门,发动机热状态正常时,阀门关闭,将冷却系统与大气隔开,防止水蒸气逸出,使冷却系统内的压力稍高于大气压力,从而可提高冷却液的沸点,防止冷却系统出现"开锅"现象。

在发动机热状态下开启散热器盖时,应缓慢旋开,使冷却系统内压力逐渐降低,以免被喷出的热液烫伤。

3. 风扇

风扇一般安装在散热器后面,并与水泵同轴。风扇的作用是提高流经散热器的空气流速和流量,以增强散热器的散热能力。

风扇和发电机一般同时由曲轴带轮通过 V 形带驱动。一般将发电机的支架做成可移动式,以调节 V 形带的张紧度。V 形带过松,将引起皮带相对带轮打滑,使风扇的送风量减少,发动机过热及发电机的发电效率下降;皮带过紧,将增加发电机轴承的磨损。因此,要求 V 形带必须保持合适的松紧度,一般用大拇指以 30~50 N 的力按下 V 形带产生 10~15 mm 的挠度为宜。

桑塔纳 2000 型轿车的型发动机有两套风扇,且不与水泵同轴。其一由电动机驱动,其二是由电动风扇带动的从动风扇(由第一只风扇带动),并由受冷却液温度作用的温度开关控制。而桑塔纳 2000 型轿车的 AJR 型发动机的两只风扇都由独立的直流电动机驱动。设置两只风扇,满足了散热器长宽比大及散热器面积大的需要,排风量大,散热效果好。

电动风扇与热敏开关配合使用,能做好自动控制,并且不受发动机转速的影响。热敏开关一般位于发动机气缸体出水管口。根据发动机的温度,自动控制风扇两挡转速,来改变散热器的空气流量。下面以 AJR 型发动机为例,来说明风扇一挡、二挡的控制温度。

风扇一挡:工作温度 92~97 ℃,关闭温度 84~91 ℃,工作转速 2 300 r/min。

风扇二挡:工作温度 99~105 ℃,关闭温度 93~98 ℃,工作转速 2 800 r/min。

4. 水泵

水泵的作用是强制冷却液在冷却系统中进行循环。水泵的动力是曲轴皮带轮带动 V 形带并由其传至风扇带轮,再通过凸缘带动水泵轴和水泵叶轮转动。

例如,桑塔纳 2000 型轿车的 AJR 型发动机,其水泵壳与气缸体铸成一体,加大了气缸盖排气侧水道的流通截面。其中,水泵叶轮用工程塑料压注成形,它装在双连轴承的一端,另一端泵轴轴头安装带轮，发动机通过V形带驱动水泵叶轮旋转，常用离心式水泵。

离心式水泵的优点：结构简单、体积小、出水量大、维修方便。另外，当水泵由于故障而停止工作时，也并不妨碍冷却液在冷却系统内的自然循环。

5. 冷却强度的调节装置

为使汽车适应不同环境条件的变化（转速、负荷、环境、气候），要求能够调节冷却系统的冷却强度。常见的冷却强度的调节装置有百叶窗、风扇离合器、节温器等。

**二、冷却水路**

冷却液在冷却系统中的循环路径：冷却液在水泵中增压后，进入发动机的气缸体水套。冷却液从水套壁周围流过并从水套壁吸热而升温；然后向上流入气缸盖水套，从气缸盖水套吸热之后经由气缸盖的出水口流出；此后冷却液分两路，一路不经散热器直接通过节温器流入水泵进口，又称为小循环，另一路经上橡胶软管流入散热器；在散热器中冷却液向流过散热器周围的空气散热而降温，最后经冷却液下橡胶软管、节温器返回水泵，称其为大循环。AJR 型发动机冷却液工作温度为93~105 ℃。桑塔纳2000 GSi型轿车的AJR型发动机的冷却系统当冷却液温低于85 ℃时，冷却液只走小循环；当冷却液温升高到（87±2）℃及以上时，节温器阀门开启，大循环开始，即使在冷却液温达到105 ℃以上时仍然有小循环，故小循环是常开的。

## 知识与技能拓展

**一、桑塔纳型轿车冷却系统拆装**

（1）冷却液的排放与补充。将仪表板上的暖风开关拨至右端，使暖风控制阀全开；拧下冷却液膨胀水箱盖（必须在冷态时排液，热机时不能操作）；松开水管的卡箍，拉出冷却液软管，放出冷却液，用容器收集，以便之后使用。（注意：冷却液有毒，操作时要小心）

（2）散热器总成的拆卸。从散热器上拆下冷却液上、下水管，与膨胀水箱的连接管，最后取下散热器总成。

（3）散热器总成的分解。旋下螺栓，取下风扇及风扇罩。旋下螺母，从风扇罩上取下风扇及电机。从散热器上旋下风扇电机热敏开关及O形圈。

（4）水泵总成的拆卸。从水泵上取下冷却液循环管、热交换器回水管、冷却液下水管。取下水泵传动皮带，拆下水泵总成。

（5）水泵总成的分解。取下水泵皮带轮。旋下螺栓取下水泵和衬垫、取下节温器盖、O形圈和节温器。

（6）V形带张紧度的检查。一般在水泵皮带中间处用拇指按压，在30 N时其挠度为10 mm，否则应予以调整。

**二、桑塔纳型轿车冷却系统的装配**

（1）水泵的安装。将水泵及发动机的水道清洁干净，再将水泵、衬垫装到水泵体上。

（2）散热器的安装。将风扇电机装到风扇罩上，紧固力矩为10 N·m；然后一起装到散热器上，紧固力矩为10 N·m；旋紧风扇电机热敏开关，紧固力矩为25 N·m，散热器装上橡胶垫后，放入车身的安装孔中，再装上支架，紧固力矩为10 N·m。

（3）冷却水管的连接。在气缸盖的左侧装上连接管、衬垫，紧固力矩为 10 N · m。在气缸盖后面装上衬垫，接上热交换器的水管接头，紧固力矩为 10 N · m。装上小循环水管及冷却液上水管、冷却液下水管。在热交换器水管接头上旋上水温感应塞，紧固力矩为 10 N·m，最后安装膨胀箱及其连接水管。

（4）冷却液的选择和添加。一般应根据环境温度来选择冷却液，并添加规定容量，符合要求时为止。

# 项目十五　冷却系统的基本检查

## 技能点

◇能正确拆卸、检查、安装冷却系统主要零部件（节温器、水泵、水箱等）。

◇能检测水箱盖性能。

◇能利用水压试验检测冷却系统的泄漏。

## 知识点

◇熟悉冷却液的性能和选用方法。

◇掌握冷却系统的维护、检修方法。

◇熟悉汽车舒适系统总线的工作原理。

## 任务引入

一台桑塔纳3000型轿车的AJR型发动机散热不良，车辆在行驶过程中易出现“开锅”现象，而且在检查中发现冷却液少量缺少。

## 任务载体

汽车的使用条件千差万别，环境温度为 −40~50 ℃。但发动机的最佳工作温度是相对固定的。要保证发动机在最佳温度下工作，就必须使冷却系统的散热能力和实际情况相协调。

## 学习内容

### 一、AJR型发动机散热器的拆装、清洗、检查及修理

（一）拆卸

（1）排放冷却液。

（2）松开冷却液管上的夹箍，拔下散热器的冷却液软管。

（3）拔下位于冷却风扇罩壳上的热敏开关插头，如图15-1所示。为防止损坏冷凝器及制冷剂管路，不要压迫、扭曲及弯曲制冷剂管路。

（4）将双冷却风扇连同罩壳一起拆下。

（5）拆下散热器。

（二）清洗

散热器在使用过程中，会因腐蚀和积垢等原因影响冷却效果。清洗散热器，去除水垢，是恢复散热器散热能力的有效方法。清洗水垢一般采用化学方法，利用酸或碱类物质与水垢的化学反应，生成可溶与水的物质，而将水垢清洗除去。

清洗时，一般采用循环法，即先用酸性溶液洗涤，再用碱性溶液冲洗中和，清洗时除垢剂以一定的压力（一般为10 kPa）在气缸体水套或散热器中循环，一般经3~5 min后即可清洗完毕。

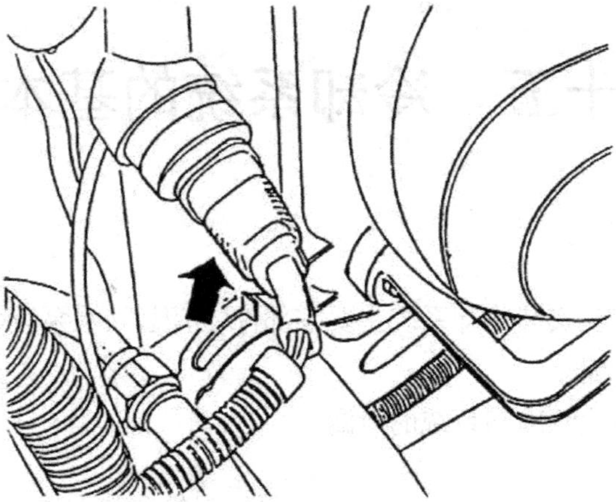

图 15-1 拔下热敏开关插头

（三）检查

1. 密封性检查

（1）将发动机预热，打开膨胀水箱盖。在打开膨胀水箱时，可能会有蒸汽喷出，必须在膨胀水箱盖上包上抹布后小心地拧开。

（2）将压力测试仪 V.A.G1274 及 V.A.G1274/8 安装到膨胀水箱上，如图 15-2 所示。

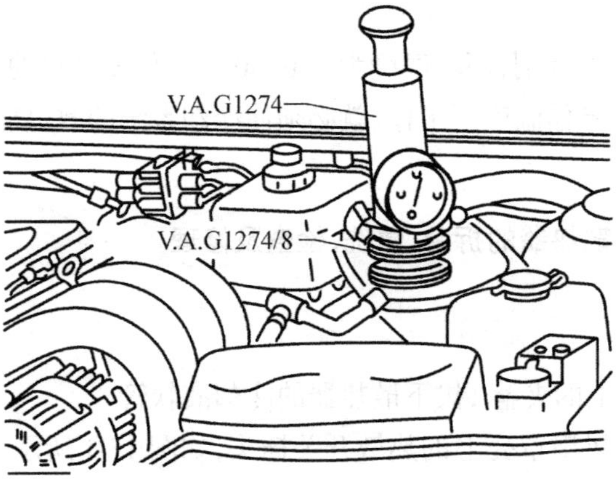


图 15-2 检查散热器的密封性

（3）使用手动真空泵产生约 0.2 MPa 的压力（表压）。

（4）如果压力迅速下降，则找出泄漏的位置并排除故障。

2. 散热器盖检查

（1）将散热器盖套在 V.A.G1274/9 上。

（2）使用手动真空泵使压力上升到约 0.15 MPa。

在 0.12~0.15 MPa 时，限压阀必须打开，在大于 −0.01 MPa（绝对压力 0.09 MPa）时，真空阀应打开。

（四）修理

1. 焊漏

在用焊锡焊漏时，最好使用小型号的乙炔焊炬加热，并尽可能使散热器焊漏后，保留较多的散热面积。修理完成后，进行密封性试验。

**二、冷却系统主要总成的检测**

（一）检测节温器

（1）按车辆制造厂提供的维修方法及检测数据检测节温器。

（2）把节温器放在规定水温中，节温器温度与水温一致后检测节温器阀门开度应与车辆制造厂提供的维修及检测数据相符，如图 15-3 所示。

如果节温器主阀门在开启温度下的阀门开度不符合要求，或在常温下关闭不严，应更换节温器。

**图 15-3　节温器的检测**

（二）检测硅油风扇离合器

（1）当汽车停放 12 h，发动机启动前用手拨动风扇叶片应感到有明显的转动阻力；发动机启动后，运转 1~2 min 后熄火，此时拨动风扇叶片应感到转动阻力明显减小，可认为硅油风扇离合器正常。

（3）在发动机正常工作温度条件下，发动机中速运转，硅油风扇离合器主、从动叶轮转差率 <7%，硅油风扇离合器正常。

（三）热敏开关的检查

（1）将热敏开关放入水中，逐渐加热。

（2）用万用表电阻挡测量热敏开关接线端与外壳间的电阻。当水温为 93~98 ℃时，开关应导通；当水温下降为 88~93 ℃时，电阻应为无穷大。否则，热敏开关损坏。

（四）冷却液的检查（注意安全）

检查冷却液液面高度，若不符合要求，检查冷却液是否泄漏。

（1）若泄漏，则修复泄漏部位，加注新冷却液。

（2）若是蒸发引起的冷却液不足，补加软水。

（五）检查皮带磨损、老化、裂纹情况，视情况更换皮带。

## 知识与能力拓展

### 一、冷却水的选择

发动机用的冷却用水，最好是软水（含矿物质少的水）。因为用硬水易产生水垢而堵塞水道，破坏水的冷却循环，使气缸体、气缸盖传热效果变差，发动机容易产生过热。雨水为软水，将其过滤，清除杂质便可使用。

### 二、冷却液

冬季使用冷却水，要防冻。为降低冷却水的冰点，适应冬季行车需要，可在冷却水中加入适量的乙二醇或丙二醇。当乙醇的加入量为 50% 时，冰点可降至 243 K（–30 ℃）。目前，汽车上已普遍使用配制好的冷却液。

### 三、冷却液在使用过程中的注意事项

（1）冷却液内只准加入同种冷却液添加剂。

（2）冷却液及其添加剂均为有毒物质，应置于安全场所。

（3）冷却液的体积分数为 40%~60%，否则影响防冻性能。

（4）放出的冷却液不宜再使用，应妥善处理。

（5）更换气缸盖、气缸垫、散热器等时，必须更换冷却液。

（6）发动机热态时，冷却系统内仍处于高温高压状态，因此，此时切勿打开水箱盖以防烫伤。

（7）发现冷却液大量损耗时，必须待发动机处于冷态后，方可添加冷却液，以免损坏发动机。

（8）若紧急情况下加入纯水，则须尽快添加冷却液添加剂，使冷却液体积分数恢复正常状态。

（9）冬季来临前应检查冷却液质量分数，并按规定调配，保证冷却液具有足够的防冻能力。

桑塔纳 2000 GSi 型轿车的 AJR 型发动机的冷却液添加剂为 N052 744 C0。切勿混用不同牌号的冷却液。禁止使用磷酸盐和亚硝酸盐作为防腐剂的冷却液。冷却液推荐使用的混合比例（体积比）见表 15-1。

**表 15-1 冷却液混合比例**

| 防冻最低温度 | 添加剂 G11 / % | 水 / % |
|---|---|---|
| −25 ℃ | 40 % | 60 % |
| −35 ℃ | 50 % | 50 % |

### 四、加注冷却液的步骤

（1）加注冷却液至冷却液膨胀箱最高点标志处。

（2）旋紧膨胀箱盖。

（3）使发动机运转 5~7 min。

（4）检查冷却液液面高度，必要时加注冷却液到最高点标志处。

**五、排放冷却液的步骤**

（1）将仪表板上的暖风开关拨至右端，打开暖风控制阀。注意：在热态时不可立即取下冷却液膨胀箱盖，以防蒸汽喷出伤人。

（2）在冷却液膨胀箱盖上盖一块抹布，小心地旋开盖子。

（3）在发动机下放置一个干净的收集盘。

（4）松开夹箍，拔下散热器的下水管，放出冷却液。

# 项目十六　水泵节温器的拆检与更换

## 技能点

◇掌握水泵、节温器的拆装方法。

◇掌握水泵、节温器的检修、更换方法。

◇掌握相关工具的使用。

## 知识点

◇熟悉水泵、节温器的结构和工作原理。

## 任务引入

一辆桑塔纳 2000 GSi 型轿车在行驶中,散热器伴随有“开锅”现象,发动机熄火困难,需要检修。

## 任务载体

从以上现象可以判断故障为发动机过热,其原因可能为:①冷却系统堵塞,气缸体有水垢;②水泵损坏;③节温器失灵;④温控开关失效;⑤风扇电动机损坏;⑥点火正时不准。若要排除故障,应掌握水冷系统主要部件的构造、拆装、检查及检修方法。

### 学习内容

### 一、AJR 型发动机水泵的拆装与检修

(一)水泵总成的拆卸

首先放尽冷却液,拆下散热器进、出水软管及旁通软管,取出暖器软管,卸下 V 形带及带轮;然后拧下水泵的固定螺栓,拆下水泵总成,如图 16-1 所示。

(二)水泵总成的分解

水泵的分解按以下步骤进行。

(1)清除水泵表面脏污,将水泵固定在夹具或台钳上。

(2)拧松并拆下带轮紧固螺栓,拆卸带轮。

(3)用专用拉具拆卸水泵轴凸缘。

(4)拧松并拆卸水泵前壳体的紧固螺栓,将前泵壳段整体卸下,并拆下衬垫。

(5)用拉具拆卸水泵叶轮,应仔细操作,防止损坏叶轮。

(6)从水泵叶轮上拆下锁环和水封总成。

(7)如果水泵轴和轴承经检测需要更换,则先将水泵加热到 75~85 ℃,然后用水泵轴承拆装器和压力机将其拆卸下来。

(8)拆卸油封及有关衬垫,从壳体上拆下浮动座。

(9)换位夹紧,拆卸进水管紧固螺栓,拆卸进水管。

（10）拆卸密封圈、节温器。

（11）将拆卸的零件放入清洗剂中清洗。

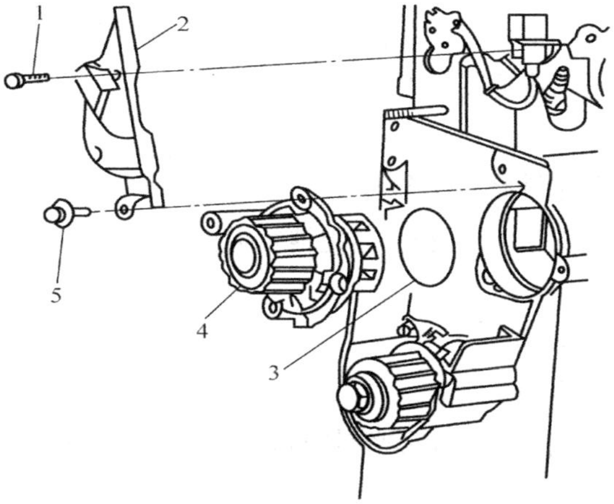


1、5—螺栓；2—同步带后防护罩；3— O 形密封圈；4—水泵

**图 16-1　拆卸水泵总成**

（三）水泵总成的检修

（1）水泵的壳体破裂渗漏、轴承孔磨损，一般应换用新件。水泵壳体平面翘曲变形不大，可在平板上修磨处理；若变形过大，一般予以更换。

（2）水泵叶轮破裂、穴蚀，应换用新件。

（3）水封座圈外径磨损，水封老化、变形，密封垫失效，水封弹簧弹力减弱或腐蚀，应更换水封总成。

（4）检查水泵轴与轴承内径的配合间隙应不大于 0.03 mm，若超过规定应换用新件。水泵轴弯曲超过 0.05 mm，应冷压校直。

（5）检查水泵叶轮与端面间隙一般为 1.0~1.5 mm，否则用垫片调整。

（6）检查水泵叶轮与泵壳间隙一般为 0.8~2.2 mm，否则应更换叶轮。

（7）带轮毂与水泵轴松旷，可镶套修复或更换。

（四）水泵总成的组装

水泵的组装顺序基本上与分解顺序相反，但应注意以下事项。

（1）更换所有衬垫和密封圈。

（2）保证叶轮与泵壳的轴向间隙，叶轮与壳体的径向密封处的间隙，满足轴承的润滑条件。水泵安装时，一定要注意转动环和静止环的两接触面在完全接合时，要使叶轮与泵体壳有一定间隙。

（3）装上节温器、O 形密封圈及节温器盖，紧固力矩为 10 N · m，再装上水泵带轮，紧固力矩为 20 N·m。

（4）水泵装合后检验叶轮能转动自如，无卡滞、碰撞及阻滞现象。

（5）将水泵装在试验台上，按原厂规定进行规定转速下的压力和流量试验。桑塔纳

2000 型轿车的发动机水泵在规定转速 6 000 r/min 时，进口压力为 0.1 MPa，系统压力为 0.14 MPa，出口压力为 0.16 MPa。

（6）做流量试验时其流量应符合要求，10 min 内无异响及漏水现象；如果无流量试验器，可用手堵住泵壳出水口加水转动泵轴，泄水孔应无漏水现象。

## 二、AJR 型发动机节温器拆装与检修

（一）拆卸

（1）使发动机前端位于维修工作台上。

（2）在点火开关切断的情况下，拔下蓄电池负极导线。

（3）排放冷却液。

（4）拆卸 V 形带及发电机。

（5）从连接体上拆下冷却液管。

（6）松开螺栓，取出节温器盖、O 形密封圈和节温器，如图 16-2 所示。

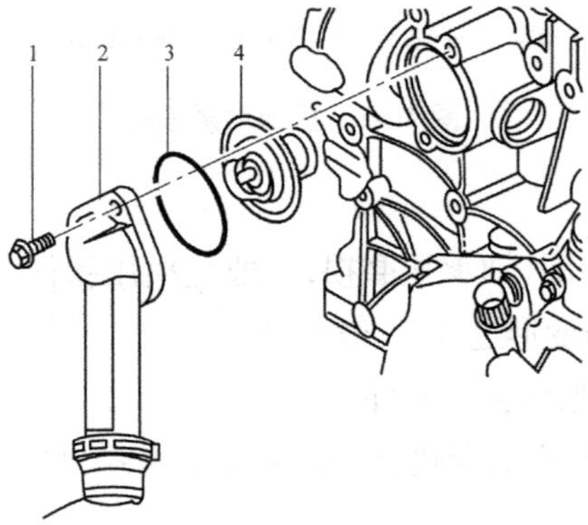


1—螺栓；2—节温器盖；3—O 形密封圈；4—节温器

**图 16-2 拆卸节温器**

（二）检查

在水浴中加热节温器，观察节温器阀门开启温度和升程。节温器开始打开温度为（87±2）℃，结束打开温度约为 102 ℃，节温器最大升程约为 8 mm。

（三）安装

（1）清洁安装 O 形密封圈的密封表面。

（2）安装节温器，注意节温器的感温部分必须在气缸体内。

（3）用冷却液浸湿新的 O 形密封圈。

（4）拧紧节温器盖螺栓。

（5）安装发电机。

（6）加注冷却液。

# 知识与技能拓展

## 一、电动冷却风扇的拆装与检修（以桑塔纳轿车的AFE型发动机为例）

（一）就车检修

（1）冷却系统和空调冷凝器共用的风扇是直流永磁电动冷却风扇，由装在散热器上的温度控制开关或空调继电器控制。

（2）电动冷却风扇的电源不受点火开关控制，因此发动机熄火后，散热器中冷却液的温度高于88~93 ℃时，电动冷却风扇运转是正常的。如果低于88 ℃，风扇仍在运转，则是不正常的；如果温度高于98 ℃，风扇仍不能运转也是不正常的。

（3）电动冷却风扇不运转时，应检查熔丝。

（4）若熔丝完好，则应检查温控开关，将温控开关短接，若此时风扇转动，说明温控开关损坏。

（5）若风扇仍不转动，找到电动冷却风扇继电器，可用一条电线将继电器插座上触点的两个插孔短接，同时查看电动冷却风扇有无运转，如果没有运转，可能是风扇电动机损坏。

（6）拔下风扇电动机的导线插头，用两条导线连接蓄电池和万用表电流挡直接给风扇电动机通电，如果电流为零，风扇电动机不转，说明风扇电动机线圈断路；如果电流过大，说明风扇电动机线圈短路。测量方法如图16-3所示。

（7）拔下风扇电动机的导线插头，将万用表调至电阻挡，直接用两表笔测量风扇电动机线圈的电阻值，如果电阻值为零，说明风扇电动机线圈短路；如果电阻值为无穷大，说明风扇电动机线圈断路。

（8）当空调工作时，电动冷却风扇维持常转，因此当散热风扇因故障停止转动时，应立即停止使用空调。

（9）测定电动冷却风扇停转温度，当发动机降低负荷，冷却液温度下降时，电动冷却风扇将从高挡降至低挡转动，直至停止转动。当发动机冷却液温度降低至一定温度时，低挡风扇将停止转动，桑塔纳轿车风扇停转时冷却液温度为88~93 ℃ 。检查时，如果符合上述要求，电动冷却风扇的工作情况正常，否则应拆下修理或更换。

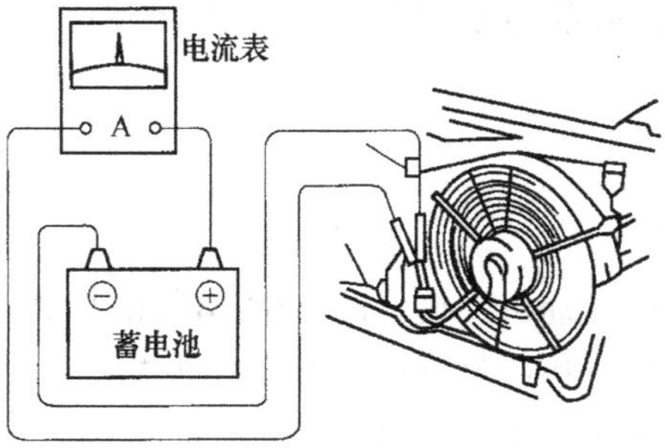


图16-3　冷却风扇的检修

(二)电动冷却风扇及热敏开关的更换

(1)电动冷却风扇及热敏开关的拆卸。经就车检测确定需要更换电动冷却风扇及热敏开关时,先拆下电动冷却风扇及热敏开关。

①拆下主进水管卡箍,从主进水管上拔下冷却液软管,排放冷却液。

②拔下热敏开关线束,拆卸热敏开关。

③拆卸散热器总成。

④拆卸电动冷却风扇。

(2)电动冷却风扇及热敏开关的检测。

①热敏开关的检测。热敏开关也可用万用表检测,如图 16-4 所示。将热敏开关拆下并放入水中,然后逐渐加热并用万用表电阻挡测量热敏开关接线端与外壳间的电阻。当水温达 93~98 ℃ 时,万用表应指示热敏开关导通;当水温下降至 88~93 ℃ 时,万用表应指示热敏开关断开(电阻为无穷大)。否则表明,热敏开关损坏,应更换新件。

②电动冷却风扇的检测。按就车检测中(7)~(9)的步骤进一步检测电动冷却风扇,不符合要求即更换。

(3)电动冷却风扇及热敏开关的复装

①将电动冷却风扇、热敏开关安装到散热器总成上,热敏开关拧紧力矩为 25 N · m。

②将散热器总成复装。

③插上热敏开关线束,加注冷却液至规定要求。

**二、风扇的安装与 V 形带松紧度的调整**

(一)冷却风扇的安装

冷却风扇用螺钉安装在水泵轴前端的带轮或凸缘盘上,风扇常和发电机一起由曲轴通过 V 形带驱动,如图 16-5 所示。

(二)V 形带的调整

若 V 形带过松, V 形带将在带轮上打滑,使风扇和水泵等的转速下降,送风量和泵水量减小,导致发动机过热;若 V 形带过紧,将增加轴承和 V 形带的磨损。

V 形带的调整方法是将发电机支架做成可移动式的,以便调节 V 形带的紧度。V 形带的张紧度通过用拇指按下水泵与发电机之间的 V 形带来衡量,用 100 N 的力可按压 10~15 mm 即可。

## 案例剖析

**案例 16-1**:发动机过热

故障现象:一位用户反映发动机过热,且该故障出现得非常快。

故障分析与排除:如果发动机已经过热且该故障迅速出现,则节温器可能有问题。因为如果节温器保持关闭,冷却液无法穿过节温器流到散热器进行大循环。拆下节温器检查,确定有故障,更换节温器,故障排除。

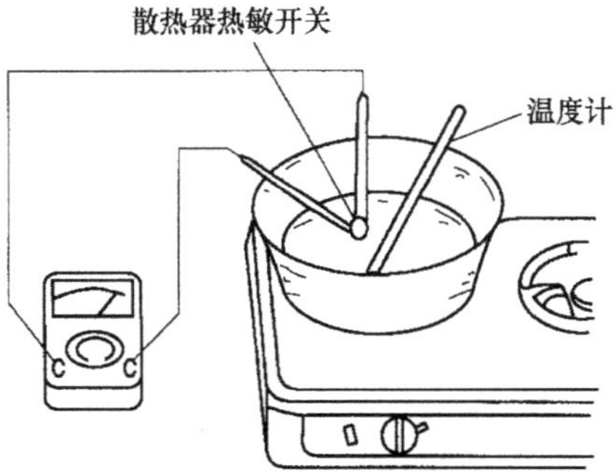

图 16-4　热敏开关的检测

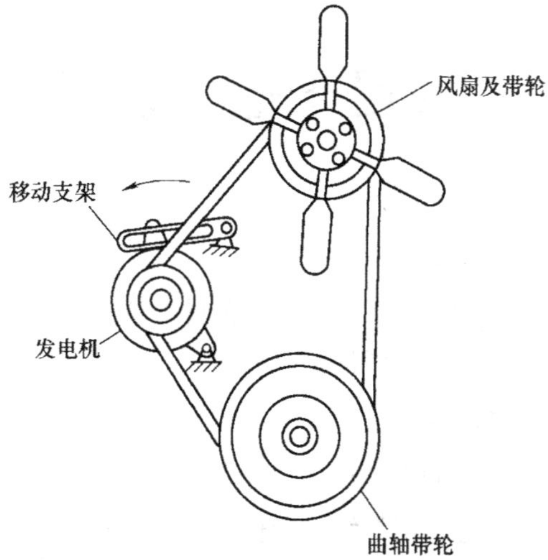

图 16-5　风扇的驱动和 V 形带张紧力的调整

# 项目十七　发动机润滑系统的认知

## 技能点

◇掌握润滑系统主要零部件的位置及名称、作用。

◇能画出润滑油路路线图。

## 知识点

◇熟悉润滑类型、方式。

◇熟悉润滑系统的结构组成、作用。

## 任务引入

桑塔纳 2000 GSi 型轿车的 AJR 型发动机的润滑系统起着润滑发动机各部件的作用，那么除了润滑作用，它还有哪些其他作用呢？它由哪些部件组成呢？该任务要求能够拆装发动机润滑系统。

## 任务载体

发动机工作时，各运动零件均以一定的力作用在另一个零件上，并且发生高速的相对运动，有了相对运动，零件表面必然要产生摩擦，加速磨损。因此，为了减轻磨损，减小摩擦阻力，延长使用寿命，发动机上都必须有润滑系统。汽车润滑系统具有润滑、冷却、清洗、密封等作用。由于各机件磨损、机油黏稠、油量不足等，容易造成机油压力过低或过高等故障。为了排除这些故障，要掌握润滑系统的结构组成以及润滑系统的工作油路等基础知识。

## 学习内容

### 一、润滑系统的功用

（1）润滑作用：润滑运动零件表面（如曲轴与主轴承、活塞与气缸壁、正时齿轮副），减小摩擦阻力和磨损，减小发动机的功率消耗。

（2）清洗作用：机油在润滑系统内不断循环，清洗摩擦表面，带走磨屑和其他异物。

（3）冷却作用：机油在润滑系统内循环还可带走摩擦产生的热量（6%~14% 的热量），维持零件正常的工作温度。

（4）密封作用：在运动零件之间（如活塞环、活塞裙部表面与气缸壁之间的环形间隙）形成油膜，提高它们的密封性，有利于防止漏气或漏油。

（5）防锈蚀作用：在零件表面形成油膜，对零件表面起保护作用，防止腐蚀生锈。

此外，润滑油还可用作液压油，如液压挺柱，起液压作用；在运动零件表面形成油膜，吸收冲击并减小振动，起减振缓冲作用。

### 二、润滑方式

由于发动机传动件的工作条件不同，因此对负荷及相对运动速度不同的传动件采用不同的润滑方式。

（一）压力润滑

压力润滑是以一定的压力把机油供入摩擦表面进行润滑的润滑方式。这种方式主要用于主轴承、连杆轴承及凸轮轴承等负荷较大的摩擦表面。

（二）飞溅润滑

飞溅润滑是利用发动机工作时运动件溅泼起来的油滴或油雾润滑摩擦表面的润滑方式。这种方式主要用来润滑负荷较轻的气缸壁面和配气机构的凸轮、挺柱、气门杆以及摇臂等零件的工作表面。

（三）润滑脂润滑

润滑脂润滑是通过润滑脂嘴定期加注润滑脂来润滑零件工作表面的润滑方式，如水泵及发电机轴承等。

**三、润滑剂**

发动机的润滑剂有润滑油和润滑脂。润滑油习惯上称为机油，品种很多。

机油的黏度随温度的变化而变化，温度高则黏度低，温度低则黏度高，因此，要根据季节选用不同牌号的润滑油。

按保养手册应定期更换发动机润滑油。如果汽车连续在多尘地区以及气温低于 −20 ℃的寒冷地区行驶，发动机润滑油的更换周期应相应缩短。

应经常检查发动机润滑油油面，保持润滑油油面位于润滑油尺“MAX”（最高）及“MIN”（最低）两个标识之间，润滑油量为 2.5~3.0 L。

**四、润滑系统的组成**

一般发动机的润滑系统组成大体相同，主要由机油泵、油底壳、机油滤清器、各种阀（限压阀和旁通阀）组成，有的还设有传感器、机油压力表、温度表和机油散热器等。

（1）机油泵：将润滑油从油底壳中抽出加压后，送到各零件表面进行润滑，维持润滑油在润滑系统中的循环。机油泵大多装于油底壳内，也有些柴油机将机油泵装于油底壳外面。

（2）油底壳：用来储存润滑油。在大多数发动机上，油底壳还起到为润滑油散热的作用。

（3）机油滤清器：用来过滤掉润滑油中的杂质、磨屑、油泥和水分等，使送到各润滑部位的都是清洁的润滑油。

（4）限压阀和旁通阀：限压阀用来限制机油泵输出的润滑油压力；旁通阀在粗滤器发生堵塞时打开，机油泵输出的润滑油可直接进入主油道。

**五、润滑油路**

桑塔纳 2000 GSi 型轿车的 AJR 型发动机的润滑系统如图 17-1 所示。此系统中，曲轴的主轴轴颈、连杆轴颈、凸轮轴颈均采用压力润滑，其余部分则用飞溅润滑或润滑脂润滑。

当发动机工作时，机油从油底壳经集滤器被机油泵 17 送入机油滤清器 12。滤清后，输送到发动机各润滑点。在润滑油路中，装有溢流阀 16 和限压阀 14（开启压力 0.35~0.45 MPa），溢流阀装在机油泵上，限压阀装在机油滤清器支架上，在发动机处于冷态或者润滑油黏度较大时,可避免机油压力过高而造成危险。在机油滤清器内,有一个旁通安全阀 13,当滤清器堵塞时,旁通安全阀打开,未被滤清的机油仍能输送到各润滑点。

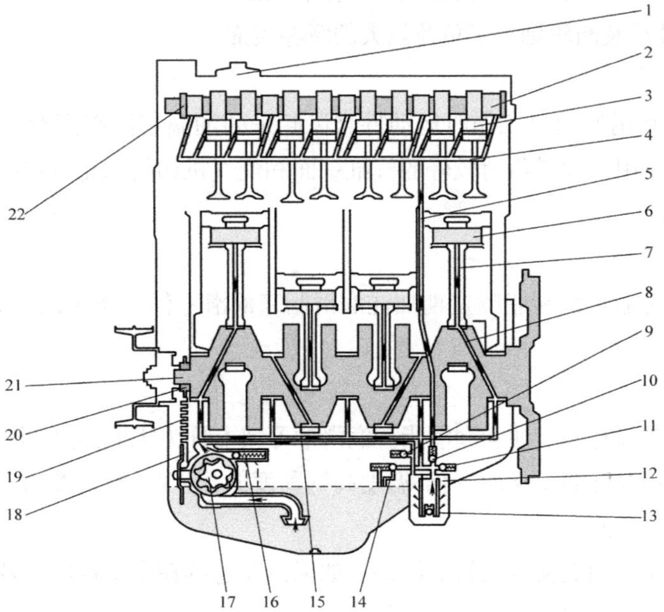


(a)

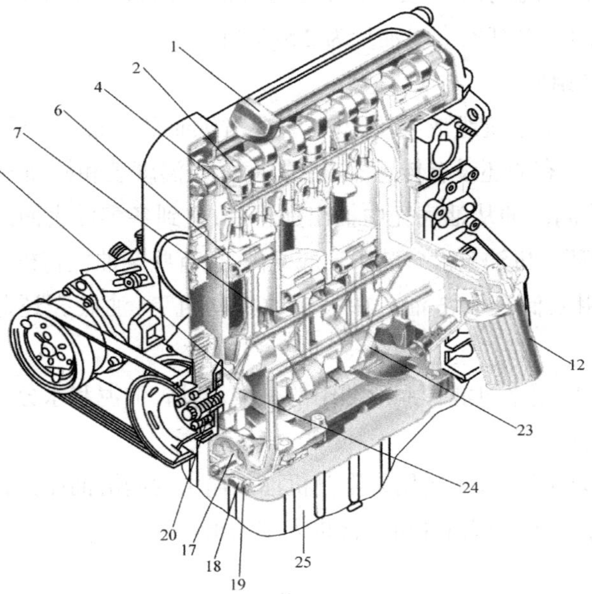


(b)

1—前加机油口盖;2—凸轮轴轴颈;3—液压挺柱;4—气缸盖主油道;5—气缸体－气缸盖主油道;6—活塞销;7—连杆油道;8—曲轴油道;9—油压开关;10—单向阀;11—油压开关;12—机油滤清器;13—旁通安全阀;14—限压阀;15—气缸体主油道;16— 溢流阀;17—机油泵;18—机油泵链轮;19— 链条;20—曲轴链轮;21—曲轴;22—凸轮轴;23—连杆轴颈;24—曲轴主轴颈;25—油底壳

**图 17-1 AJR 型发动机润滑系统**

(a)示意图 (b)结构图

AJR型发动机润滑系统机油泵采用转子泵,直接由曲轴前端的链轮通过链条驱动,如图17-2所示。转子泵的内齿为7齿,外齿为6齿,结构紧凑,体积小,质量轻,流量大。机油泵上有一个溢流阀16用来限制机油泵的出油压力。

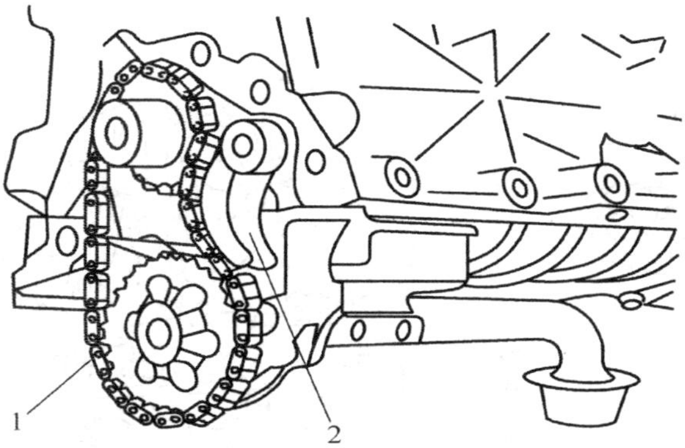


1—传动链;2—链条张紧器

图17-2　润滑油泵的驱动

由于AJR型发动机机油泵的安装位置在气缸体的前端底面,因此气缸体内通往机油滤清器支架的油道设计得较长,经过滤清的机油在机油滤清器支架内分三路:第一路进入气缸体主油道,经主油道分配到各曲轴轴承,再由曲轴上的斜油孔通往各连杆轴承,由连杆体上的油孔通往连杆小头衬套;第二路通过安装在机油滤清器上的一个单向阀进入气缸体上的一个通过气缸体上平面的油道,经气缸盖上的第四个气缸盖螺栓孔进入气缸盖主油道,由此将机油分配到各凸轮轴轴颈和液压挺杆。第三路通往限压阀,油道内的压力过大时该阀打开,将部分润滑油旁通。

## 六、AJR型发动机润滑系统的拆卸

(1)拆卸油底壳。①使发动机前端位于维修工作台上;②放出发动机润滑油;③拆卸离合器防尘罩板;④旋下副梁螺栓和发动机橡胶支承,缓缓放下副梁,如图17-3所示;⑤旋下油底壳上的所有螺栓,拆卸油底壳,必要时用橡胶锤子轻轻敲击。

(2)拆卸机油滤清器。应使用机油滤清器扳手3417进行拆卸,拆卸后检查其滤清和密封情况。

(3)拧下如图17-4所示的螺栓,注意紧固力矩。

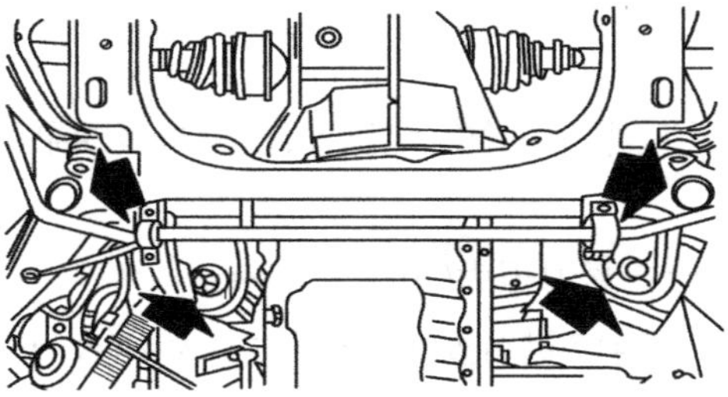

图17-3　旋下副梁螺栓和发动机橡胶支承

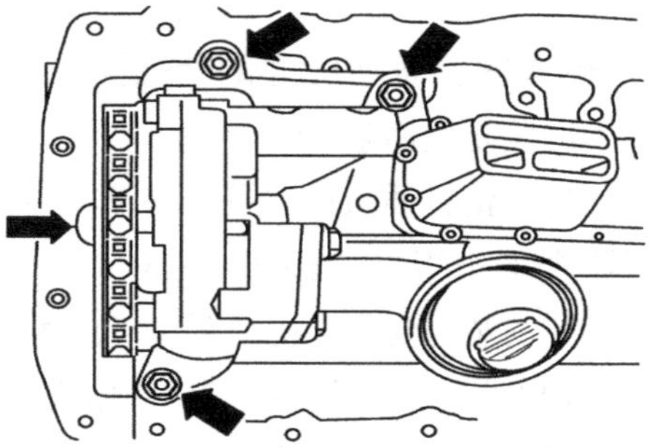

图17-4　拧下螺栓

（4）将链轮和机油泵一起拆下来。

（5）分解机油泵并清洗。

（6）其他零部件的分解如图 17-5 所示。

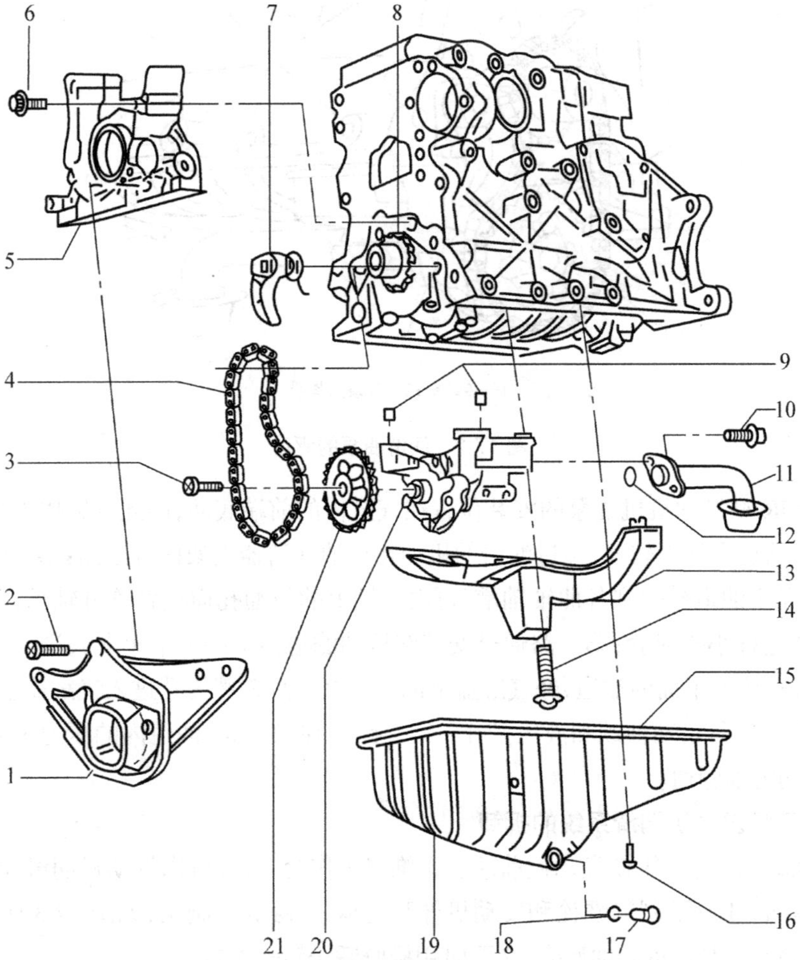


1—扭力臂；2、3—螺栓；4—润滑油泵链条；5—曲轴前油封凸缘；6—油封凸缘固定螺栓；7—链条张紧器；8—曲轴链轮；9—销钉；10、14、16—螺栓；11—吸油管；12—O 形圈；13—挡油板；15—衬垫；17—放油螺塞；18—放油螺塞密封圈；19—油底壳；20—机油泵；21—润滑油泵链轮

图 17-5　AJR 型发动机润滑系统分解图

## 七、AJR 型发动机润滑系统的安装

（1）装复机油泵。

（2）将销钉插入机油泵上端，机油泵轴与链轮只能有一个安装位置，链轮与机油泵的紧固螺栓拧紧力矩为（22 ± 3）N·m。

（3）安装机油泵。机油泵与气缸体的紧固螺栓拧紧力矩为（16 ± 1）N·m。

（4）安装机油滤清器。应使用机油滤清器扳手 3417 进行安装，紧固力矩为 20 N · m，衬垫必须更换，如有漏油现象，密封圈也要进行更换。

(5)安装油底壳。

①更换油底壳衬垫。

②交替对角拧紧油底壳与气缸体的紧固螺栓。

③安装好副梁,拧紧发动机橡胶支承。

主要部件螺栓拧紧力矩:发动机支承与副梁紧固螺栓拧紧力矩为(40±50)N·m,发动机支承与支架紧固螺栓拧紧力矩为(40±5)N·m,扭力臂与发动机紧固螺栓拧紧力矩为(23±3)N·m。

润滑系统装好后,应检查机油液面高度、机油压力、各处密封情况。

## 案例剖析

故障现象:有一辆桑塔纳轿车(AJR 型发动机)在正常行驶中突然出现行驶无力,发动机有异响。

故障分析与排除:启动发动机后机油压力警告灯灭,而且左侧气门室部位有明显异响。拆下发动机罩及左、右两气门室盖,观察凸轮轴及气门的工作情况,发现右侧供油正常,左侧凸轮上没有机油,不能打开气门液压挺柱,因而造成气门异响。根据故障现象,可判断机油泵到主油道是通的,可能左侧气缸盖润滑油道堵塞。

AJR 型发动机的润滑系统流程图,如图 17-6 所示,可见零件和油道布置。

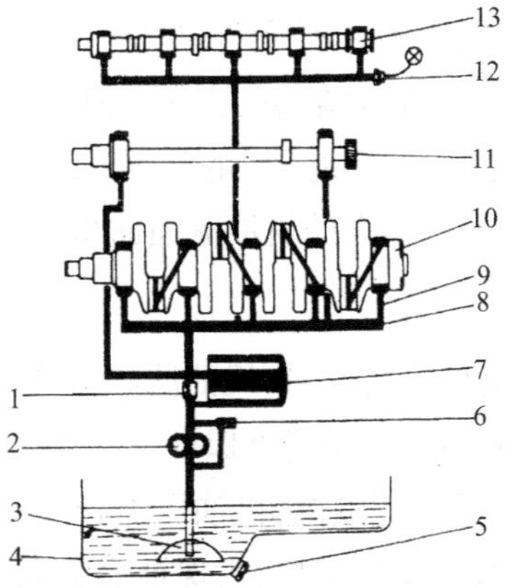


1—单向阀;2—机油泵;3—粗滤器;4—油底壳;5—放油阀;6—安全阀;7—机油滤清器;8—主油道;9—曲轴油道;10—曲轴;11—中间轴;12—机油压力开关;13—凸轮轴

图 17-6　ARJ 型发动机的润滑系统

# 项目十八　润滑系统部件的检测

## 技能点

◇掌握机油滤清器的正确拆装方法。

◇掌握机油滤清器的检查选用和更换方法。

◇掌握机油泵的检查及拆装方法。

## 知识点

◇熟悉机油滤清器的组成、功能和结构特点。

◇熟悉润滑系统的工作原理。

## 任务引入

一辆桑塔纳 2000 GSi 型轿车（AJR 型发动机），在发动机运转过程中，仪表板上机油灯点亮，初步检查发现机油供应不足，有可能是机油流通不畅。

## 任务载体

机油集滤器（粗滤器）的主要损伤部位是滤网堵塞。滤网轻微堵塞，机油不经过滤就通过中心孔进入油管，会加速机油泵和滤清器的损坏；滤网严重堵塞时，会造成供油不足甚至不供油。维修时应注意检查集滤器（粗滤器）的状况，如有堵塞应彻底清洗，中间没有圆孔的滤网，在使用中，要保证滤网有足够大的机油流通面积。

## 学习内容

发动机润滑系统的主要部件有：机油泵、机油滤清器、机油散热器、机油压力开关等。机油泵是汽车润滑系统的动力源泉；机油滤清器保证送到各摩擦表面的润滑油是清洁的；机油散热器使润滑油温度保持在合适的范围内；机油压力开关控制油压报警灯的通断。任一部件出现故障，都会影响润滑系统的正常工作，为保证润滑系统的良好状态，还应掌握润滑系统主要零件的结构、作用原理、检修方法等基本知识。

### 一、机油泵

机油泵有齿轮式和转子式两种。

（一）齿轮式机油泵

机油泵安装在曲轴箱内。一般上部的出油口与上曲轴箱的油道及粗滤器的进油口相通，油泵下部的管接头用油管与机油细滤器相连，油泵侧面的进油口通过进油管与固定式机油集滤器相连。

齿轮式机油泵工作原理如图 18-1 所示。机油泵壳体上加工有进油口和出油口。在油泵壳体内装有一个主动齿轮和一个从动齿轮。发动机工作时，齿轮按图中所示箭头方向旋转，进油腔 1 的容积由于齿轮脱离啮合而增大，使腔内产生一定的真空度，机油便经进油口被吸入。齿轮旋转时把齿间所存的机油带到出油腔 2 内。由于出油腔一侧轮齿进入啮合，使出油腔容积减小、油压升高，机油便经出油口被送到发动机油道中。

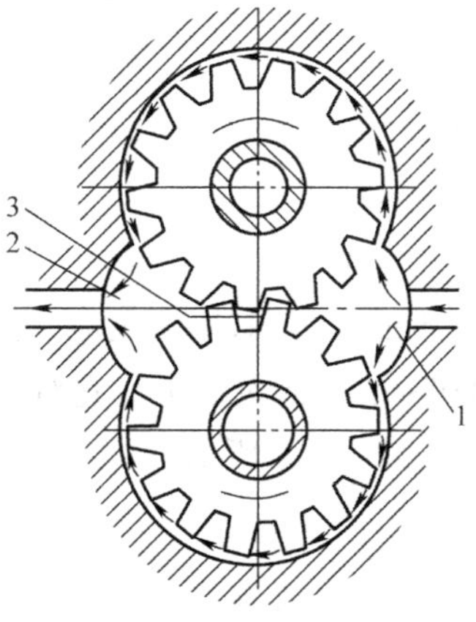


1—进油腔；2—出油腔；3—卸压槽

**图 18-1　齿轮式机油泵工作原理**

（二）转子式机油泵

转子式机油泵，如图 18-2 所示，由粉末冶金制造，且由曲轴通过传动链直接驱动。

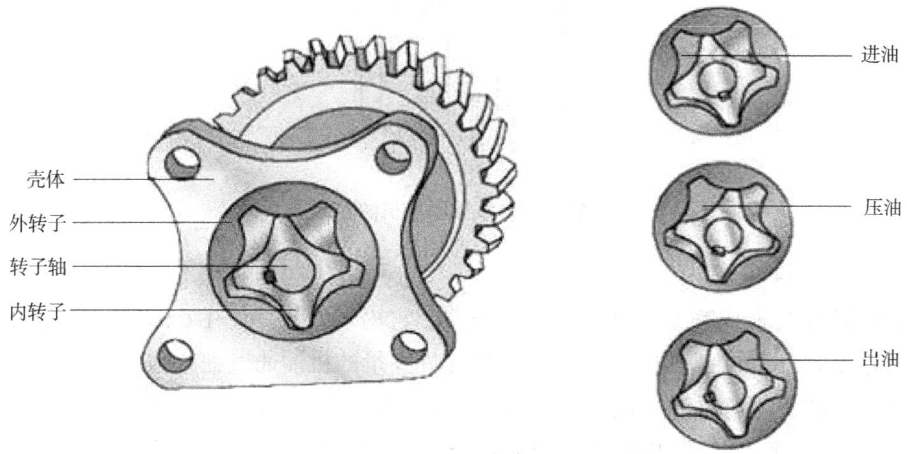


**图 18-2　转子式机油泵**

转子式机油泵的工作原理：内转子固定在主动轴上，外转子在油泵壳体内可自由转动，二者之间有一定偏心距。当内转子旋转时，带动外转子旋转。转子齿形齿廓曲线能保证不论转子转多少角度，内、外转子的每个齿的齿形齿廓曲线上总能互相成线接触。这样内、外转子间便形成四个工作腔。转子旋转过程中，任一工作腔从进油腔转过时，容积增大，产生一定的真空度，机油经进油孔被吸入；转子继续旋转，当该工作腔与出油孔相通时，腔内容积减小，油压升高，机油经出油孔被压出。

## 二、机油滤清器

机油经过的滤清器滤芯愈细密，机油流动阻力愈大，因此在润滑系统中一般应采用几个具有不同滤清能力的滤清器，即集滤器、粗滤器和细滤器，它们与主油道串联或并联。

（一）集滤器

集滤器装在机油泵之前，一般采用滤网式，用来防止粒度大的杂质进入机油泵。汽车发动机所用的集滤器的类型有浮式和固定式。

（二）粗滤器

粗滤器一般串联在机油泵与主油道之间，属于全流式滤清器。它用来滤去机油中粒度较大的杂质，杂质直径一般为 0.05~0.1 mm 及以上。它对机油的流动阻力较小。汽车发动机常用的粗滤器为纸质式粗滤器，如图 18-3 所示。

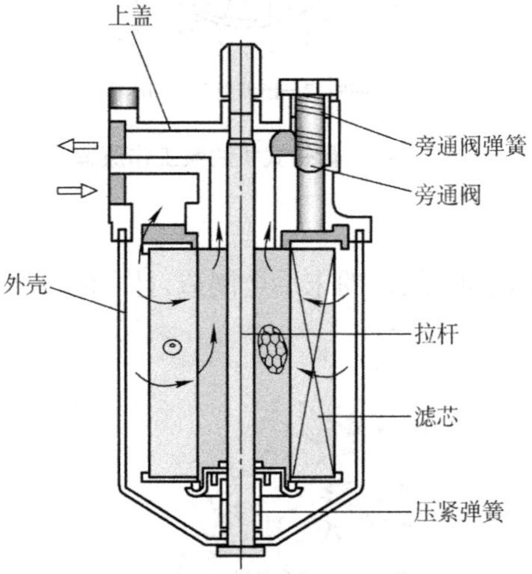


**图 18-3 纸质滤芯机油粗滤器**

（三）细滤器

细滤器与主油道并联，属于分流式滤清器。它用来滤除直径在 0.001 mm 以上的细小杂质。细滤器对机油的流动阻力较大，因此只允许少量的机油通过细滤器。

细滤器的类型有过滤式和离心式两种。因过滤式细滤器的滤清阻力较大。因此，目前许多车用发动机，如东风 EQ6100-1 型、解放 CA6102 型汽油发动机以及 6135Q 型柴油机等，均采用离心式机油细滤器。

离心式滤清器的优点为滤清能力高，通过能力好，且不受沉淀物的影响，不需要更换滤芯，只需定期清洗即可；但也存在对胶质滤清效果较差的缺点。

（四）复合式滤清器

桑塔纳 2000 型轿车发动机为了简化结构，方便更换，采用细滤芯与粗滤芯串联，而且设置在同一外壳内的复合式滤清器，其结构如图 18-4 所示。

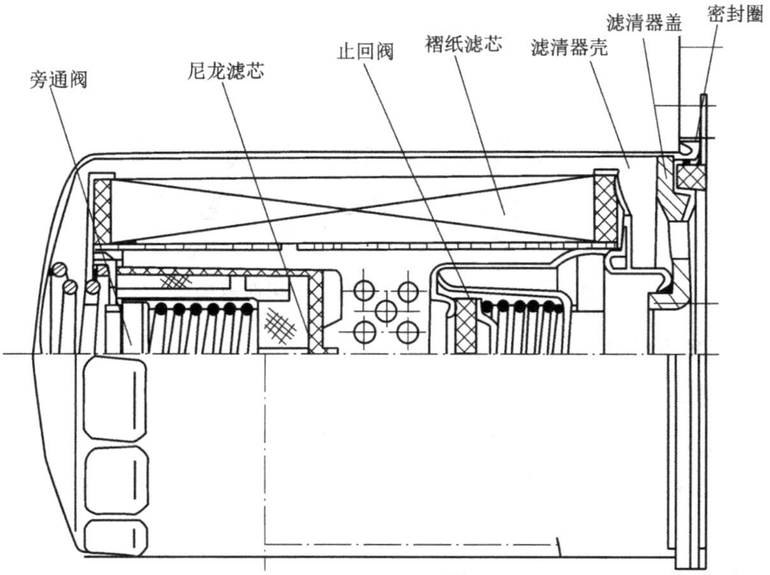


图 18-4 复合式机油滤清器结构

机油滤清器的工作过程:从油底壳来的脏油由端盖周边的机油孔进入滤清器内,再由外向内流过褶纸滤芯,如图 18-5 所示,经滤芯过滤后进入滤清器中心油腔。当机油压力大于止回阀弹簧弹力时,推开止回阀,过滤后的机油流向发动机。褶纸滤芯由棉花、毛绒、人造纤维等不同类型的材料制成,能过滤不同类型和不同直径的杂质。

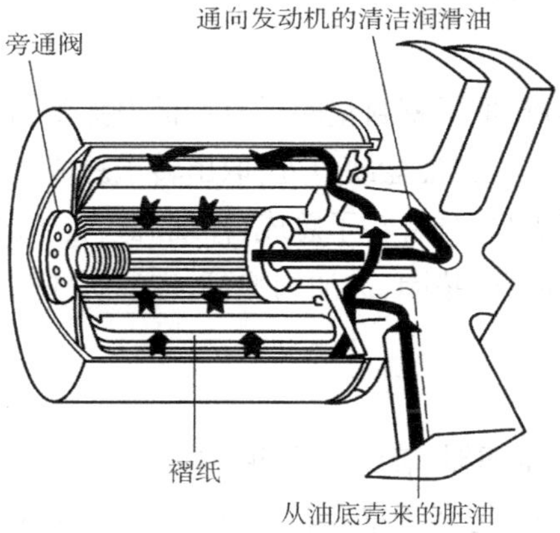


图 18-5 发动机机油滤清器工作流程

## 三、机油散热器

为了保持机油温度在合适的范围内,除靠机油在油底壳内自然冷却外,有些发动机还加装有机油散热器。机油散热器一般是装在发动机冷却水散热器的前面,利用风扇来冷却机油。

东风 EQ6100-1 型发动机的机油散热器外形如图 18-6 所示。它是管片式结构,其结构和工作原理与散热器类似。

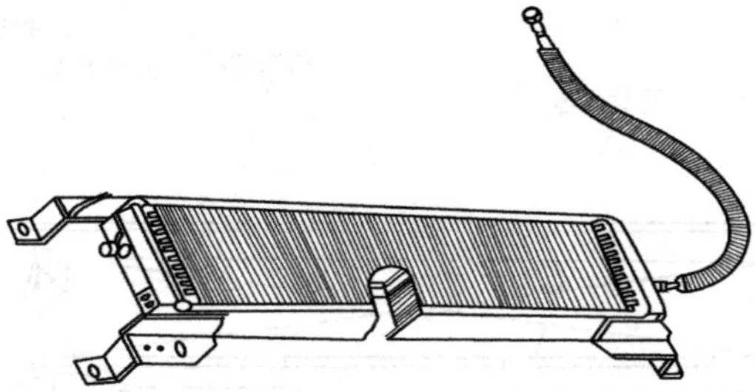

图 18-6 EQ6100-1 型发动机机油散热器

## 四、机油滤清器的拆装

### (一)机油粗滤器的拆装

机油粗滤器主要由底座、滤芯、外壳推杆总成、密封圈、旁通阀等组成。滤芯由经过树脂处理的微孔滤纸制成,两端装有环形密封圈,由弹簧和钢球组成的旁通阀装在底座上。

1. 拆卸

(1)松开紧固螺母分解底座和外壳推杆总成。

(2)取出密封垫圈、滤芯压紧弹簧垫圈和弹簧。

(3)松开阀座,取出旁通阀弹簧和钢球,仔细观察旁通阀的工作情况。

(4)清洗。

2. 装复

按拆卸时相反顺序装复粗滤器,注意不要损坏各密封圈。

### (二)离心式机油细滤器的拆装

1. 拆卸

(1)松开外罩上盖的螺母,取下密封垫圈、外罩、推力弹簧和推力片。

(2)将转子转动到喷嘴对准挡油盘缺口处,取出转子总成。

(3)松开转子罩上紧固螺母,分解转子总成,仔细观察转子的工作情况。

(4)松开进油阀座,拆卸阀座垫圈,进油阀弹簧,进油阀柱塞。

(5)清洗。

2. 装复

按拆卸时相反顺序装复细滤器,装配注意事项如下。

(1)转子总成装配时,必须把转子罩和转子座两箭头记号对准,否则将破坏转子总成的平衡。密封橡胶垫应装好,否则将会漏油,并会使转子不转。锁紧螺母不能旋得过紧,否则将破坏转子的正常工作。

(2)装止推弹簧下面的推力片时,应将光面对着转子,切勿装反或漏装,以免破坏转子旋转。

(3)装复外罩时,应把底座密封圈槽内的泥沙清除干净,因为外罩下若有泥沙,会引起转子轴的变形。

### (三)机油滤清器的检查、选用、更换方法

(1)机油液面高度检查。

（2）放尽油底壳内的机油。

（3）拆卸滤清器。

（4）安装放油螺塞、更换安装滤清器。

（5）选用车辆制造厂推荐的机油等级，添加新机油。

（6）检查机油液面高度应处于上限位置。

## 知识与能力拓展

### 机油泵的拆装与检修

1. 机油泵的拆卸与分解

（1）拆卸机油泵盖组，检查泵盖上的限压阀组。

（2）分解机油泵主、从动齿轮，再分解齿轮和轴。

（3）清洗、检查、测量所有零件。

2. 机油泵的检查

（1）检查齿轮啮合间隙。检查时，将机油泵盖拆下，用塞尺在互成 120° 角的三个位置测量机油泵主、从动齿轮的啮合间隙，如图 18-7 所示。新机油泵齿轮啮合间隙为 0.05 mm，磨损极限值为 0.20 mm。

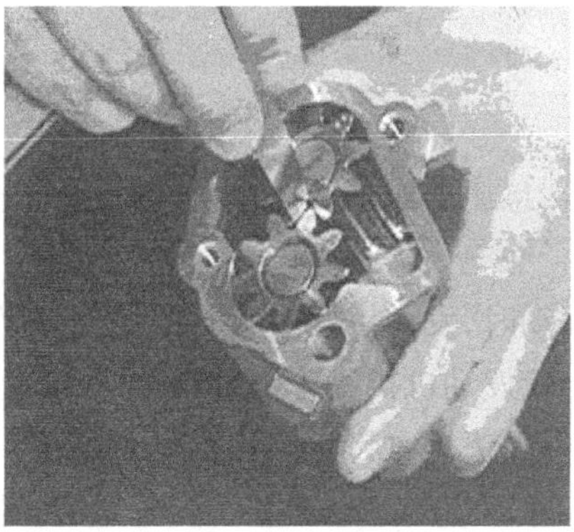

图 18-7　齿轮啮合间隙的检查

（2）检查主、从动齿轮与泵盖接合面的间隙，如图 18-8 所示。主、从动齿轮与机油泵盖接合面间隙正常值应为 0. 05 mm，磨损极限值为 0.15 mm。

（3）检查主动轴的弯曲度。将机油泵主动轴支承在 V 形架上，用百分表检查弯曲度。如果弯曲度超过 0.03 mm，则应对其进行校正或更换。

（4）检查主动齿轮轴与泵壳的配合间隙，如图 18-9 所示。主动齿轮轴与泵壳配合的间隙应为 0.03 ~ 0.075 mm，磨损极限值为 0.20 mm，超过磨损极限值应对轴孔进行修复。

（5）检查泵盖。泵盖如有磨损、翘曲超过 0.05 mm，应以车、研磨等方法进行修复。

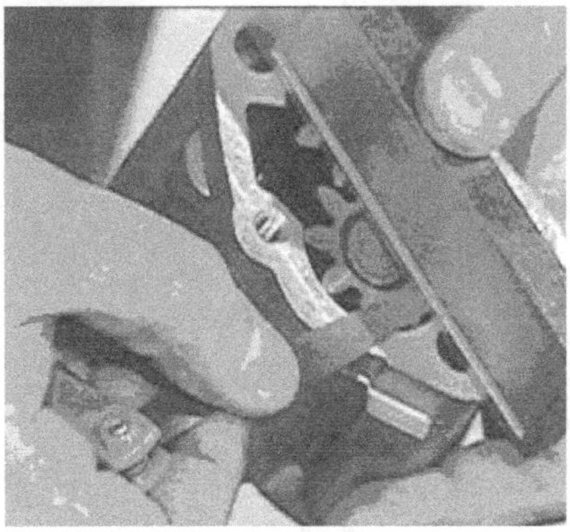

图 18-8 齿轮与泵盖接合面间隙的检查

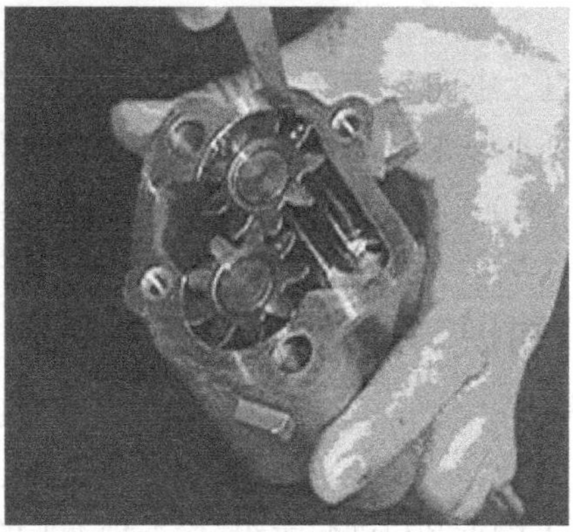

图 18-9 主动齿轮轴与泵壳配合间隙的检查

(6)检查安全阀。检查安全阀弹簧有无损伤、弹力是否减弱,必要时予以更换。检查安全阀配合是否良好、油道是否堵塞、滑动表面有无损伤,必要时更换安全阀。

3. 机油泵的装配

机油泵的安装顺序基本上与拆卸及分解顺序相反,但应注意以下两点:

(1)更换所有的垫片;

(2)按规定力矩拧紧螺栓。

## 案例剖析

**案例 18-1**:机油泵故障

故障现象:热车启动正常,怠速工作正常;而冷车启动困难、冷车怠速抖动且冷车时机油压力过高。

故障分析与排除:冷车启动时,发动机机油压力过高,表明发动机机油泵工作间隙过小,这是因为冷车时机油黏度高,使发动机机油压力过高,导致顶置凸轮轴的液压挺柱内油压过高,气门处于开启状态,气缸内无法建立起正常的工作压力,导致冷启动困难。

正常的机油泵泵轴间隙为 0.045~0.085 mm,转子端面与泵体高度间隙为 0.03~0.07 mm。经检查,该发动机的油泵的两个间隙值均小于规定值。更换机油泵,故障排除。

# 项目十九　发动机润滑系统的维护

## 技能点

◇掌握润滑油的选用方法。

◇掌握润滑油的检查与更换方法。

◇掌握润滑系统的维护方法。

## 知识点

◇熟悉润滑油的性能与分类。

## 任务引入

汽车在运行一定的时间或行驶一定的里程后,应对润滑系统进行维护保养,尤其是对机油要进行更换。

## 任务载体

汽车在使用一段时间后,润滑系统中会沉积大量的油泥,影响润滑系统的正常工作,甚至出现严重的机械故障,所以对润滑系统的维护工作就显得特别重要。

## 学习内容

### 一、发动机机油的选用

发动机机油的选用,首先根据车辆使用说明书或发动机的工作条件,确定发动机机油的质量等级;其次,根据车辆使用地区的气温情况选择合适的发动机机油质量等级及型号。

(一)质量等级的选用

发动机机油质量等级的选用,必须严格按照汽车使用说明书的规定。在无车辆使用说明书的情况下,可根据发动机工作条件的苛刻程度选用合适质量等级的润滑油。具体选用方法如下。

1. 汽油发动机机油质量等级的选用

汽油发动机工作条件的苛刻程度与发动机进、排气系统中有无附加装置及其类型有关,由此,可按附加装置选用机油质量等级,如装有曲轴箱强制通回装置(Positive Crankcase Ventilation, PCV)的汽车可选用SD级,装有EGR装置的汽车可选用SE级润滑油,装有废气催化转换装置的汽车可选用SF级润滑油,采用电喷燃油系统的汽车要求使用SF级以上的润滑油,如桑塔纳2000型轿车等。

2. 柴油发动机机油质量等级的选用

柴油发动机工作条件的苛刻程度可用柴油发动机强化系数来表示。强化系数越高,表示润滑油工作条件越苛刻,要求选用的润滑油质量等级越高。

（二）黏度等级的选用

黏度等级的选用是根据车辆使用地区和季节气温来选择的，我国发动机润滑油黏度等级与适用温度范围见表 19-1。

（三）发动机油的选用实例

部分汽油车发动机要求选用的机油规格见表 19-2。

**表 19-1 发动机润滑油黏度等级与适用温度范围**

| SAE[①]黏度级别 | 适用气温 /℃ | SAE 黏度级别 | 适用气温 /℃ |
|---|---|---|---|
| 5W-30 | -30~30 | 20W-20 | -15~20 |
| 10W-30 | -25~30 | 0W-30 | -10~30 |
| 15W-30 | -20~30 | 0W-40 | -5~40 及以上 |
| 15W-40 | -20~40 及以上 | | |

注：① SAE 代表美国汽车工程师学会（Society of Automotive Engineers）。

**表 19-2 部分汽油车发动机要求选用的机油规格**

| 发动机型号 | 机油规格 | 发动机型号 | 机油规格 |
|---|---|---|---|
| AJR | VW 标准 50000 或 API SJ 级以上，机油黏度等级（SAE）标准根据环境温度选择 | K20A7/K24A4/J30A4 | API SG 级以上，机油黏度等级（SAE）标准根据环境温度选择 |
| | | CA488 | SF 10W-30 |
| ANQ | VW 标准 50000 或 50101，机油黏度等级（SAE）标准根据环境温度选择 | CA6102 | SD30 或 SD10W-30 |
| ATX/APS | API SF 级或 API SG 级，机油黏度等级（SAE）标准根据环境温度选择 | JUZ-FE（LS400） | SG 或 SH，机油黏度等级（SAE）标准根据环境温度选择 |
| L46W | API SJ 级以上，机油黏度等级（SAE）标准根据环境温度选择 | M117（BENZ560） | SG 或 SH，机油黏度等级（SAE）标准根据环境温度选择 |

（四）发动机机油的使用注意事项

（1）如果不是通用油，则汽油发动机机油不能用于柴油发动机。同样，柴油发动机机油也不能用于汽油发动机。不同牌号的润滑油不得混用。

（2）质量等级较高的润滑油可替代质量等级较低的润滑油，反之则不能。

（3）经常检查润滑油的液面高度。检查时应使发动机处于水平位置，发动机停转几分钟后再进行检查，机油标尺上的油痕应在上刻度线与下刻度线之间。

（4）注意车辆使用地区的气温变化，及时换用黏度等级适宜的机油，在满足使用要求的前提下，润滑油的黏度应尽可能选择小些。

（5）适时（定期或按质）换油。可按车辆使用说明书或该车型规定的换油里程要求换油。

## 二、润滑系统的维护

### （一）日常维护

驾驶员在出车前、行车中和收车后，应坚持检查机油质量，视情况补充或更换机油。行车中注意观察指示油压。每次出车前应抽出机油尺检查机油液面的位置，必要时添加机油。机油液面位置检查的操作如下。

（1）将车停在水平路面上。

（2）当发动机停机后，等候几分钟以使机油回流到油底壳。

（3）拔出机油尺。

（4）将机油尺擦干净，并将它完全插回到底。

（5）再拔出机油尺，并查看上面显示的油位。机油液面位置应在机油尺上刻度线和下刻度线这两条刻度线之间。

（6）获取读数后，将机油尺完全插回到发动机中。

（7）必要时添加机油，使机油液面保持在下刻度线以上且处于下刻度线以下的区域内。不要加注过量的发动机油，否则可能会导致发动机损坏。

添加发动机油时，一定要添加相同牌号的，以免引起油变质。若无同一牌号的油，则应全部更换。

### （二）一级维护

根据机油质量变化适时地更换机油，一般情况下，汽车每行驶 5 000 km 时应更换机油滤清器滤芯或滤清器总成。汽车在完成走合里程后以及汽车每行驶 5 000 km 或 3 个月时，应更换一次机油。

（1）更换滤芯或滤清器总成。

（2）更换机油，具体操作工艺如下：

①在发动机熄火的热机状态下，拧下油底壳底部的放油螺塞；

②用专用的容器收集发动机内的旧机油（或直接用抽油机将旧机油抽出）；

③按规定力矩装回并上紧放油螺塞；

④ 拧开位于气缸盖罩上的加油盖，从加机油口加注新的机油，直到机油液面位置符合要求为止；

⑤ 启动发动机，检查机油液面位置及滤清器和放油螺塞处有无漏油。

### （三）二级维护

检查规定转速下的机油油压；检查机油报警器系统性能是否良好、可靠；拆检机油细滤器，恢复过滤能力；定期拆卸曲轴箱和机油集滤器；清洗机油散热器。

#### 1. 机油压力的检测方法

（1）在驾驶室仪表盘上有机油压力表的汽车，可由机油压力表直接读取主油道机油压力。

（2）在驾驶室仪表盘上装有机油压力报警灯的汽车，当汽车在正常行驶中时，若报警灯点亮即表示机油压力过低。

（3）若进一步检测主油道的机油压力，则需要拧下安装在主油道上的机油压力传感器，利用其连接螺纹，安装一机油压力表，由此检测发动机工作时主油道内的机油压力。

2. 机油压力测试操作工艺

（1）将车辆停放在水平面上，运行几分钟后停机，等待足够的时间（2~3 min），使机油沉降，并检测机油液位高度。若液位高度达不到要求，则按要求添加规定级别的机油，直到机油液位指示器显示符合要求。

（2）短暂运行发动机（10~15 s），确认压力计测量的压力是否很低，或无机油压力。

（3）拆卸机油压力传感器。

（4）在机油压力传感器位置，安装机油压力表转换接头。

（5）连接机油压力传感器至机油压力表转换接头。

（6）启动发动机并使其达到正常工作温度。

（四）注意事项

（1）润滑油要按照厂家的规定来选择、添加和更换。

（2）检查发动机机油液面高度最好在机油温热时进行，而且机油液面高度不能超过上刻度线。

（3）启动发动机并使其达到正常工作温度后，方可检测机油压力。

## 知识与技能拓展

### 一、润滑油的性能指标和分类

发动机要按规定加入一定量的性能指标满足要求的发动机润滑油。发动机润滑油具有润滑、冷却、密封、清洁和防锈等作用。我国发动机润滑油按发动机的类型分为汽油发动机润滑油和柴油发动机润滑油两大类。

（一）发动机润滑油的使用性能

1. 黏度

机油的黏度指机油在外力作用下流动时所表现出来的性质，它是评价机油品质的主要指标，对于同一种发动机润滑油来说，黏度不是常数，温度降低，黏度增大；温度升高，黏度减小，在使用中必须全面考虑润滑油的黏度。

2. 抗氧性

抗氧性是指油料在储存和使用中抵抗氧化的能力。发动机润滑油在储存和使用中，与空气中的氧气接触，会发生氧化反应，引起发动机润滑油变质。为减缓发动机润滑油氧化变质，延长使用寿命，通常要在油中加入各种性能良好的抗氧化剂。

3. 抗腐性

发动机润滑油在氧化过程中会产生酸性物质，如各种有机酸等，这些物质在高温、高压下，在含有水分时对金属有很强的腐蚀性。

4. 清净分散性

所谓清净分散性，是指能将发动机润滑油生成的胶状物、积炭等不溶物悬浮在油中，使其不易沉积在机件表面，同时能将已沉积在机件上的胶状物洗下来的性能。发动机润滑油在使用过程中会生成各种氧化物，发动机润滑油应有良好的清净分散性。

5. 抗泡沫性

发动机润滑油消除泡沫的性质，叫作发动机润滑油的抗泡沫性。当发动机润滑油受到激烈搅动将空气混入油中时，就会产生泡沫。泡沫如果不及时消除，会产生气阻，造成供油不足等故障。因此，要求发动机润滑油有良好的抗泡沫性，在出现泡沫后能及时消除，以保证正常工作。

（二）牌号

发动机润滑油的牌号由质量等级和黏度等级两部分组成。如 SC30 表示质量等级为 SC 级、黏度等级为 30 的汽油发动机润滑油；SE/CC30 表示汽油发动机和柴油发动机上通用的机油，质量等级符合 SE 级汽油发动机润滑油和 CC 级柴油发动机润滑油的标准，黏度等级为 30。

## 二、发动机润滑油的更换方法

（一）机油滤清器的作用及更换频率

机油滤清器如图 19-1 所示。其作用是对进入发动机系统的机油进行过滤，以防机油在使用循环过程不断混入的杂质（灰尘、金属碎屑以及机油遭氧化形成的胶质物）造成油道堵塞，乃至损坏发动机等严重后果的出现。

一般来说，在每 5 000 km 更换机油的同时也应更换机油滤清器，以保证机油对发动机有良好的润滑效果。

**图 19-1　机油滤清器**

（二）机油滤清器及机油的更换

（1）启动发动机，待达到正常的工作温度（80 ℃以上），将汽车停放在平坦的地面上，然后熄火。

（2）抽出机油尺，将机油滴在试纸上，查看机油的颜色，如图 19-2 所示。

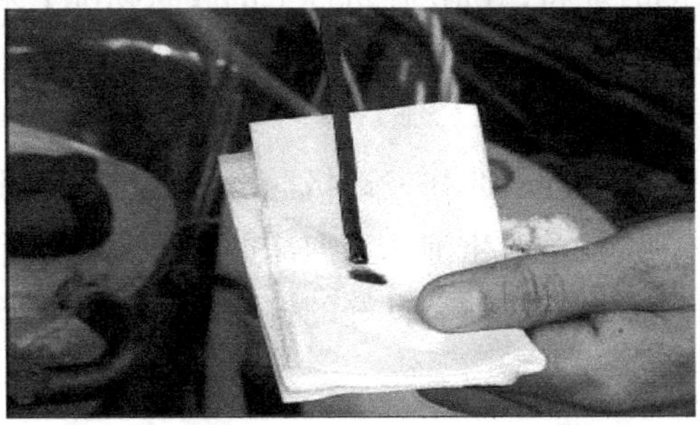

图 19-2 机油的检查

（3）首先打开发动机上部的加机油口，然后在热车状态下，拧下机油盘下部放油螺塞，将机油放入专用容器中。放净机油，擦干净机油滤清器座，如图 19-3 所示。

图 19-3 放机油

（4）拆下机油滤清器，准备好新机油滤清器，在 O 形圈上涂抹一层机油。用手拧上机油滤清器，直到拧不动为止，再用滤清器扳手拧紧，如图 19-4 所示。

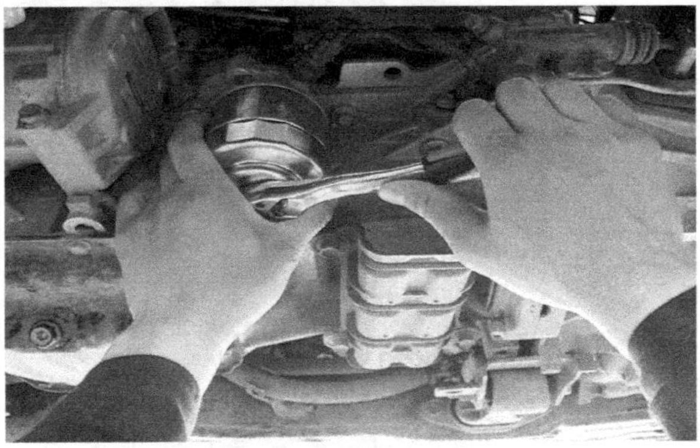

图 19-4 更换机油滤清器

（5）用棉纱布擦干净放油螺塞及螺塞口周围，将螺塞拧回原位，加入新机油，如图 19-5 所示。

图 19-5　加注机油

（6）启动发动机，检查滤清器与发动机连接处有无漏油。如渗漏，拧下滤清器，检查 O 形密封圈，涂抹机油，然后重新安装，如图 19-6 所示。

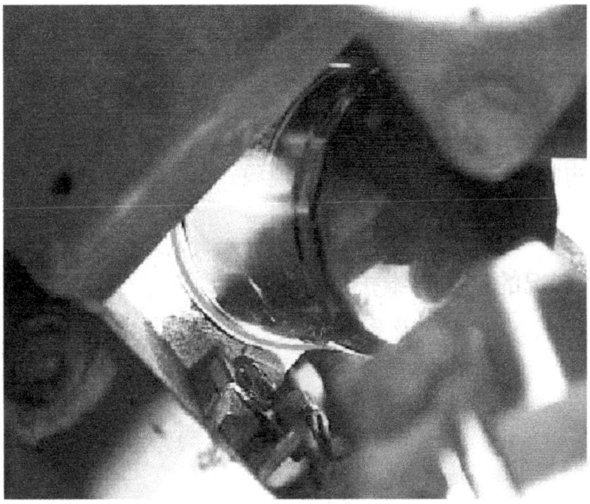

图 19-6　检查滤清器

（7）抽出机油尺，机油量应在上、下标线之间，盖好机油加注口盖。

# 项目二十　配气机构常见故障的诊断

## 技能点

◇能判断配气机构故障的类型。

◇能诊断、排除配气机构的常见故障。

## 知识点

◇熟悉配气机构的结构组成、类型、作用。

◇熟悉配气机构气门间隙的检查、调整方法。

◇熟悉配气机构常见故障的类型、故障现象、原因及诊断排除方法。

## 任务引入

一台桑塔纳3000型轿车的发动机在工作中发出有节奏的“哒哒”声，响声随转速的高低而产生明显的变化，响声不会随着断火而消失。

## 任务载体

对发动机配气机构常见故障的类型、故障现象、原因进行分析判断。

## 学习内容

### 一、配气机构技术状况的变化与维护

（一）配气机构技术状况的变化及影响因素

1. 气门关闭不严

（1）气门间隙过小。

（2）气门杆部弯曲、磨损。

（3）气门与气门座接触不良。

（4）气门弹簧弹性减弱。

2. 配气机构异响

（1）气门脚响：气门间隙过大、松动、冲击等。

（2）正时齿轮响：磨损、松况、张紧装置松动、正时带碰擦等。

（3）凸轮轴响：磨损。

（4）液力挺柱响：油压低、损坏。

3. 配气相位失准

（1）装配错误：正时齿轮和正时齿轮链装配时记号没对正。

（2）正时齿轮或链轮与凸轮轴或曲轴键连接处磨损松动或键槽加工误差引起定位偏差，加大配气正时误差。

（二）气门间隙的调整方法

调整的条件：气门完全关闭、液压挺柱落在凸轮基圆位置。

1. 两次调整法

（1）1 缸活塞位于压缩行程上止点时，调整其中一半气门。

（2）转曲轴一周，再调整另外半数气门。

例如：EQ6100、CA6102 型发动机先调第 1、2、4、5、8、9 气门；BJ492Q 型发动机先调第 1、2、4、6 气门。

2. 逐缸调整法

在该缸活塞位于压缩行程终了位置时，调整该缸进排气门。

3. 双排不进法

（1）将气缸按工作顺序分为两组。

（2）将 1 缸活塞位于压缩行程上止点，按双排不进顺序调整其中一半气门的间隙。

（3）转曲轴一周，使末缸活塞运行至压缩行程上止点位置，仍按双排不进顺序调整余下气门的间隙。

例如：1 → 5 → 3 → 6 → 2 → 4

双　排　不　进

——————————————→

4. 进排气门的确定

（1）根据气门与所对应的气道确定。

（2）转动曲轴观察气门动作确定。1 缸活塞处于压缩上止点时，转动曲轴，先动作的是排气门，再按工作顺序检查各缸。

5. 1 缸压缩上止点的确定

（1）分火头判断法：记下 1 缸高压线位置，打开分电器盖，转动曲轴，当分火头与 1 缸高压线位置相对时，表示 1 缸在压缩上止点位置。

（2）逆推法：如 6 缸进气上止点即为 1 缸压缩上止点。

**二、气门组零件的检修**

（一）气门与气门座的配合要求

（1）气门与气门座工作锥度应一致。

（2）气门与气门座密封带位置在中部靠里。

（3）气门与气门座的密封带宽度应符合原厂规定，一般为 1.2 ~2.5 mm。

（4）气门工作锥面与杆部和气门座与导管的同轴度应不大于 0.05 mm。

（5）气门杆导管的配合间隙应符合原厂规定。

（二）气门的检修

1. 气门耗损的检验

气门出现下列耗损之一时，应更换新件。

（1）轿车气门杆的磨损大于 0.05 mm，载货汽车气门杆的磨损量大于 0.10 mm，或出现明显的台阶形磨损。

（2）气门头圆柱面的厚度小余 1.0 mm。

（3）气门尾部的磨损大于 0.5 mm。

（4）气门杆的直线度误差大于 0.05 mm 时，应予以更换或校直，校直后的直线度误差不能大于 0.02 mm。

2. 气门工作锥面的修理

气门工作锥面的修理在光磨机上进行，除去工作锥面上的烧蚀斑点、沟槽、偏磨现象等。

（三）气门座的修理

气门座的磨损会使密封带变宽，气门与气门座密封性下降。

1. 气门座的铰削

1）铰刀

15° 铰刀：铰削气门座上平面角，使气门座工作锥面下移。

30°、45° 铰刀：气门工作锥面铰削。

75° 铰刀：扩大气门座孔内径，使工作锥面上移。

2）作业方法

（1）选铰刀杆。

（2）粗磨：磨硬化层。

（3）初铰：用与气门锥角相同的铰刀铰削工作锥面。

（4）选配：接触带应在座中下部。宽度为 1.0~2.2 mm。若接触带偏上，用 15° 铰刀铰上口；反之，用 75° 铰刀铰下口。

（5）精磨：把细研磨砂涂在气门座工作面上，气门杆上涂上机油，插入气门导管内，上下移动并旋转气门进行研磨。

2. 气门座的磨削

如果气门座材质坚硬，不易铰削，可用气门座光磨机进行磨削

3. 气门的研磨

（1）手工研磨：研磨好后工作面应出现一条整齐的灰色环带。

（2）机械研磨：常用于工厂批号化生产。

4. 气门的密封性检验

（1）划线法。

（2）拍击法。

（3）涂红丹。

（4）渗油法。

（5）气压试验法。

5. 气门座的镶换

新气门落座后，顶平面低于气缸盖燃烧室平面 2 mm 以上，或气门座磨损过甚，需镶换新气门座。

（1）拉出旧气门座。

（2）选择新气门座，应有合适的过盈量。

（3）将气门座冷却后，同时将气缸盖气门座承孔加热后，将气门座压入。

（四）气门导管的修配

检验：将气门杆及导管擦净，在杆上涂机油，插入导管中，上下拉动数次后，气门应能徐徐下落

## 三、气门传动组的修理

（一）凸轮轴及轴承的维修

1. 凸轮轴的耗损与检修

主要耗损：弯曲变形、凸轮轮廓磨损、轴颈磨损，装正时齿轮的键槽磨损等。

检验：凸轮轴检验分类的主要依据是凸轮最大升程减小值。凸轮的最大升程减小值大于 0.04 mm，应更换新件。

2. 凸轮轴轴承的修理

凸轮轴轴向间隙：EQ6100、CA6102 型发动机的为 0.08~0.20 mm，极限为 0.30 mm；桑塔纳的型发动机的极限为 0.15 mm。

凸轮轴轴向间隙的调整：更换推力凸缘或限位台肩的凸轮轴轴承。

## 四、配气机构异响诊断

（一）气门脚响

1. 故障现象

发动机发出有节奏的“哒哒”声，响声随转速而变化，与温度无关，响声不随断火而消失。

2. 原因

磨损、调整不当。

3. 诊断

用适当厚度的塞尺插入可疑的气门脚与摇臂间，响声消失即为该气门间隙大。

（二）气门挺柱响

1. 现象

（1）发动机发出有节奏的清脆的“嗒、嗒、嗒”声响。

（2）怠速时响声明显，中速以上减弱或消失。

（3）温度变化或做断火试验与响声无关。

2. 原因

（1）挺柱与导孔配合松旷，当凸轮顶动挺柱时，横向力使挺柱摆动，撞击导孔而产生响声。

（2）挺柱端头磨损有沟槽。

（3）挺柱不能自由转动。

（4）凸轮有线性磨损，顶动挺柱有跳动现象。

3. 诊断

用铁丝径向钩住有异响的挺柱，若响声减弱或消失，即为该挺柱故障。发生这种响声，可以继续使用。

（三）气门座响

1. 现象

（1）与气门脚响相似，但比其响声大，且有忽大忽小的“嚓、嚓、嚓”声。

（2）中速时响声清晰，高速时杂乱。

（3）单缸断火，响声不变，有时更明显。

（4）发动机低温初发动响声易出现。

2. 原因

（1）选用材料不当，受热后产生变形而松旷。

（2）镶配时，选择过盈量不当造成松旷，在工作中受到冲击振动而松脱，导致与座孔碰撞。

3. 诊断

拆下气门室罩盖，经检查不是气门脚和气门弹簧响，可以断定为气门座松脱响声。

（四）气门弹簧响

1. 现象

（1）怠速时有明显的“嚓、嚓”声；各种转速下均有清脆的响声，拆下气门室罩盖更为明显。

（2）数缸不工作，加速困难，机体振抖严重。

2. 原因

气门弹簧过软或折断。

3. 诊断

将气门室罩盖拆下来检视，找出某缸后，用起子撬住气门弹簧，若弹簧折断，很明显就可以看出；若过软，响声就消失。

（五）正时齿轮响

1. 现象

这种响声比较复杂，有的有节奏，有的无节奏，有的间歇响，有的连续响。

（1）怠速或转速变化时，在正时齿轮盖处发出杂乱而轻微的噪声，转速提高噪声消失，急减速时，此噪声尾随出现。

（2）此响声不受温度和单缸断火试验的影响。

2. 原因

（1）正时齿轮啮合间隙过大或过小。

（2）曲轴和凸轮轴中心线不平行，造成齿轮啮合失常。

（3）更换曲轴和凸轮轴轴承后，改变了齿轮啮合位置。

（4）凸轮轴正时齿轮固定螺母松动。

（5）凸轮轴正时齿轮牙齿折损。

3. 诊断

（1）发动机在怠速时，发出有节奏的轻微的“嘎拉、嘎拉”声，中速时显得突出，高速时声音变得杂乱，严重时正时齿轮盖有振动，此种情况为齿轮啮合间隙过大。

（2）新车大修或更换正时齿轮后，如果发动机发出一种连续不断的“嗷、嗷”声，发动机转速越高响声越大，此种情况为齿轮啮合间隙过小。

（3）齿轮啮合不良引起的响声，类似“呼啸”声，响声的大小随发动机转速变化而变化。

（4）发动机怠速运转时，发出有节奏的“哽、哽”响声，发动机转速提高，响声加大，此种响声为齿轮啮合不均的响声。

（5）随发动机运转而产生有节奏的清晰的撞击声，此种情况为正时齿轮个别齿损坏。

（六）凸轮轴异响

1. 现象

（1）在气缸体侧可听到有节奏而较钝的“嗒、嗒”声。

（2）中速明显，高速消失。

（3）单缸断火，声响依旧。

2. 原因

（1）凸轮轴及轴承间配合松旷。

（2）凸轮轴弯曲变形。

（3）凸轮轴轴向间隙过大。

3. 诊断

一旦发现此类故障，确定后，应拆检，并相应更换故障件。

（七）液压挺柱响

1. 现象

（1）发动机运转时，出现有节奏的“嗒、嗒”声。

（2）怠速时明显，中速以上减弱或消失。

2. 原因

（1）发动机机油液面过高或过低，致使有气泡的机油进入液压挺柱中，形成弹性体而产生噪声。

（2）机油压力低。

（3）由于机油泵、收集器损坏或破裂，使空气吸到机油中去。

（4）液压挺柱失效。

3. 诊断与排除

（1）检查机油液面，视情况添加或排放机油，使油量正常。

（2）检查机油压力是否正常。

（3）检查液压挺柱是否失效，方法如下：

①启动发动机，并使之运转直到散热器风扇运转。

②将发动机转速提高到约 2 500 r/min，并运转 2 min，若液压挺柱还有噪声，则拆检。

③拆下气缸罩盖；

④旋转曲轴，直到待查的挺柱凸轮向上；

⑤用楔形木棒或塑料棒向下压下挺柱，气门打开前，如果自由行程超过 0.1 mm，则应更换挺柱，换上新挺柱后，30 min 内不得启动。

# 项目二十一　润滑系统常见故障的诊断

## 技能点

◇掌握润滑系统的维护和检修方法。

◇熟悉润滑系统常见故障的类型、故障现象、原因及诊断排除的方法。

## 知识点

◇掌握厚薄规（塞尺）、机油压力表等工具的使用方法。

## 任务引入

一台桑塔纳2000型轿车的发动机在工作过程中，油压报警灯闪烁，同时警报蜂鸣器发出报警声，需要检修。

## 任务载体

发动机在使用一段时间后，润滑性能下降，导致运动件配合表面磨损加剧，出现发动机动力性等指标下降。

## 学习内容

发动机润滑系统的常见故障是机油压力过低或过高、机油消耗过多、机油温度过高和滤清器效能减弱。

### 一、机油压力过低

1. 现象

（1）发动机怠速运转后，机油压力表读数过低，油压报警灯闪烁。

（2）发动机转速提高后，警报蜂鸣器同时发出警报。

2. 原因

（1）机油压力传感器效能不佳。

（2）机油压力表失准。

（3）机油液面太低。

（4）机油被稀释。

（5）机油黏度降低。

（6）机油泵齿轮磨损、泵盖磨损或衬垫太厚造成供油压力太低。

（7）内、外管路有泄漏。

（8）限压阀调整不当、关闭不严、弹簧折断。

（9）集滤器滤网堵塞。

（10）主轴承、连杆轴承、凸轮轴轴承磨损或损坏。

3. 诊断（图21-1）

（1）拔出机油尺检查机油量是否过少。

（2）检查机油黏度是否变小，是否有汽油或水分。若有，则应进一步检查由何处渗漏。

（3）检查油路的密封情况。

（4）拆下传感器做短时间运转，查看喷油是否有力。

（5）若润滑系统部件都正常，则主轴承、连杆轴承、凸轮轴轴承磨损或损坏 。

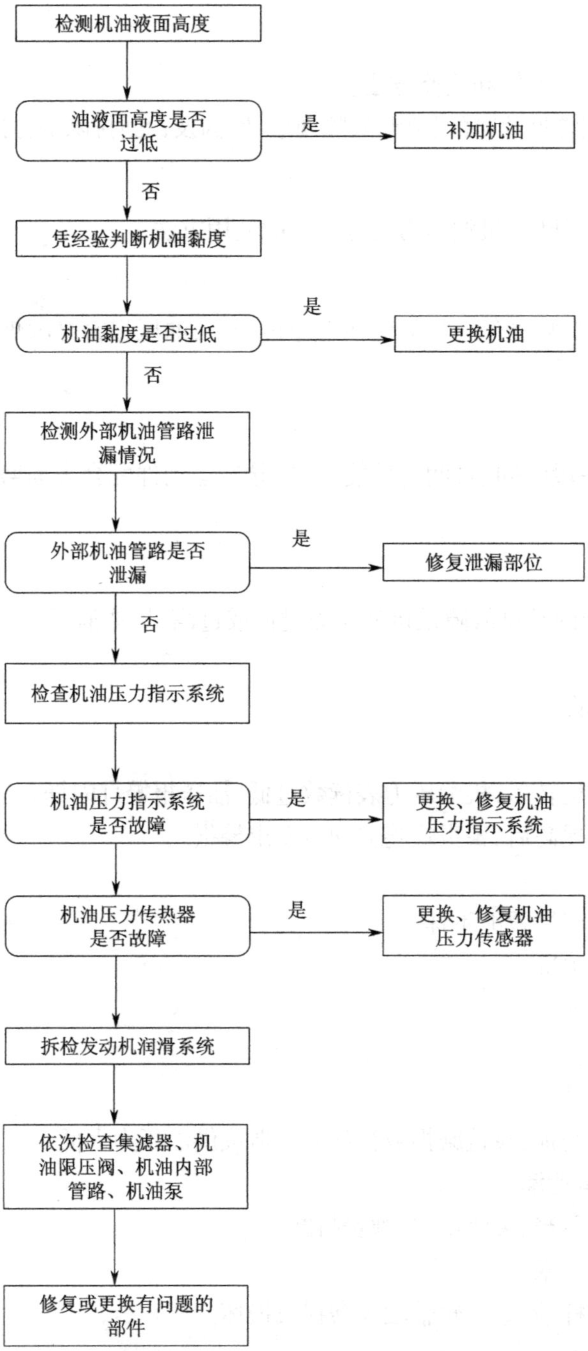


图 21-1　机油压力过低的检查流程

## 二、机油压力过高

1. 现象

发动机在正常温度和转速下，机油压力表读数高于规定值。

2. 原因

（1）压力表或传感器失效。

（2）油底壳内机油液面太高。

（3）机油黏度太大。

（4）机油限压阀发卡或调整不当。

（5）油道内积垢或轴承间隙太小。

发动机润滑系统的技术状况直接影响发动机整机的工作性能和使用寿命。使用中，润滑系统有时产生机油压力变化、机油品质变化、机油消耗量增加过快等异常现象。

3. 诊断步骤

（1）检查油底壳油位是否太高、黏度是否太大。

（2）检查机油表、传感器是否失效。

（3）检查限压阀弹簧。

（4）检查各轴承间隙是否过小。

（5）检查滤清器滤芯是否堵塞，旁通阀弹簧是否过硬。

（6）检查主油道是否堵塞。

## 三、机油变质

1. 现象

（1）机油颜色发生明显变化，失去黏性。

（2）含有水分，机油乳化，乳浊状并有泡沫。

2. 原因

（1）活塞环漏气。

（2）机油老化变质。

（3）机油滤清器堵塞失去滤清作用。

（4）曲轴箱通风不良。

（5）缸体或缸垫漏水。

3. 诊断

（1）闻味法。

（2）手感法。

（3）辨色法。

（4）倾流法。

（5）试纸法。

**四、机油消耗异常**

1. 现象

(1)机油消耗量超过规定值。

(2)尾气冒蓝烟。

(3)积炭增多。

2. 原因

(1)发动机各部件表面漏油。

(2)活塞与气缸间隙大。

(3)曲轴箱通风不良。

3. 诊断(图 21-2)

(1)检查发动机各表面是否有漏油现象。

(2)检测缸压,判断气缸磨损情况。

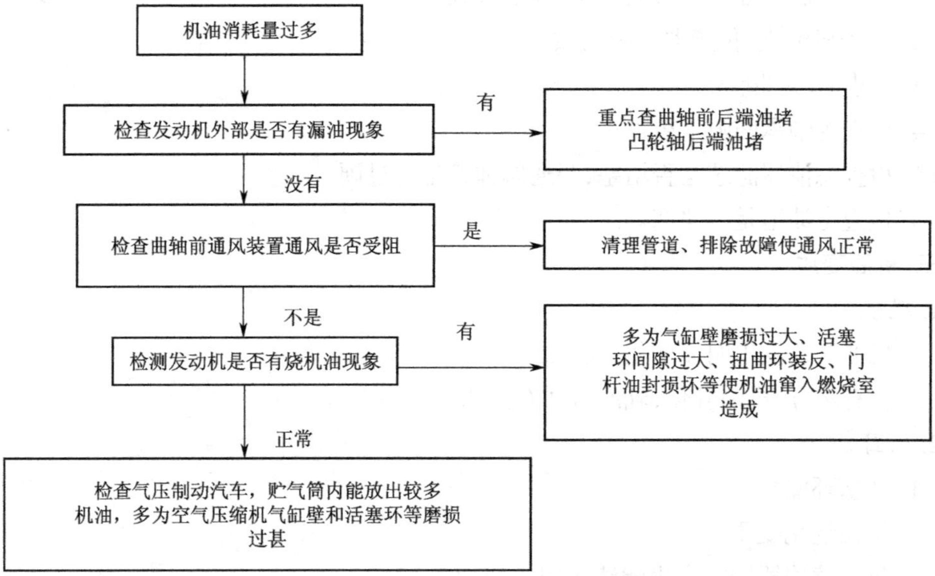


**图 21-2　机油消耗异常的检查流程**

# 项目二十二　冷却系统常见故障的诊断

## 技能点

◇掌握汽车发动机冷却系统常见故障的检测方法。

## 知识点

◇熟悉发动机冷却系统常见故障的类型及现象。

◇熟悉发动机冷却系统的工作原理。

## 任务引入

学会汽车发动机冷却系统常见故障的检测方法。

## 任务载体

冷却系统主要故障是发动机过热。发动机过热的现象主要有冷却液充足但发动机过热、冷却液不足引起发动机过热、发动机突然过热等。

## 学习内容

冷却系统的常见故障如下。

1. 漏水

1）现象

（1）停车后可明显看到发动机上有冷却液滴落到地面。

（2）冷却液日消耗量较大。

（3）有时发现油底壳内有水。

2）原因

（1）气缸盖、气缸体变形或有裂纹。

（2）放水开关关闭不严。

（3）气缸盖螺栓松动或未按规定顺序上紧。

（4）水套侧盖衬垫损坏、螺钉松动或螺钉未按规定顺序上紧。

（5）气缸衬垫损坏。

（6）散热器上下水室、芯管破裂或脱焊。

（7）机体上的水堵封水不严。

（8）水泵衬垫损坏、螺钉松动或水封失效。

（9）湿式气缸套下端封水不佳或密封条损坏。

（10）橡胶软管破裂或卡子松动。

3）诊断方法

采用直接检视法：即冷却液从哪儿漏出来，就说明漏水部位在哪儿。

2. 水温过热

1）现象

（1）运行中的汽车，在百叶窗完全打开的情况下，水温表指针经常指在 100 ℃以上，且散热器伴随有“开锅”现象。

（2）发动机熄火困难。

（3）汽油机易发生爆燃或早燃，柴油机易发生工作粗暴。

2）原因

（1）冷却系统中水量不足。

（2）风扇皮带打滑或断裂。

（3）点火时间或供油时间太晚。

（4）燃烧室积炭太多。

（5）风扇离合器结合时机太晚。

（6）气缸衬垫太薄或气缸体、气缸盖接合面磨削过多。

（7）混合气太稀或太浓。

（8）散热器下部出水管冻结或堵塞。

（9）散热器下部回水管凹瘪或堵塞。

（10）水泵泵水效能欠佳或水泵轴与叶轮脱开。

（11）节温器主阀门打不开或打开太迟。

（13）分水管锈烂，分水能力丧失。

（14）散热器和水套内沉积的水垢、锈污太厚。

（15）油底壳中机油液面太低、机油太稠、机油老化变质，致使润滑性能、散热性能降低。

（16）汽车超载、长时间用低挡行驶、爬越长坡、天气炎热或在高原地区行驶。

3）诊断方法

如果在百叶窗打开的情况下发动机发生过热现象，而且确认水温表和水温传感器技术状况良好，可按图 22-1 所示流程诊断。

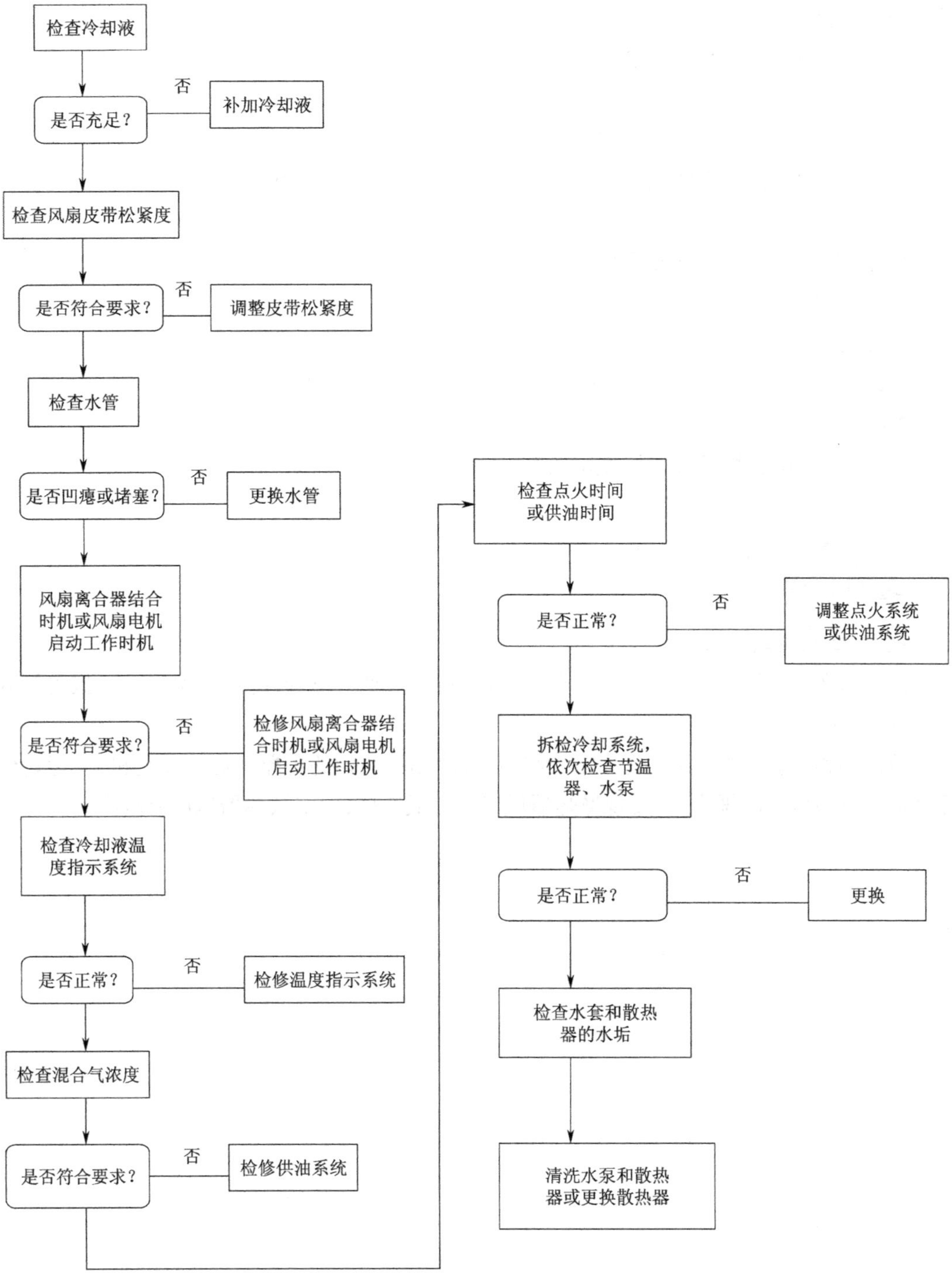


图 22-1　水温过热的检查流程

3. 水温过冷

1）现象

（1）冬季运行的汽车，在百叶窗完全关闭、水温表和水温传感器技术状况完好情况下，发动机达不到正常工作温度。

(2)发动机动力不足,油耗增加。

2)原因

(1)冬季,汽车头部未套保温被或保温被覆盖不严。

(2)发动机两侧下部的挡风板失落或严重变形不起挡风作用。

(3)风扇离合器结合太早。

(4)未装节温器或节温器损坏。

4. 散热器口向外喷水

1)现象

发动机工作时散热器内有响声,打开散热器加水口盖则向外喷水。

2)原因

(1)气缸盖螺栓松动或未按规定顺序上紧。

(2)气缸衬垫烧蚀损坏。

(3)燃烧室壁或湿式气缸套有裂纹。

## 案例剖析

**案例 22-1**:发动机过热

故障现象:一辆一汽大众捷达轿车的发动机过热,动力下降,冷却液温度故障报警灯闪烁,但冷却液量正常。

故障检修:检查散热器及其管路,没有发现冷热不均匀的现象。启动发动机,并运转到冷却液温度报警灯闪烁为止,发现散热器风扇只有低速挡,说明散热器风扇有故障。

# 项目二十三　发动机常见故障的检测与诊断流程

## 技能点

◇了解汽车发动机常见故障的检测与诊断流程。

◇能诊断并排除汽车发动机的简单故障。

## 知识点

◇熟悉汽车发动机常见故障检测与诊断的基本思路与方法。

## 任务引入

掌握常见故障的检测与诊断流程,学会诊断并排除汽车发动机的简单故障。

## 任务载体

发动机在运行一段时间后,不可避免地会出现发动机工作不良或不工作等现象,为此学会根据故障现象分析故障原因,并根据原因进行诊断和排除,很有必要。

## 学习内容

### 一、冷车启动困难

冷车启动困难指发动机在冷却液温度低于发动机工作温度下启动时,需要若干次才能启动,或者根本不能启动。而发动机在正常工作温度下,即热车启动时,一次就能启动发动机。冷车启动困难的根本原因是混合气过稀或过浓。冷车启动困难的故障原因有冷启动时喷油器不喷油,水温传感器故障,进气温度传感器故障,喷油器雾化不良,进气管积炭,点火能量不够,火花塞故障,怠速控制阀故障等。这些故障往往与启动系统的电路连接状况有关。冷车启动困难的诊断流程如图 23-1 所示。

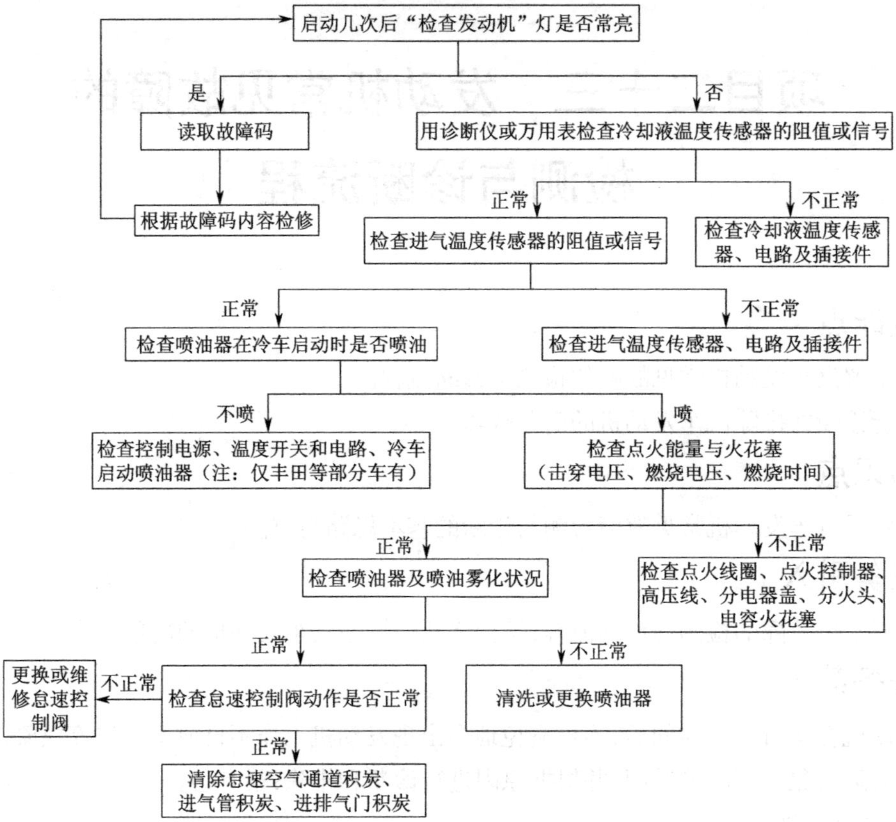


图 23-1 冷车启动困难的诊断流程

## 二、热车启动困难

热车启动困难指发动机冷车启动正常,但当运转的发动机熄火后,再次启动困难,甚至不能启动。热车启动困难的根本原因是混合气过浓。热车启动困难的故障原因有水温传感器故障、进气温度传感器故障、多个喷油器漏油或严重雾化不良、冷车启动喷油器故障、怠速阀故障、油压过高、点火能量不足等。热车启动困难的诊断流程如图 23-2 所示。

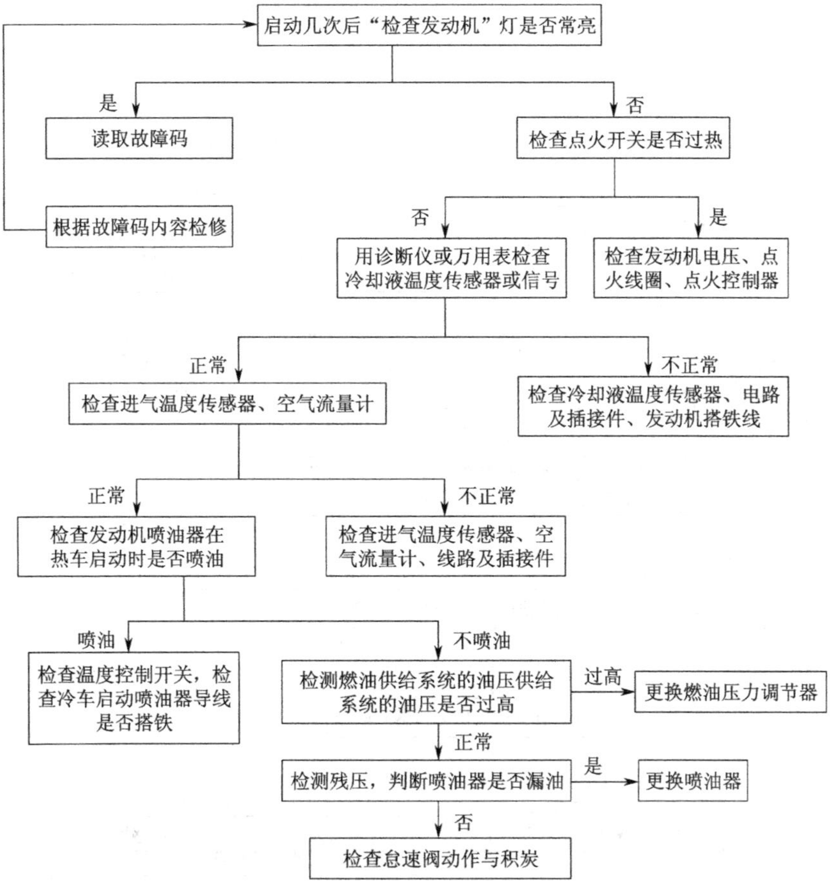


**图 23-2　热车启动困难的诊断流程**

## 三、怠速过低

在发动机怠速运转条件下接通空调开关或接通动力转向开关，或将变速杆从 P 挡或 N 挡挂入 D 挡时，在正常情况下，怠速会自然提高。如果发动机怠速调整（匹配）太低，或者在上述开关接通情况下，怠速下降，造成怠速不稳甚至熄火，说明发动机怠速控制系统有故障，故障现象为发动机怠速转速过低。发动机怠速转速与其温度、负荷有关。发动机怠速过低的原因有：怠速控制阀故障，怠速空气通道被堵塞，节气门位置传感器信号不正确，空气流量计或进气压力传感器信号不良，氧传感器信号有错误，油压过低，喷油器故障，点火正时不正确，发动机真空管错插，点火系统故障，开关信号不良，废气再循环阀或发动机 ECU 故障，发动机机械部分故障等。怠速过低的诊断流程如图 23-3 所示。

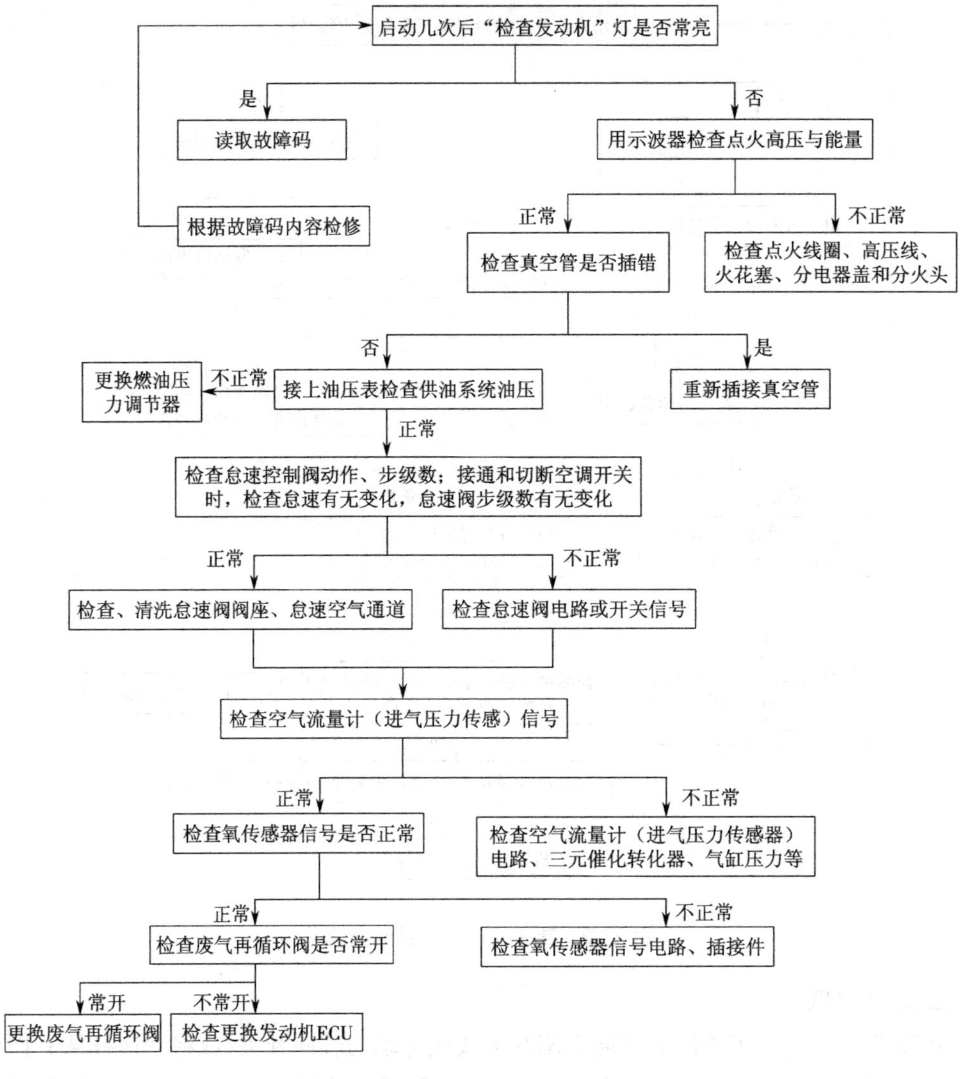


图 23-3 怠速过低的诊断流程

## 四、怠速过高

发动机怠速过高，超过发动机怠速运转的技术要求。发动机怠速过高的原因根本是怠速时吸入发动机的空气量过多或发动机控制信号错误。造成怠速转速过高的原因有进气温度传感器故障、水温传感器故障、节气门位置传感器故障、空气流量计故障（或进气歧管绝对压力传感器故障）、开关信号错误、怠速控制阀故障、节气门体故障、喷油器故障、真空漏气、发动机控制单元故障、匹配设定有问题等。怠速过高的诊断流程如图 23-4 所示。

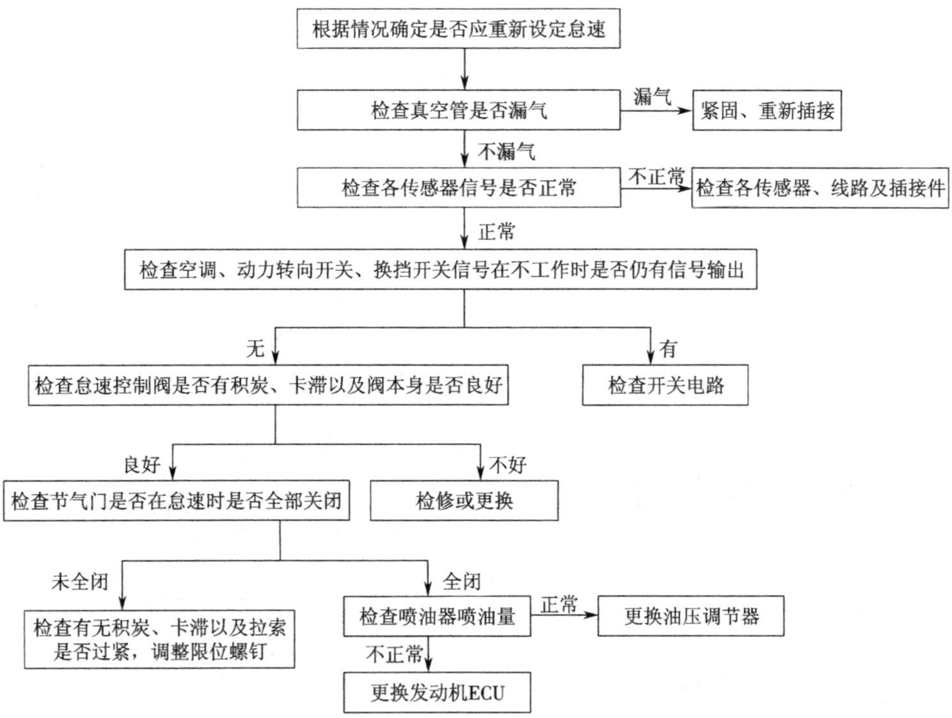


图 23-4　怠速过高的诊断流程

## 五、发动机加速不良，动力不足

踩下加速踏板，节气门开度增加，进气量增加，发动机 ECU 根据进气量和节气门位置传感器信号和信号变化率，修正增加喷油量。如果踩下加速踏板，进气量增加少，修正增加喷油量也少，或喷油器喷油量增加迟缓或增加量少，加速就迟缓。

发动机加速不良一般有两种现象：一种是踩下加速踏板，发动机加速时间过长，汽车加速能力下降；另一种是踩下加速踏板，发动机转速不但不上升反而下降。踩下加速踏板，进气量应该急剧增加，但由于传感器输出错误信号，喷油器喷油量不增加或增加量少，或点火高压弱，也会造成发动机加速不良。发动机动力不足，加速迟缓通常是由于混合气过稀或过浓，或点火系统、发动机机械系统故障等原因造成的。

造成上述故障的具体原因有：燃油系统油压过高或过低，喷油器喷油不良，传感器信号错误，点火高压低、能量小，点火正时不正确，气缸压缩压力低，排气管被堵塞等。

发动机加速不良，动力不足的诊断流程如图 23-5 所示。

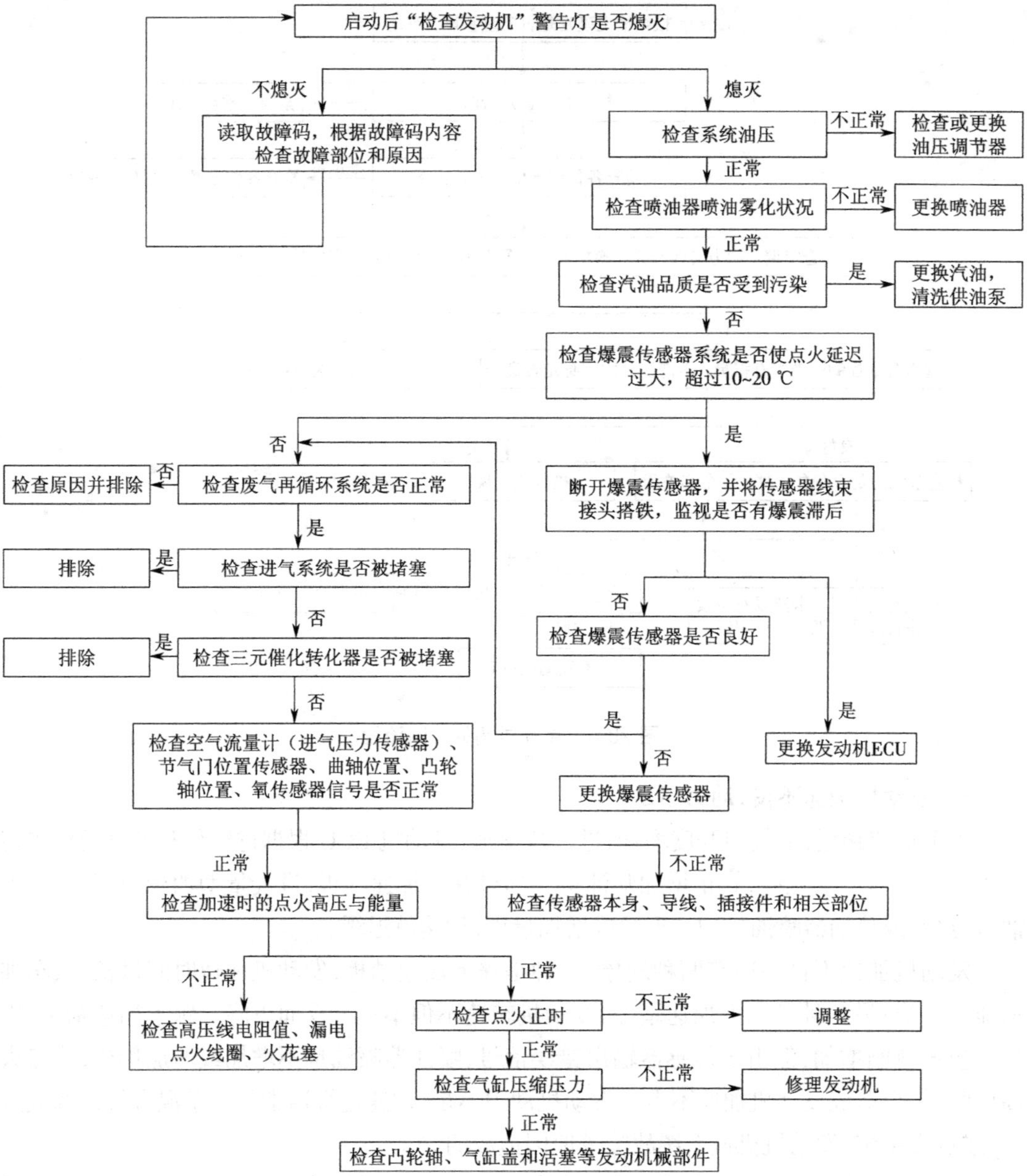


图 23-5 发动机加速不良,动力不足的诊断流程

## 六、化油器发动机无法启动(起动机运转正常)

### (一)分缸试火

拔下任意缸火花塞分缸高压线,将高压线接头距气缸体 7~10 mm ,启动发动机进行跳火试验,火花呈蓝白色或紫蓝色为正常。如果无火或火花很弱,可初步确诊为点火系统故障。如果火花正常,则进行下一步检查。

### (二)检查喷油

观察化油器浮子室窗口油面或拆下化油器上口的空气室盖,油面应在中间或稍偏下的位置;快速扳动节气门,观察加速喷口的喷油情况,加速喷口应连续喷油且不滴油。如果油面过低或油面过高,或加速喷口不连续喷油,均可初步确诊为燃油供给系统故障。如果油面正常、喷油正常,则进行下一步检查。

(三)拆检火花塞

拆下火花塞,检查火花塞上是否有水、是否有油,并检查火花塞电极的间隙、电极质量,并做跳火试验。如果火花塞正常,则进行下一步。

(四)检查点火正时

(1)将1缸活塞转到压缩上止点,检查分电器的分火头是否指向1缸分缸线头上。如果不是,则进行调整。

(2)查跳火,检查分电器是否正处于恰好高压跳火位置,否则应转动分电器外壳调整。

(3)检查分缸线次序,如四缸发动机机点火顺序应为1—3—4—2(顺时针)。

(五)检查气缸缸压

用缸压表逐缸测量,每缸测量三次,取最大值,应符合技术标准。

(六)检查发动机机械内部

用缸压表检测缸压时,如果在起动机刚转动的瞬间,缸压表指针上升很少,以后由低逐渐升高,但仍达不到标准的压力,则可能是气缸、活塞、活塞环处漏气。如果在起动机刚转动的瞬间,缸压表指针上升很少,以后缸压读数仍然很低,一般情况是气门漏气。相邻两缸进气歧管压力均下降,发动机运转时化油器有回火现象,可确定为气缸垫冲坏,气缸体、气缸盖结合面不平导致漏气。也可通过加机油法检测缸压、曲轴箱窜气量、气缸漏气量(率)、进气管真空度,判断机械内部故障。

**七、发动机异响**

(一)着车进行听诊,找出异响部位

(1)用起子触试各缸燃烧室部位或触试与主轴承、气门相对的部位,如果有异响,则可能为活塞顶碰气缸盖、气缸凸肩、气门座圈脱出、曲轴折断和主轴承松旷。

(2)用起子触试气门室对面,如果有异响,则可能为活塞敲缸。在气门室一侧可以听察气门组合件及挺杆的异响。

(3)用起子触试凸轮轴的前、后衬套部位或触试正时齿轮盖部位,如果有异响,则可能为凸轮轴正时齿轮破裂或其螺母松动、凸轮轴衬套松旷。

(4)用起子触试气缸体与油底壳分开面附近,如果有异响,则可能为主轴承发响或曲轴断裂。

(二)改变发动机的转速,听诊异响

(1)如果怠速或低速运转时,异响较为明显清晰,则可能为活塞敲缸响、活塞销响、气门脚响、气门挺杆响等。

(2)如果中速时异响较为明显,则可能为连杆轴承响、气门座圈响、气门烧损响、凸轮轴响等。

(3)如果稳定转速下响声不明显,急加速时异响清晰,则可能为曲轴轴承响、连杆轴承响、活塞环响。

（三）单缸断火，听诊异响

（1）如果单缸断火时响声减轻或消失，则可能为连杆轴承响、活塞环响、因气缸配合间隙过大造成的活塞敲缸。

（2）如果单缸断火时响声明显加重，则可能为活塞销窜出或松旷、连杆轴承盖螺栓松动、活塞因裙部锥度过大造成敲缸、飞轮固定螺栓松动。

（3）如果相邻双缸断火时响声减轻或消失，则可能为曲轴主轴承松旷。

（4）如果单缸断火时，响声不变或变化不大，则可能为气门脚响等。

（四）检查发动机工作循环与异响的关系

1. 与工作循环有关的异响

曲柄连杆机构引起的异响与工作循环有关时，均为火花塞跳火1次发响2次，如活塞敲缸、活塞销响、连杆轴承响、活塞环漏气响。配气机构引起的异响均为火花塞跳火1次发响1次，如气门脚响、气门挺杆响、气门弹簧响、气门座圈响。

2. 与工作循环无关的异响

有些异响的出现是无规律的，通常是与工作循环无关的间歇发响，多为发动机附件故障，如水泵、发电机等安装不良或其传动带固定螺母松动等引起。可采用发动机附件分别停转法诊断，并根据声响特征大致识别故障部位。

（五）检查异响与发动机温度之间的关系

如果发动机刚启动时，异响明显，发动机温度正常后，响声减弱或消失，则可能为活塞与气缸的间隙过大产生敲缸。如果响声与发动机的温度变化无关且响声在气门室，则可确定为气门间隙过大。

## 知识链接

### 一、人工经验诊断法

人工经验诊断法是诊断人员凭借丰富的实践经验和一定的理论知识，在汽车不解体或局部解体的情况下，借助简单的检查工具，主要采用眼看、耳听、手模、鼻闻等手段，进行检查、试验、分析和确定汽车故障原因和部位的诊断方法。人工经验诊断法既是汽车故障诊断的传统方法也是基本方法，即使在现代仪器诊断技术飞速发展的今天，人工经验诊断法也无法被取代，这就像医学临床诊断中的体格检查（一般检查）不可能被取代一样。人工经验诊断法是汽车故障诊断的基础，通过其可以对汽车故障做出初步的判断和定性的分析。

### 二、仪器设备诊断法

仪器设备诊断法是诊断人员在汽车不解体或局部解体的情况下，采用现代检测诊断仪器设备，对汽车进行检测、试验、分析，最终确定汽车故障原因和部位的诊断方法。仪器设备诊断法既是汽车故障诊断的现代方法也是精确方法，随着对汽车安全性、环保性、经济性要求的不断提高，汽车故障诊断参数的精确度也越来越高，因而，汽车故障诊断必然要从传统的定性分析向现代的定量分析发展，仪器设备诊断法正是在这样的前提下发展而来的，它可以对汽车故障做出精确判断和定量分析。利用仪器设备对汽车进行的多参数动态分析，可以迅速准确地诊断出汽车复杂的综合性故障，为汽车故障诊断技术从传统的经验体系向现代的科学体系发展奠定了坚实的基础。

### 三、汽车故障诊断的基本思路

汽车故障诊断的基本思路是从问诊入手了解症状、经过试车验证症状、通过分析弄清原理、再推理假设出可能的原因、最后经过测试验证故障点假设是否成立的全过程，如图 23-6 所示。

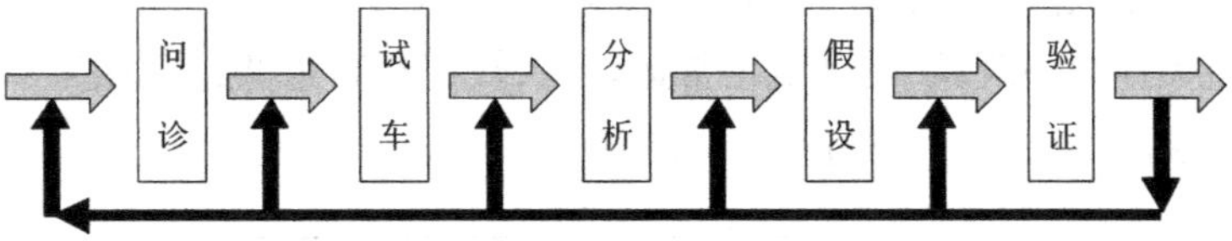


图 23-6　汽车故障诊断的基本思路

当验证的环节证明假设的故障点不成立时，应该返回前一个环节并提出新的假设，然后再去验证。当提不出新的假设时，就要再向前一个环节进行重新分析，如果重新分析还得不到更新的假设就要再向前一个环节，更加仔细地试车发现新的特征，必要时还可以进一步重复问诊过程以了解更多的信息，重新提出新的假设并加以验证，直至发现真正的故障点为止。这就是汽车故障诊断的基本思路。

### 四、汽车故障诊断的基本流程

汽车故障诊断的基本流程是汽车故障诊断中最基础的诊断过程，是对诊断内容的最一般的概括和总结，汽车故障诊断基本内容包括从故障最初症状出发，通过问诊试车（验证故障症状）、分析研究（分析结构原理）、推理假设（提出可能原因）、流程设计（提出诊断步骤）、测试确认（测试确认故障点）、修复验证（排除故障后验证），最后达到发现故障最终原因的目的，如图 23-7 所示。

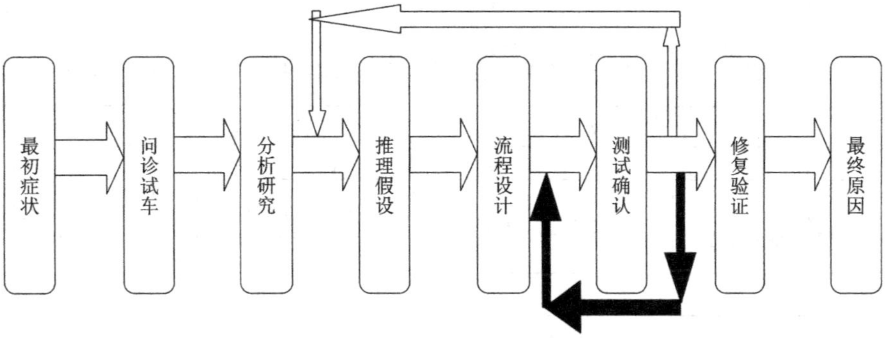


图 23-7　汽车故障诊断的基本流程

## 知识与能力拓展

电控燃油喷射发动机的常见故障：发动机不能启动、发动机启动困难、发动机怠速不良、发动机加速性能不良、发动机动力不足、发动机失速、发动机油耗过大、发动机点火不良等。电控发动机各类故障主要现象说明如下。

(1)发动机不能启动故障现象:启动发动机时,发动机不转,或能转动但不着火。

(2)发动机启动困难故障现象:发动机不易启动,启动着火后很快又熄火。

(3)发动机怠速过高故障现象:发动机在正常怠速工况下,其转速明显高于标准。

(4)发动机怠速不稳、易熄火故障现象:怠速过低,且不稳定、经常熄火。

(5)发动机加速不良故障现象:发动机加速时,无力且有抖动现象,转速不易提高。

(6)混合气过稀故障现象:进气管有回火现象。

(7)混合气过浓故障现象:排气管有冒黑烟或“放炮”现象。

(8)发动机失速故障现象:发动机正常运转时,转速忽高忽低,不稳定。

各类故障诊断程序如图 23-8 至图 23-15 所示。

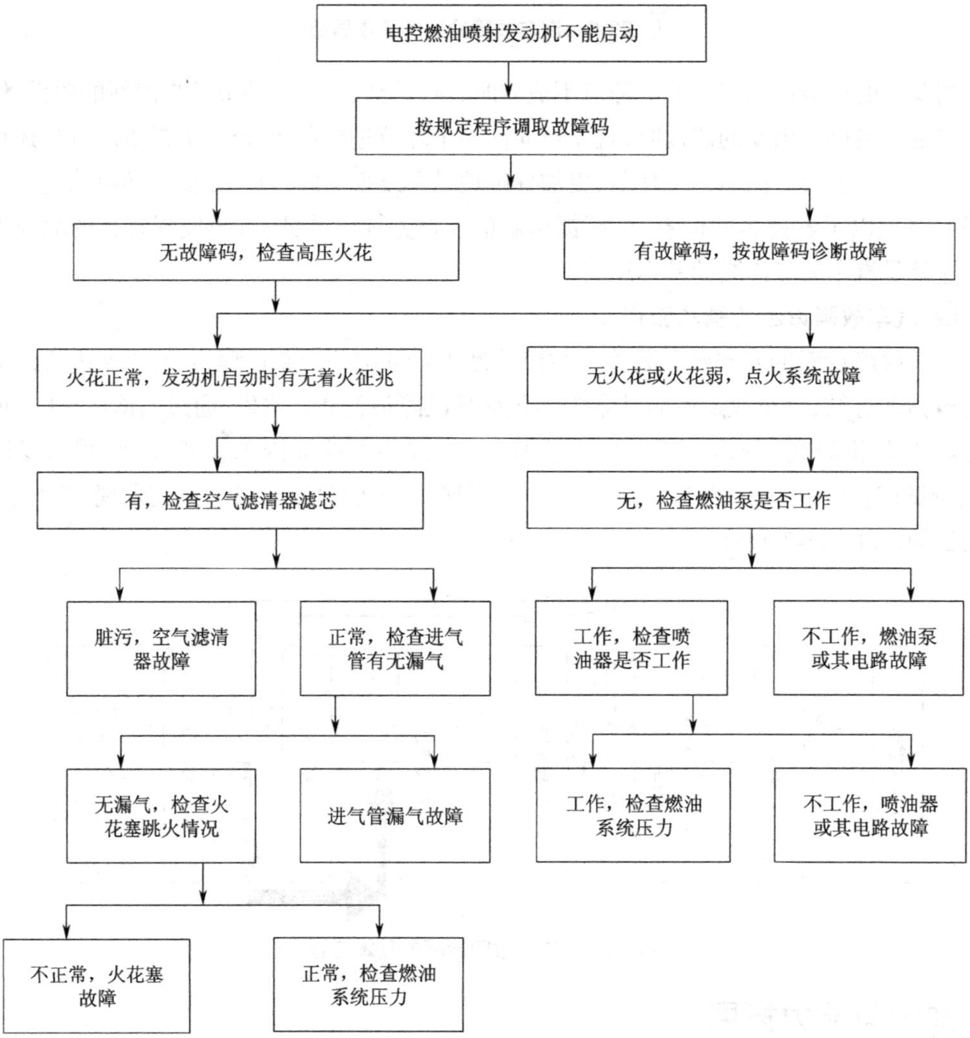


图 23-8 电控燃油喷射发动机不能启动故障诊断

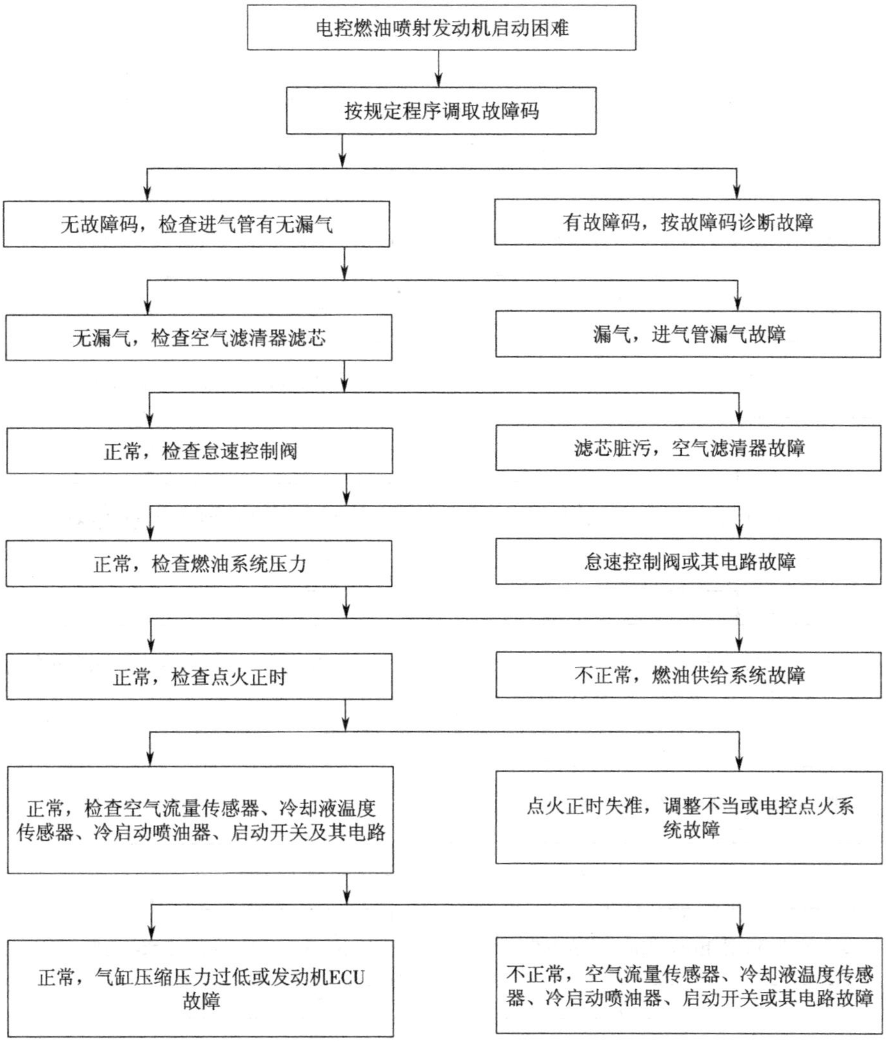


图 23-9　电控燃油喷射发动机启动困难故障诊断

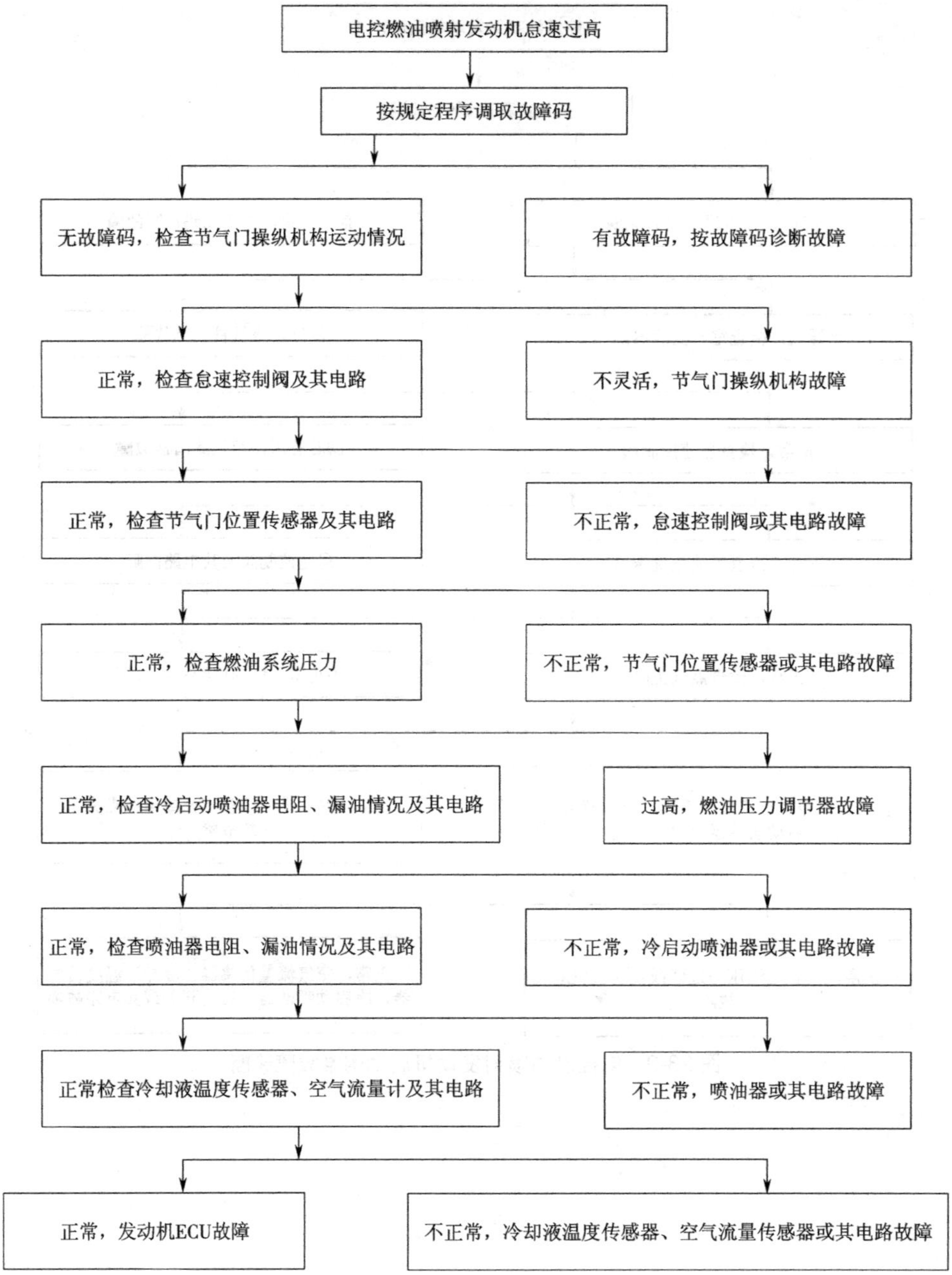


图 23-10 电控燃油喷射发动机怠速过高故障诊断

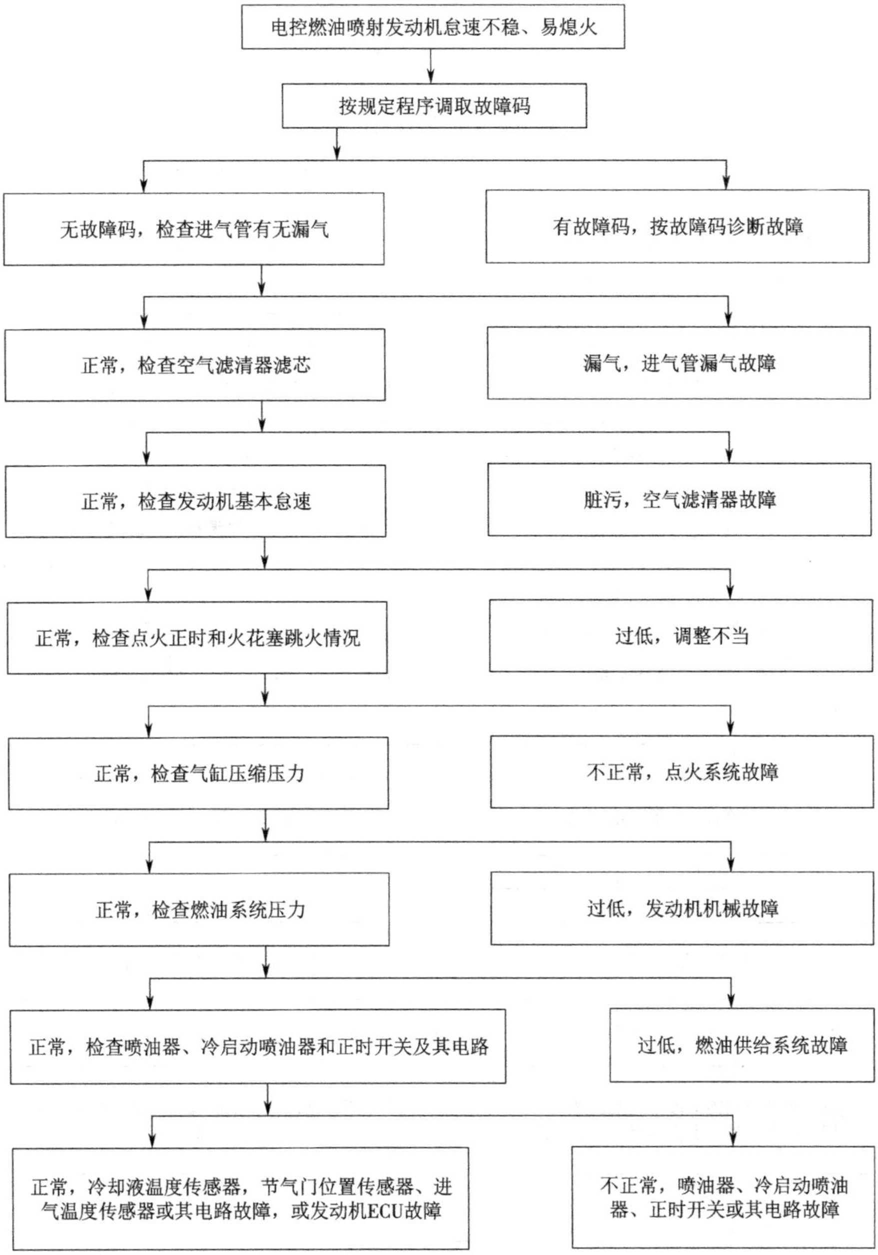


图 23-11　电控燃油喷射发动机怠速不稳、易熄火故障诊断

图 23-12 电控燃油喷射发动机加速故障诊断

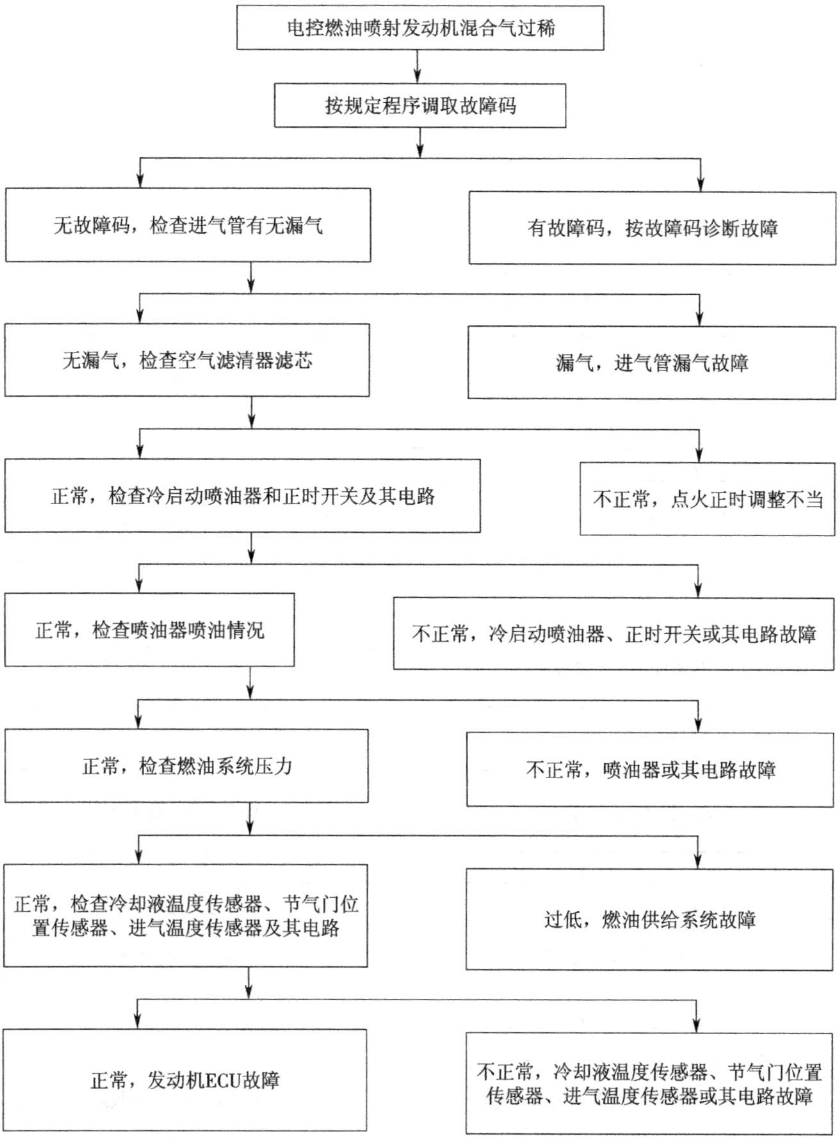


图 23-13　电控燃油喷射发动机混合气过稀故障诊断

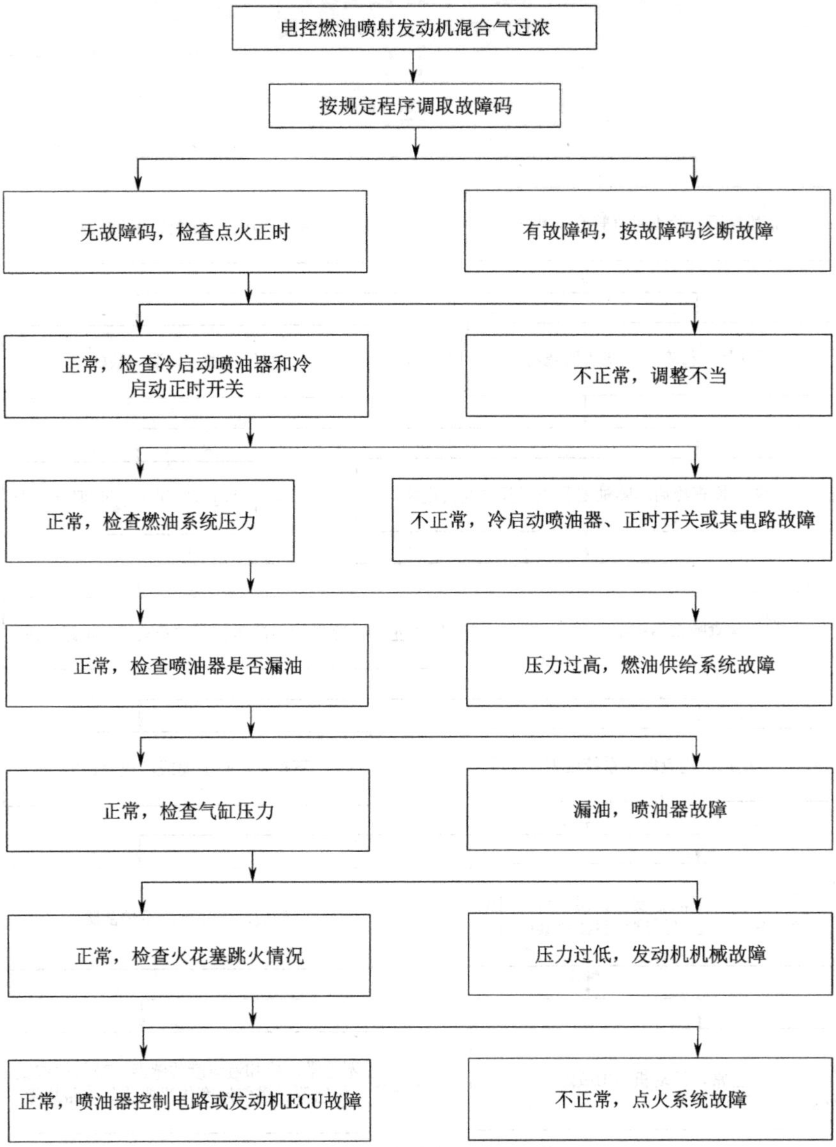


图 23-14　电控燃油喷射发动机混合气过浓故障诊断

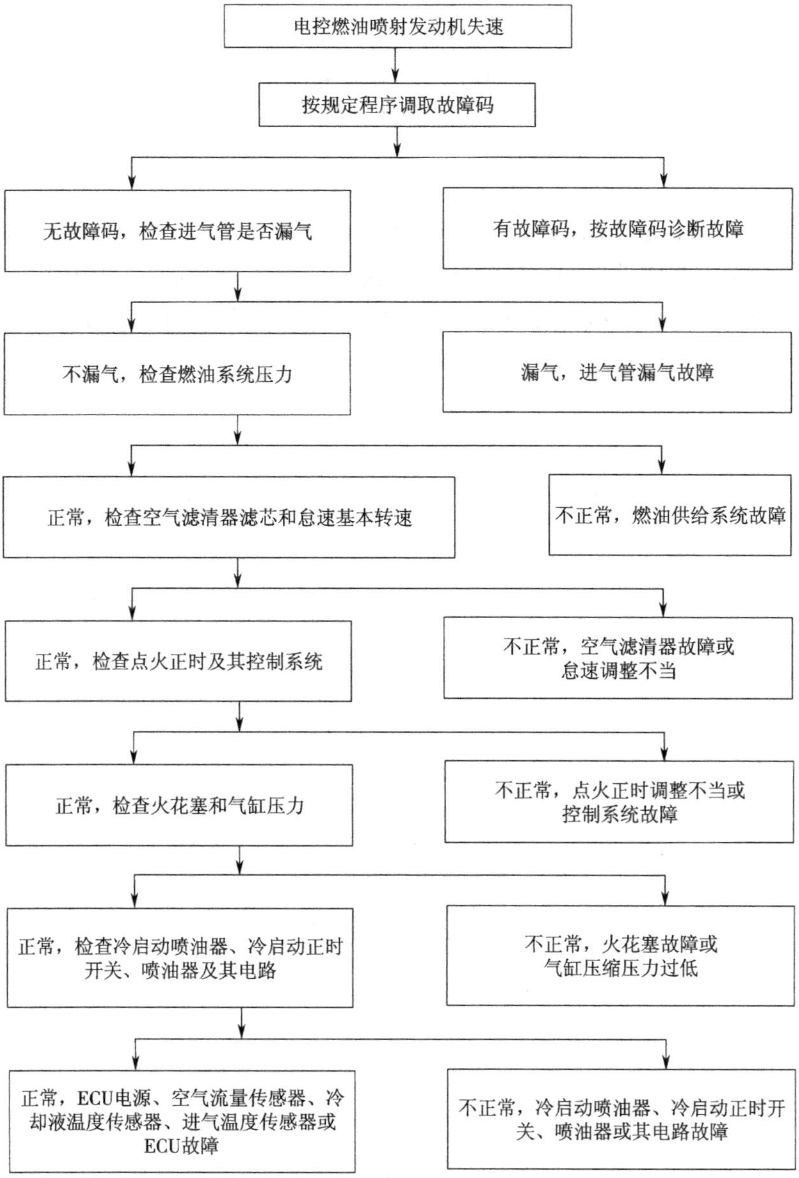


图 23-15　电控燃油喷射发动机失速故障诊断

## 案例剖析

故障现象:一辆上海大众桑塔纳轿车在行驶途中突然熄火,经数次启动,无法着车。

故障检修:打开发动机盖,即闻到一股刺鼻的气味。往发动机上看,蓄电池表面及周围全是水点。经辨认,确定是电解液。观察蓄电池液位,酸液所剩不到一半。根据这些现象,怀疑为充电量过高所致。另外,据车主讲,该车是在听到前部"啪"的一声响之后才出现故障的。鉴于此种情况,初步判定为点火系统故障。

# 参考文献


[1] 单立新,王维先. 汽车发动机构造与拆装 [M]. 北京:高等教育出版社,2017.

[2] 沈云鹤. 汽车发动机构造与维修 [M]. 北京:高等教育出版社,2010.

[3] 孔宪峰. 汽车发动机构造与维修 [M].2 版. 北京:高等教育出版社,2007.